吉林体育学院自主创新基金资助出版

乡村师范教育制度变迁研究
（1912—1949）

苏 刚 著

中国商务出版社
·北京·

图书在版编目（CIP）数据

乡村师范教育制度变迁研究：1912—1949 / 苏刚著
. --北京：中国商务出版社，2023.10
　　ISBN 978-7-5103-4892-1

　　Ⅰ. ①乡… Ⅱ. ①苏… Ⅲ. ①乡村教育—师范教育—
教育史—中国—1912—1949 Ⅳ. ①G659. 29

　　中国国家版本馆 CIP 数据核字（2023）第 230442 号

乡村师范教育制度变迁研究（1912—1949）
苏　刚　著

出版发行：中国商务出版社有限公司
地　　　址：北京市东城区安定门外大街东后巷 28 号　　邮编：100710
网　　　址：http：//www. cctpress. com
联系电话：010—64515150（发行部）　　010—64212247（总编室）
　　　　　　010—64513818（事业部）　　010—64248236（印制部）
责任编辑：刘姝辰
排　　版：冯旱雨
印　　刷：凯德印刷（天津）有限公司
开　　本：710 毫米×1000 毫米　1/16
印　　张：15　　　　　　　　　　字　数：253 千字
版　　次：2023 年 10 月第 1 版　　印　次：2023 年 10 月第 1 次印刷
书　　号：ISBN 978-7-5103-4892-1
定　　价：79.00 元

序 言

中华民族历来都是以农为主，因此"农村问题""农民问题""农业问题"始终是关系国家兴亡和政权更迭的重大问题。进入近代社会以来，"三农问题"已经逐渐成为我国现代化进程中的主要问题。民国时期，随着现代化步伐的加快，在城市化和工业化成为国家现代化发展的主要价值取向的背景下，农业和农村进一步式微，中国的"三农问题"也进一步加剧。当前，我国所存在的严峻的"三农问题"，虽然面临着截然不同的制度环境和技术条件，但是在很多方面依然是近代中国"三农问题"的延续和发展，同样都属于中国社会由近代农业社会向工业社会转型的历史传承中的一部分。

历史发展到今天，中国社会的乡土本色并没有因为现代化或工业化进程的加剧而发生根本改变。研究乡村问题，是我们面对中国社会变迁所不得不做出的选择，是社会科学的重要任务之一，乡村教育也理应成为一个重要的社会学议题。进入20世纪以来，我国乡村师范教育的实践与制度变迁，为乡村教育的现代化和乡村社会的改造提供了强有力的推动力量。然而，综观以往的研究成果，乡村师范教育制度在教育史研究抑或社会史研究中并不是一个很受重视的研究课题。本书试图通过对民国时期乡村师范教育制度的变迁过程做整体性的分析，努力从多维度、多视角呈现这一时期乡村师范教育制度的发展状况，为全面了解和解决中国农村教育问题提供一种参考和依据。

本书的主要内容包括以下几个方面：

导论部分主要对本书问题的缘起、核心概念界定与分析框架、相关研究综述、研究的意义、研究方法、创新与不足进行了详细的说明，为进一步研究做了提纲挈领的准备。

第一章以晚清以降乡村社会与乡村教育的变迁以及现代师范教育制度的输入与体制的构建为主要内容，主要从两个维度进行阐述：一方面，1840年鸦片战争后中国的大门从此打开，传统上以农为主的自然经济逐渐瓦解，国家权力的触角开始向乡村社会延伸。这就不可避免地引起了乡村社会的变迁，城乡渐渐呈分离之势，传统中国城乡一体的文化格局逐渐产生难以弥合的裂痕。另一方面，19世纪60年代洋务派掀起了一场学习西方的热潮，包括现代教育制度在内的许多现代性因子被引入中国，中国的教育现代化由此开端。正是在这一时期，现代师范教育制度被引入中国。我国开始有了专门培养和培训师资的机构。由此，晚清以来乡村社会所发生的深刻的历史变迁，以及包括师范教育制度在内的现代教育制度的确立，构成了我国乡村师范教育制度变迁的宏观背景。

第二、第三、第四章分别从三个维度探讨了民国时期乡村师范教育制度的变迁。第二章主要探讨了民国时期师范教育制度中国化的探索。近代以来，我国师范教育制度这一"迟到的婴儿"，从诞生之日起所遵循的便是一条完全照搬和移植国外师范教育制度的路径。在对国外师范教育制度进行单纯、机械照搬和移植的过程中，忽略了与中国本土社会的契合，更忽视了中国作为一个传统农业大国的乡土特质。由此西方现代师范教育制度在中国开始受挫，呼吁师范教育制度中国化和师范教育下乡的呼声日益高涨起来，这为后来乡村师范教育制度的构建，奠定了很好的思想和舆论基础。第三章试图以新制度经济学中的制度变迁理论为分析框架，从民国政府对乡村师范教育的定制、个案考察等方面，对其变迁进行了分析。民国时期乡村师范教育制度变迁，应该被视为这一时期师范教育乃至整个国民教育体系中的一个重要组成部分，它的产生与发展，是民国时期师范教育自身发展及制度变迁的必然结果。除此之外，还探讨了民国乡村师范教育制度变迁的动力来源。阐明了民国时期乡村师范教育制度的变迁是由多重因素共同推动的结果，一是普及义务教育的师资匮乏；二是乡村师范教育运动的直接推动；三是国家乡村社会控制的力度加强；四是中西文化交融的结果。第四章主要探讨了民国时期乡村师范教育制度变迁的权力博弈。民国乡村师范教育制度的变迁包含着民国时期政府部门、教育团体和教育家群体之间权力博弈的过程。

第五章主要从现实的角度出发对民国时期的乡村师范教育制度进行了反思。首先对民国时期乡村师范教育制度进行了目标审视，重点考察其是否纠正了师范教育的谬误、是否培养了乡村教师、是否达到了改造乡村社会的目的；其次对民国时期乡村师范教育制度的失败进行了检讨，提出了民国时期乡村师范教育制度变迁受到了当时城市化进程、农业破产等客观因素的制约，并没有能够真正实现改造乡村社会的目标。即使如此，民国乡村师范教育制度的变迁对于当下中国乡村教育的发展依然具有借鉴价值，具体包括：一是对教育本土化实践的借鉴价值；二是对教育家办学的借鉴价值；三是对当前农村师资培养的借鉴价值；四是对教育制度构建的借鉴价值。

|目　录|

导　论

一、问题的缘起

在选择一个内容作为自己的研究课题之时，首先要回答的便是"研究的缘起"，即为什么要以此作为研究主题。本书以"民国时期乡村师范教育制度变迁"为研究主题，在回答为何以此为研究主题的问题上，有必要将其分解为三个具体问题，即乡村教育、乡村师范教育以及乡村师范教育制度这样三个具体问题。

（一）为什么要研究我国乡村教育

选择研究乡村教育是基于以下几个方面的考虑：

1. 对于"乡土中国"特质的应然认知

我国自古便以农立国，始终是一个农业大国。20世纪前半叶，中国国民中的80%为农民，乡村民众当中的85%以上皆为文盲。20世纪40年代，学者费孝通曾经将中国社会的基本形态概括为四个字，即"乡土中国"。这一概括对于当下的中国社会依然适用。"乡土中国"依然是中国社会最为基本的内涵。从某种意义上可以说，我国现代化进程就是一个农业国家城市化和工业化的过程，"理解中国农村就是理解中国"。[①] 20世纪的整个中国历史，可以理解为从乡村向城市变迁的过程，中国社会的变迁主要概括为乡村社会的变迁。这样概括的原因在于乡村社会在中国区位结构中占据着绝大部分，并且从根本上说，乡村社会所遵循的生活模式和文化传统，在更深层次上代表的是中国固有的历史文化传统。即使对于整个中国近代史而言，近代化或者城市化的进程，从本质上讲也是乡村社会的变迁过程。[②]

---

① 渠桂萍. 跨越时代的"三农"对话——评王先明的"20世纪以来中国乡村发展论争的历史追索"[J]. 史学月刊，2014（4）：120-125.

② 王先明. 中国近现代乡村史研究及展望 [J]. 近代史研究，2002（2）：197-211.

然而，我国农业大国的特质并没有因为现代化或者工业化进程的加速推进而改变，直到今天，中国农村人口依然占有相当比重，中国社会的这种乡土本色并未发生根本改变。从这个意义上，就决定了我国发展乡村教育的重要性。乡村教育依然是我国整体国民教育的重中之重，党和国家也因此将其提升至战略高度。我们要在工业化、城市化的宏大背景和认识逻辑下审视当代我国的农村教育，同时，还应该尊重和理解"乡土中国"的传统特质。因此，在我国重视和发展乡村教育就显得更为必要，只有我们国家的乡村教育水平提高了，国家的整体教育水平才能有所提升。

2. 对于"三农问题"的历史与现实关照

中华民族历来都是以农为主，因此，"农村问题""农民问题""农业问题"始终是关系国家兴亡和政权更迭的重大问题。中国作为一个传统的农业国家，在历史上，农业文明曾在很长一段时期内处于主导地位。农业也在很长的历史时期内是国家的强势产业，并作为国家税收的最主要来源。由于农业有着如此重要的地位，使"重农抑商"成为我国古代经济思想的三大教条之一，[1] 并且成为国家所奉行的国策，成为中国历代封建统治者治理国家的基本价值取向。农民在古代中国社会"士、农、工、商"的社会秩序中的地位仅次于知识阶层，并非弱势群体。中国古代城乡在文化、经济上的差别也并不明显，用城乡一体化基本可以概括中国古代城乡关系的走向。因此，中国古代的"三农问题"与后来工业化、城市化、市场化背景下农业、农民和农村沦为弱势产业、弱势群体和落后地区的"三农问题"不可同日而语。

中国进入近代社会以来，乡村问题已经逐渐成为我国现代化进程中的主要问题。"中国近百年史，也可以说是一部乡村破坏史。"[2] 1840 年鸦片战争之后，西方资本主义文明在其坚船利炮的裹挟下打破了传统中国自给自足的自然经济结构，强行将中国纳入世界资本主义体系之中。资本主义文明对自给自足的自然经济结构的冲击和破坏，使一贯强势的中国农业在西方资本主义工商业的迅速膨胀中逐渐式微。正是从这一刻起，中国的"三农问题"逐渐产生。

民国时期，随着中国现代化步伐的加快，在城市化和工业化成为国家现

---

① 另两大教条是"重义轻利"和"黜奢崇俭"。

② 中国文化书院学术委员会．梁漱溟全集（第二卷）［C］．济南：山东人民出版社，1990：153.

代化发展的主要价值取向的背景下，农业和农村进一步走向式微，中国的"三农问题"也开始进一步加剧。同时，在国家追求工业化和现代化发展的同时，也产生了一个致命的缺陷，那就是通过对农业的资本主义改造而获得的原始积累，① 这一缺陷加剧了当时的"三农问题"。到了 20 世纪二三十年代，出现了"农村破产，日益剧烈，农民痛苦，日益深刻，各乡村普遍一种兀臬的现象"。② 随着我国广大乡村社会的日益衰败和逐渐走向式微，乡村问题逐渐成为最为炽烈的时代话语。当时的《东方杂志》《申报》《大公报》竞相开展乡村问题的讨论。其中，"标准最高、出版最好"③ 的《东方杂志》高度关注了这一时期的乡村问题。《东方杂志》意识到了当时中国乡村社会日益衰败的严峻形势，如 20 世纪 20 年代将之表述为"农村危机"，到了 30 年代则演变为"农村破产""农村崩溃"。乡村问题的凸显在 1918 年至 1938 年的刊文中有极其明显的体现，也曾引起了社会各界对于乡村问题的热烈讨论。如杨开道说：

> "我国古时重士农、轻工商，所以农民的地位非常高尚，农民的生活也非常的满意。不过到了近代，工商业一天一天的发达，其地位也逐渐提高，从前的工匠，现在变成了工程师和制造家，从前的市侩，现在变成了商业家和资本家。但是农民呢，他们的生活一天一天的变坏，他们的地位一天一天的降低，被旁的阶级的同胞压迫和讪笑了。"④

当然最主要的变化还是农业人口的锐减。根据 1937 年的统计数据显示，当时全国各类农业技术人才总数仅为 4000 余人，平均每县才不到 2 人。⑤ 从事农业的人口的减少，与乡村资源的大量流入城市密切相关。其中最主要的便是农民离乡问题的凸显。20 世纪 20 年代，农民离乡现象愈演愈烈。相对于普通农民的离村，乡村精英阶层的离村对乡村社会的影响则更为深远。同时，以工业化和城市化为主导的现代化进程加剧了城乡之间的差距，乡村逐渐走向崩溃的边缘。乡村社会在政治、经济、教育等诸多方面都缺乏应有

---

① 从世界各国的经验来看，近代化过程中获得资本主义发展的原始积累的途径有四种：一是殖民掠夺；二是对农业的资本主义改造；三是出售资源；四是引进外资。民国时期，通过殖民掠夺、出售资源和引进外资显然是不现实的。因此，从农业中获取工业化发展所需要的资本便成为唯一的途径，这样做的结果便是极大地强化了"三农问题"。
② 董汝舟. 中国农民离村问题之检讨 [J]. 新中华，1933（7）：15.
③ 毕树棠. 中国的杂志界 [J]. 独立评论（第64号）. 1993-8-20：11-12.
④ 杨开道. 我国农村生活衰落的原因和解救的方法 [J]. 东方杂志，1927，24（16）：6-7.
⑤ 杜维涛. 战时技术人员训练 [M]. 上海：独立出版社，1941：46-51.

的生气。① 对此情形，时人曾这样感叹："乡村问题的严重性，已升至最高状态，解决之切，迫不及待。"②

面对如何解决"三农问题"，很多知识分子们提出了各种主张，一时间在中国大地上主义纷呈、学派林立，掀起了一股乡村教育思潮和一场乡村教育运动。在乡村教育运动中，除了建立各种乡村教育实验区之外，还涌现出了很多乡村教育学派。按照陶行知的说法，当时致力于乡村建设的倡导者可以分为七派，分别为天使派、夫子派、模范派、桃花源派、绅士派、济富派和养猪派。③

中华人民共和国成立以来，经过了革命洗礼的乡村社会，由于长期贫困落后所引起的各种矛盾没能得到有效解决，终于在 20 世纪 90 年代演化为困惑世人的"三农问题"。④ 时光的车轮驶进 21 世纪之后，"三农问题"更加凸显，受到了全社会的广泛关注，并日益成为制约我国社会主义现代化建设的主要障碍。2006 年中共十六届五中全会提出建设"社会主义新农村"的伟大战略，凸显了党和政府把"三农问题"置于战略地位予以考虑。2004年至今，中央一号文件持续聚焦"三农问题"。

因此，可以说，中国教育的重点、关键和难点在农村，今天依然如此。晏阳初曾经指出，中华民族的劣根性和弱点，差不多全在"都市人"身上，至少可以说"都市人"的劣根性，要比"乡下佬"来得多些。在"乡下佬"的生活上，还可以看出多少残存的中华民族的美德，在"都市人"的生活上，那就不容易发现了。所以，"就质的关系来说，民族再造的对象，当然也要特别注意到农村"。⑤ 民族再造对象的质量也重在农村。关于乡村教育的难点，晏阳初做过如下分析：一为"穷难"，"十九赤贫，自晨至暮，辛苦勤劳，血汗所得，不足温饱，自无闲情逸致抛开谋生而受教育，此一难

---

① 杨开道. 我国农村生活衰落的原因和解救的方法 [J]. 东方杂志，1927，24 (16)：6—7.

② 陈醉云. 复兴农村对策 [J]. 东方杂志，1933 (30)：112.

③ 天使派：好比是天使到地狱里来救苦救难；夫子派：以为乡下人不懂事，要来教训他们；模范派：到乡村来建一个新村，希望农人也照他的样子改一改；桃花源派：将乡村与都市、与世界隔离开来，"老死不相往来"；绅士派：拥护原有的绅士做乡村的主体；济富派：想用金钱救济农村破产；养猪派：提倡科学农业，也要改善农民生活。

④ 渠桂萍. 跨越时代的"三农"对话——评王先明的"20 世纪以来中国乡村发展论争的历史追索"[J]. 史学月刊，2014 (4)：120—125.

⑤ 选自晏阳初：《农村运动的使命》，本文曾以《农村运动的使命及其实现的方法与步骤》为题，在 1934 年《民间》第 1 卷第 11 期上发表。1935 年 1 月，由中华平民教育促进会以《农村运动的使命》为书名出版单行本。

也"。① 二为"文难","我国汉学之难学,为世界各国文字之冠。若令穷忙平民,学尽难学之字,更属难上加难,此二难也"。② 三为"财难","我国财政,已濒破产,已办教育,尚难支持,焉有余力从事民众教育,此三难也"。③ 四为"忙难","他们终日忙碌,没有多余时间上学"。④

实际上,与中国近代社会相比而言,当前中国所存在的严峻的"三农问题",虽然面临着截然不同的制度环境和技术条件,但是在很多方面依然是近代中国"三农问题"的延续和发展,同样都属于中国社会由近代农业社会向工业社会转型的历史传承中的一部分。当然,中国当前所面临的"三农问题"在其复杂性和艰难性上,是世界上任何一个国家都不能相比的。要想从根本上解决好中国的"三农问题",我们必须在立足自身的"三农"实践的基础之上,对异域文明成果进行必要的借鉴。更要回溯历史,从近代中国解决"三农问题"的实践中提取独特的思路,从现实的困境中走向历史,从历史的智慧中汲取营养,这对于当前"三农问题"的解决将大有裨益。

3. 对于乡村教育价值取向的必要反思

"现代化是中国近代以来的历史主题,而教育,……是中国现代化发展的基本推动力量。"⑤ 自清末新政开始,我国开启了教育现代化的征程。而农村教育在向教育现代化不断迈进的进程中,逐渐形成了两种不同的价值取向,一种是以农村为中心的"农本主义"价值取向,另一种是以城市为中心的"城本主义"价值取向。对于这两种价值取向的艰难选择,贯穿我国农村教育现代化发展的始终,我国农村教育始终徘徊在两种价值取向之间,这不可避免地造成了农村教育价值取向的片面性和工具性。"城本主义"的价值取向,总是将目光投射在城市教育的发展上,农村教育成为国家教育政策和制度安排中始终被忽略的地方,农村教育也由此逐渐演变为一种"离农"教育;反观"农本主义"价值取向,则片面地强调农村教育的发展要立足服务农村的经济社会发展,培养能够适应新时代社会发展的"新型农民",农村教育由此被窄化为一种"为农"的教育,"这种自画自限的农村教育观,实

---

① 晏阳初. 平民教育三问题的解答 [N]. 晨报 (副刊), 1926—07—18.
② 晏阳初. 平民教育三问题的解答 [N]. 晨报 (副刊), 1926—07—18.
③ 晏阳初. 平民教育三问题的解答 [N]. 晨报 (副刊), 1926—07—18.
④ 引自晏阳初《平民运动的回顾与前瞻》,本文是晏阳初 1946 年在重庆中国乡村建设学院新生训练周的讲稿,1948 年在璧山民教主任训练班时,曾以《平教运动简史》为题铅印单行本。
⑤ 董雅华. 知识、信仰、现代化:中国政治社会中的高等教育 [M]. 上海:复旦大学出版社, 2005:257.

际上是预设了农村可以远离城市而发展的虚幻前提"。① 因此，如何超越和重构这两种片面的农村教育发展价值取向，已经成为我国农村教育发展过程中迫切需要解决的问题。

4. 对于乡村教育重要性的深刻理解

教育的旷时救世作用，在乡村教育上的表现尤甚。"中国国家之新生命必于其农村求之；必农村有新生命而后中国国家乃有新生命焉。"② 乡村教育的成败影响着一个国家教育的整体发展水平。纵观世界各发达国家的教育，往往都把乡村教育的发展摆在国民教育的首要地位，并予以极大的重视。乡村教育对于中国而言，显得尤为重要，其原因是多方面的：首先，中国农民占全国人口的绝大多数。近代以来，中国农村人口在很长一段时期内都占全国总人口的 80％以上，不识字的人口，也有一大半在乡村。然而，乡村民众对于一切关于生活改善、社会制度变革等方面，均缺乏必要的了解。因此，从普及教育的角度来看，乡村教育已成为刻不容缓的事情，必须予以重视。

其次，与城市教育相比，乡村教育显得更为重要。其原因就在于："如果乡村教育办得有缺点、有错误，可说就是全国百分之八十五以上的教育办得有缺点、有错误，纵然百分之十五的城市教育办得怎么适当，于国家社会也不见得有补救。"③ 因此，乡村教育的成败，直接影响着国家整体教育水平的提升。

再次，中国自古以农立国，农产品历来都是产出之大宗。然而，近代以来，农业渐渐破产，因此，从改良农业以及维持农民生计的角度考虑，重视乡村教育也显得尤为重要。

最后，近代以来，中国乡村在遭遇现代西方文明之际，呈现出风气闭塞、农民知识鄙陋、国民责任意识淡薄，对于国家情形以及世界大势缺乏必要的了解。因此，从改良农村旧习、破除迷信、提高乡民人格、促进乡民社会幸福的角度来看，更加应该注重乡村教育。

（二）为什么要研究民国乡村师范教育

所谓"历史"，有人认为不外乎是对往事的记录而已。但笔者认为，历史不应该仅仅停留在对已经发生的事件的记录层面，如是，历史便沦为

---

① 葛新斌. 农村教育：现代化的弃儿及其前景 [J]. 教育理论与实践，2003（12）：37－40.

② 马秋帆. 梁漱溟教育论著选 [M]. 北京：人民教育出版社，1994：90.

③ 佚名. 乡村教育之困难及其救济 [J]. 村治月刊（第 1 卷），1929（8）.

"断烂朝报"，流于一堆混杂在一起的事实，难言其崇高的价值所在。事实上，历史除了对过往事件做详尽记录之外，更重要的价值在于其是对往事进行研究的学术。如果从科学的角度讲，法国历史学家布洛赫认为历史是人在时间中的科学。过往的事件和人物，虽然一去不复返，这一过程貌似不可逆转，历史也不能假设。然而，它的失败或成功却往往会给后人留下遗憾和启示。历史的真价值，往往在于其能为后世作楷模、作殷鉴。"以往的历史事实并非已经死去了，它们在尔后的历史发展中仍然在起作用。"① 从这个角度讲，研究民国时期的乡村师范教育必然与当前我国乡村教育的发展息息相关。

　　事实上，民国时期对乡村师范教育的积极探索，无疑为当前我国乡村教育的发展提供了重要的历史借鉴。民国时期，乡村教育家们以其强烈的爱国热忱，投身乡村建设运动，他们或创办乡村师范学校（如陶行知创办晓庄师范），或致力于对乡村社会的文化改造（如晏阳初的"四大教育"），对中国乡村师范教育的发展进行了积极的探索，为乡村师范教育领域积累了诸多新的因素。乡村教育家的实践证明，这些新的因素对于乡村教育的变革和发展意义重大。

（三）为什么要研究乡村师范教育制度

　　正如哈贝马斯所说："生活世界仅仅是由文化传统和制度秩序以及社会化过程中出现的认同所构成。"② 人总是生活在一定的制度包围之中。在制度主义盛行的今天，人们对于制度的关注不仅限于政治学和经济学领域，教育学领域也开始加入其中。按照新制度经济学的观点，制度也是一种重要的教育资源，教育的改革与发展从根本上有赖于教育制度的变迁。纵观人类历史，古代学校向近代学校的变迁过程的发生，主要是源自教育制度的变迁。在中国，这一变迁过程与运行了千年之久的科举制度的废除息息相关。有学者认为，标志着中国教育由古代向近代发生变迁的并不是晚清洋务派所创办的那些新式学堂，而是那些与废除科举制度相联系的学堂。③

　　同时，制度变迁对于社会的发展具有重要的作用。人类发展的历史证明，制度的变迁推动了人类社会的全面发展，人类社会的每一次进步和发展都离不开制度的创新与变革，可以说，一部人类发展史，就是一部制度的变

---

① 何兆武. 历史与历史学 [M]. 香港：香港牛津大学出版社，1995：5.

② 哈贝马斯. 后形而上学思想 [M]. 南京：译林出版社，2001：186.

③ 康永久. 教育制度的生成与变革 [D]. 武汉：华中师范大学，2001：77.

迁史。因此，也可以说，一部人类教育史，也就是一部教育制度的变迁史。教育制度是制约教育发展与进步的关键性因素，晚清以降的近一个半世纪以来中国所经历的现代化进程的核心问题，实际上就是建立同现代化相适应的教育制度框架问题。[①] 以诺斯为代表的新制度经济学当中有这样一个核心观点，即"制度是重要的"。新制度经济学认为，制度往往与效率紧密相连，一种制度就代表着一种效率水平，判断一种制度优劣的标准就是看其效率水平的高低。一种制度优于另一种制度的实质就在于其代表着较高的效率水平。从这个意义上讲，人类教育的发展可以被理解为一种较高效率水平的教育制度对另一种较低效率水平的教育制度的代替或替换，这一过程往往可以被视为教育制度的变迁或创新。

从现实的层面来看，教育制度的变迁或创新，极大地推动了人们的创新性教育实践活动。教育制度的变迁或创新，不仅促进了教育的发展，而且也推动了社会的全面发展和进步。古今中外的历次教育变革主要是教育制度的变革。近代社会以来，以现代学校教育制度的建立为核心的现代教育制度变革，一直都是我国教育变革的主要内容。教育制度由传统向现代的变迁，是一个逐步规范化、形式化、理性化、精细化和法律化的过程。这一过程，是对不同群体间意识形态、信仰、历史传统、文化习俗等方面的差异和隔阂的有效消除。[②]

现代教育制度体系的构建，往往会催生出各种现代性教育因子。而现代性教育制度也是一种强大的整合机制，它会将其所催生的各种现代性教育因子重新整合为一种全新的教育形态。因此，现代性教育制度的这种强大的整合机制，对于其自身的确立至关重要，如果没有这种强大的整合机制，各种现代性教育因子可能会被顽强的传统教育秩序所扼杀，甚至被纳入传统教育秩序之中，最终成为传统教育的一部分。而现代性教育制度体系的建立，在很大程度上需要借助国家权力的强力推进。实际上，在全球范围内教育现代化进程愈演愈烈的总体趋势中，国家和政府在其中扮演着越来越重要的角色。尤其是对于一部分后发国家而言，在其社会内部并没有相应的现代性教育因子的积累，民间教育力量又相对比较薄弱的情况之下，由政府主导教育

---

① 田正平，李江源．教育制度变迁与中国教育现代化进程 [J]．华东师范大学学报（教育科学版），2002（2）：39—51.

② 田正平，李江源．教育制度变迁与中国教育现代化进程 [J]．华东师范大学学报（教育科学版），2002（2）：39—51.

现代化进程便成为一种理性选择。政府通过聚集各种现代教育资源，组织实施教育现代化的发展规划，以及扫除阻碍教育现代化进程的各种障碍，担负起推动本国的教育现代化进程的重要职责。

教育制度越来越成为一种重要的资源，具有潜在的经济价值。这种潜在的经济价值体现在其可以有效地降低交易费用，减少教育过程中各行为主体间的摩擦、个人机会主义倾向和外部性。[1] 如果教育制度处于缺失或者低效的状态，势必会影响教育资源的利用效率。从这个意义上说，教育制度是左右教育资源利用效率高低的主要因素。按照我国经济学家张五常的观点，只要存在两个人的社会，就会有交易费用的问题。英国经济学家科斯正是在意识到零交易费用理论站不住脚的基础上，认为当交易费用不为零而为正时，产权的初始界定和分配将影响最终资源，[2] 这便是著名的科斯第二定理。我们可以这样理解科斯的理论，当交易成本存在时，制度便会起作用。也就是说，制度的存在可以在一定程度上降低交易成本从而提高效率，这也是制度的基本功能之一。

那么，教育制度中是否也存在交易成本的问题呢？曾经有学者将教育中的交易成本概括为五类，即教育中的人员组织成本，教育资源的配置成本，教育信息成本，教育活动之间、教育组织之间以及教育组织和其他组织之间的社会协调成本，教育制度的维护成本。[3] 教育组织的建立实际上是通过制度约束为交易双方提供了一个不同于外部教育市场的内部空间，在教育组织之外教育者和受教育者都是社会独立成员，都在为提供教育服务而进行各种行为的交易，在信息不对称的情况下，两者付出的交易成本要远远高于在教育组织内部这种集体授课、大盘操作的交易费用。因此，从这个角度讲，教育组织的形成是教育制度发挥作用的过程。基于此，乡村师范学校的建立，就是为了减少这一过程中因教育组织的缺失而导致的教育费用的扩大。以前没有独立的、专门的乡村教师培养制度，造成乡村教师的付之阙如，这就在无形中增加了教育交易过程中的成本。

---

[1] 外部性又称溢出效应、外部影响或外部效应，指一个人或一群人的行动和决策使另一个人或一群人收益或受损的情况。教育的外部性则是指教育的投入和产出除了要达到国家和个人的教育目的外，还会给其他社会团体和个人带来经济、非经济的影响，但教育不能向受影响的社会团体和个人给予直接补偿或不必要补偿。

[2] 彭德琳. 新制度经济学 [M]. 武汉：湖北人民出版社，2002：70.

[3] 康永久. 教育制度：最重要的教育资源 [J]. 教育与经济，2001 (3)：18-21.

二、核心概念界定与分析框架

（一）核心概念界定

"真正的思想和科学的洞见，只有通过概念所做的劳动才能获得。"① 没有概念的科学研究是无从谈起的，在对一项课题展开深入研究之前，对于该课题所关涉的核心概念的界定格外重要和必要。本书所关涉的核心概念主要有以下几个。

1. 制度

制度问题已经日益成为我国社会改革和理论研究的主要问题，我们对于制度的界定不仅应该涵盖制度的所有形式，而且应该揭示其一般本质。然而，学术界对于制度的理解却存在着分歧。正如德国著名哲学家卡尔·曼海姆（K. Mannheim）在《意识形态与乌托邦》中所说："我们应当首先意识到这样一个事实：同一术语或同一概念，在大多数情况下，由不同境势中的人来使用时，所表示的往往是完全不同的东西。"② 就制度而言，国外学者们所给出的概念界定中所涵指的内容体现了很大的差异性。这也就直接导致了制度（institution）一词在中国各个学科的翻译中的多式多样。而学者们由于各自不同的研究视角和出发点，对制度的理解也是千差万别的。

（1）哲学与社会学视域中的制度

经济学家雅诺什·科尔奈将马克思视为制度范式的鼻祖，他认为马克思将所有的领域放在一起进行考察，为制度研究提供了一个系统的观点。马克思虽然没有对制度进行过直接的定义，但在他的著作中，我们不难发现其对制度所做的分析和论述。在马克思看来，人在生产中不仅要与自然界发生关系，更要与他人发生关系，并且只有在通过与自然界或他人发生的社会联系和社会关系当中，才会体现出他们重大的影响力，生产才会发生。③ 也就是说，人们只能在一定的社会关系下才能进行生产，而这些社会关系构成了一个社会的经济结构。马克思认为，人们在自己的社会生产活动中一定会发生各种必然的社会关系，这些社会关系往往不会以个人的意志为转移，是与一定阶段的生产力相适应的。而这些生产关系在总体上就构成了一个社会的经

---

① 黑格尔. 精神现象学（上卷）[M]. 北京：商务印书馆，1962：48.
② 卡尔·曼海姆. 意识形态与乌托邦 [M]. 姚仁权，译. 上海：上海三联书店，2011：245.
③ 马克思，恩格斯. 马克思恩格斯选集（第一卷）[C]. 北京：人民教育出版社，1995：344.

济结构，这些经济结构"既有法律的和政治的上层建筑树立其上并有一定的社会意识形式与之相适应的现实基础"。① 可见，马克思认为，制度包括一定的社会生产关系及树立其上的法律、政治上层建筑和一定的社会意识形式的总和。

与马克思将制度理解为社会关系的总和不同的是，约翰·罗尔斯将制度理解为一种社会组织体系，他将制度界定为一种对外开放的规范体系，具体确立了职务、权利、义务、权力和豁免等。② 社会学家亚历克斯·英克尔斯认为，制度是各种复杂的角色结构的聚集。他认为，各种社会行为会聚集成角色，并围绕某一中心活动或社会需要而形成更为复杂的角色结构，这些角色结构最终会聚集成为制度。③ 亚历克斯·英克尔斯所说的角色结构的聚集，也含有人们社会关系和行为规范的体系的意思。

台湾学者龙冠海也认为，制度是包含着某些共同价值和共同秩序，用以满足某些基本需求的社会关系的组织体系。共同价值是指社会主体所共有的观念和目标，而共同秩序则指的是一种团体标准化的行为模式。④ 马克斯·韦伯从科层制出发对制度予以界定，代表了西方学者对于制度的另一种哲学解释。在韦伯看来，制度的本质属性便是规范性。比如，行政管理制度规范的是团体的行为，调节制度规范的是其他社会行为并保障为行为者提供这种规范所创造的机会。⑤ 埃米尔·涂尔干更是将社会学定义为关于制度、制度发生和制度职能的科学，并提出了制度研究的方法，构成了制度研究的重要起源。可见，哲学和社会学将制度视为一种规范体系和组织体系，将规范性看作制度的本质属性，这就构成了对于制度理解的重要基础。

（2）经济学视域中的制度

在众多的经济学派别当中，真正对制度进行深入研究的主要是美国制度学派（也称旧制度经济学派）和新制度经济学派。⑥ 以康芒斯和凡勃伦为代表的旧制度经济学派较早地对制度进行了界定。康芒斯在其《制度经济学》一书中给制度作了界定，他认为制度是集体行动控制个体行动，将其定义为

① 马克思，恩格斯.马克思恩格斯选集（第一卷）[C].北京：人民教育出版社，1995：344.
② 约翰·罗尔斯.正义论[M].北京：中国社会科学出版社，1988：50.
③ 亚历克斯·英克尔斯.社会学是什么[M].陈观胜，李培林，译.北京：中国社会科学院出版社，1981：99.
④ 龙冠海.社会学[M].台北：台湾三民书店，1985：162.
⑤ 马克恩·韦伯.经济与社会[M].北京：商务印书馆，1997：80.
⑥ 黄少安.产权经济学导论[M].济南：山东人民出版社，1995：89.

"集体行动抑制、解放和扩张个体行动"。① 在康氏的定义中，将制度视为个体把握和再把握社会行为规范的过程，是一个使社会制度内化为个体的行为规范的过程，② 是集体行动控制个人的一系列行为准则或规则。

另外，康芒斯还讨论了"组织是不是制度"的问题。在他看来，组织内的规则肯定是制度，而组织本身也是制度。他认为，根据英美的惯例，买卖的交易、管理的交易和限额的交易这三种类型的交易合在一起便构成了经济研究中一个较大的单位，即"运行中的机构"。这种"运行中的机构"依靠各种业务规则而不停地运转，其包括家庭、公司、工会、行业协会甚至国家本身。康芒斯将"运行中的机构"这种组织称为"制度"。③

而凡勃伦将制度理解为个人或社会对某些关系或某些作用的一般的思想习惯。而某一时期或社会发展的某一阶段的生活方式构成了制度的总和。从心理学层面来讲，可以概括为一种流行的精神状态或生活理论。④ 凡勃伦对于制度的界定，有其积极性的一面，其在一定程度上揭示了制度的另一层面，即以"思想习惯"和"精神态度"等形式存在的非正式制度。由此，对于制度的界定，有了正式制度和非正式制度之别。

新制度经济学的代表人物诺斯则把制度定义为一种社会或经济交往关系的规则。在诺斯看来，制度由一系列被制定出来的规则、法律程序和道德行为规范组成，其要旨在于使主体福利或效益达到最大化。⑤ 诺斯进而认为，制度就是社会游戏或者社会博弈的规则，这些规则由人们所创造并构成了人们用以限制其相互交流的框架。⑥ 诺斯在论及制度的构成问题时，认为制度是由三个部分组成的，即正式制度、非正式制度和实施机制。⑦ 他认为这三部分构成了制度的基本要素。

所谓正式制度，是指人们有意识地创造或制定的一系列政策法规，包括政治、经济层面以及各种契约；所谓非正式制度，是指那些已经取得社会公

---

① 康芒斯．制度经济学（上册）［M］．北京：商务印书馆，1962：92.
② 康芒斯．制度经济学（上册）［M］．北京：商务印书馆，1962：86—87.
③ 康芒斯．制度经济学（上册）［M］．北京：商务印书馆，1962：86.
④ 凡勃伦．有闲阶级论——关于制度的经济研究［M］．北京：商务印书馆，2002：139.
⑤ 道格拉斯·C.诺斯．经济史中的结构与变迁［M］．陈郁，等，译．上海：上海三联书店，1994：225—226.
⑥ 北京大学中国经济研究中心．经济学与中国经济改革［M］．上海：上海人民出版社，1995：2.
⑦ 舒尔茨．"制度与人的经济价值的不断提高"，财产权利与制度变迁［M］．上海：上海三联书店，1994：253.

众认可的，但不成文的规则，主要包括价值观念、伦理道德规范、风俗习惯、意识形态等方面。而实施机制指的是为确保正式制度和非正式制度的贯彻落实而制定出的一套监督、检查和惩戒制度。对于诺斯将"实施机制等同于制度"的问题，我国学者袁庆明提出了疑义。他认为，将"实施机制"当作制度来讲是不妥当的，这与诺斯关于制度的界定是相矛盾的。如果将"实施机制"也界定为制度，实际上是默认了"实施机制"也是作为规范人或组织的行为规则的界定。而"实施机制"并非属于"行为规则"的范畴，因为"实施机制"回答的是制度的效率问题，并非制度本身。① 因此，他认为，制度只由两个部分构成，即非正式制度和正式制度。

诺斯也回答了"组织是不是制度"的问题，但其看法与康芒斯截然不同。诺斯认为不能将组织包含在制度的范畴之内，应该将两者加以区分。为此，诺斯给组织做了界定。在诺斯看来，所谓组织，就是在制度的约束之下，为了实现某种现实目的而创设的一种团体。其中涵盖政治团体，如政治派别、参议院等；经济团体，比如企业、行会、合作社等；社会团体，比如教堂、俱乐部等；教育团体，比如学校、教育培训中心等。另一位制度经济学家拉坦则有另外的看法。他认为，组织也是制度，这与康芒斯的观点相同。拉坦认为，制度实际上涵盖了组织的含义。正因为这样，制度创新或者制度发展，也在很大程度上体现为以下几个方面：一是特定组织的行为变化；二是组织与其环境之间的关系的变化；三是在组织的环境当中支配行为与相互关系的规则的变化。②

综观以往的研究，对于制度的定义大致可以分为三类：一是将制度视为外生的规则；二是将制度视为内生的思想惯性；三是将制度视为一种组织。而历史制度主义的代表人物格雷夫则将制度的定义扩展为由各种规则、信念、规范和组织构成的系统，这些因素相互联系，共同构成了制度。对制度的理解，不能脱离规则、信念、规范和组织这些基本因素。因为规则界定了各种规范性行为，可以发挥协调作用；信念和规范则提供了遵守规则的激励；组织则在如何传播规则并使信念和规则持久化方面发挥着作用。③ 因此，这些基本因素全都不可或缺。

---

① 袁庆明.制度含义刍议 [J]. 南京社会科学，2000 (11)：6—11.
② 道格拉斯·C.诺斯.经济史中的结构与变迁 [M]. 陈郁，罗华平，译.上海：上海三联书店，1994：5.
③ 阿夫纳·格雷夫.大裂变：中世纪贸易制度比较和西方的兴起 [M]. 郑江淮，等，译.北京：中信出版社，2008：27.

本书在考虑制度的概念时，比较倾向于将制度视为一个由一系列规则、信念、规范和组织构成的系统，制度不仅包含着一系列规则、规范等正式制度，而且也内含着各种习俗、传统、价值观念、道德行为准则等非正式制度，因为这些非正式制度不仅发挥着制约、规范人们行为的作用，而且也是联系过去与现在的一种纽带，对于这些因素的考察，无疑为我们提供了一个解释历史变迁的线索。

2. 教育制度

在马克斯·韦伯看来，能够有效规范人类的集体生活并使之有序进行的社会规范主要包括习惯、惯例和法律三个方面。[①] 然而，马克斯·韦伯也认为，这些规范之间并不存在一个清晰的界限，它们统统被称为"人类的规矩"，是人们在社会生活中所必须遵循的行为规范和准则。鉴于教育制度是作为制度的亚层次概念而存在的。因此，两者应该具有某种程度的可通约性。如此看来，教育制度从广义上讲，也不能脱离其作为一种规范人们教育活动的规则这一基本界定，"那种不表现为教育规则、不规范教育行为的东西，是不能被称为教育制度的"。[②] 如果我们把制度的基本概念界定为各种规则、规范、组织、习惯、习俗的总称，那么，对于教育制度的概念厘定，也就不能脱离这一框架。

（1）教育制度的概念界定

《中国大百科全书》和《辞海》中对于"教育制度"的界定，很难看出教育制度作为一种规则的根本属性，只是将其界定为根据国家的性质制订的教育目的、方针和设施的总称。而对于这个界定，我国学者成有信不以为然，曾予以批判。他认为该定义有将教育制度定义泛化之嫌。他指出，该定义将教育制度泛化到了教育的精神层面和物质层面，但是唯独没能关注教育制度的本质属性，即教育制度是各种教育机构的总称，这一理解很有见地。[③]

除了泛化之外，对教育制度的界定也在一定程度上存在窄化之嫌。比如《中国大百科全书·社会学》中，与教育制度相对应的英文为 educational in-stitution，指的是一个社会所赖以传授知识、文化遗产以及影响个体活动和

---

① 李猛. 韦伯——法律与价值 [M]. 上海：上海人民出版社，2001：57—58.

② 李江源. 教育制度——概念的厘定 [J]. 河北师范大学学报（教育科学版），2003（1）：20—31.

③ 黄济，王策三. 现代教育论 [M]. 北京：人民教育出版社，1996：255—256.

智力增长的正式机构和组织的总格局。① 而在顾明远主编的《教育大辞典》中，教育制度的英文表述为 educational system，将教育制度窄化为一个国家各种教育机构的体系，包括了学校制度（学制）和管理学校的各种行政机构。② 当然，随着研究的不断深入，对于教育制度的界定也在不断地发生着变化。教育制度由原来界定的具有法律效应的"规则""规范"，逐渐扩展到了社会生活当中的观念层面，教育制度不仅包括社会所公认的具有法律效应的制度，也包括出于社会生活需要而自然产生并固定下来的社会惯行的教育制度。③

新制度经济学同样对教育制度做了详尽的界定。新制度经济学对于教育制度的界定，是基于个人利益来进行的，所强调的是个人或团体教育利益的正当性和合法性。正是教育制度为人们创造了一个公平的竞争平台，教育制度就是一套针对教育机会、教育权利的竞争的规则，通过这一规则所发挥的约束作用，可以确保不同主体之间的正常交往，并避免个人利益受损。基于这样的认识，有学者也将教育制度理解为"人博弈的均衡化"，④ 将教育制度视为博弈参与者多次博弈的结果。在新制度经济学看来，有效的制度安排和合理的制度结构，不仅可以起到降低不确定性、弥补个人理性的不足的作用，而且可以增加公共教育利益。教育制度也由正式规则和非正式规则构成，成为越来越重要的一种资源。

如果更加直观地按教育制度的实践领域分类，教育制度可以包含以下几个层面：生活惯例习俗，主要体现为非正式的教育制度，属于有教益的民间制度文化的范围，在那些与村落生活联系密切的乡村学校中比较常见；教育教学制度，如师生关系的约束、教育教学模式等；学校管理制度，是划分学校内部管理权限、组织实施学校教育教学方面的制度，主要有学校领导体制、管理机构的设置以及具体的管理制度，如招生制度、课程制度、评价制度等；学校教育制度，包括入学条件、修业年限、办学体制、升学考试制度、学位认定制度等；教育行政体制，包括教育督导与评估制度、教育责任追究制度等；教育政策法规，指的是国家或政党管理教育事业的各种政策、法规、方针；教育价值理念，指深藏于成文制度或非成文教育规则背后的价

①　中国大百科全书出版社编辑部. 中国大百科全书（社会学）[M]. 北京：中国大百科全书出版社，1991：119.
②　顾明远. 教育大辞典（第1卷）[M]. 上海：上海教育出版社，1990：68.
③　筑波大学教育学研究会编. 现代教育学基础 [M]. 钟启全，译. 上海：上海教育出版社，2003：176.
④　卢现祥. 西方新制度经济学 [M]. 北京：中国发展出版社，2003：51.

值观念、传统偏见、意识形态等因素。

（2）几个概念的厘清

第一，教育制度和教育组织。特定的教育组织需要有相应的教育制度，这就导致了很多学者将两者相混淆，将教育制度等同于教育组织。比如传统教育学便是如此，有学者就曾经认为，教育制度就是教育的机关及功能，是依据法律并在社会传统教育观念的基础上构建的教育组织。① 在教育制度史研究领域，这种情况更加普遍。"教育史之研究，可就教育思想与教育制度两端入手。教育思想史，侧重于历代贤人哲士、学者专家对教育问题所持之见解与理论；而教育制度史则以历朝教育行政组织及学校教育设施为重心。"② 在制度教育学当中，这种情况发生了转变。制度教育学将制度和组织进行了严格的区分。制度是社会的游戏规则，对人们相互交流的行为进行约束，而组织显然不具备这样的功能。

也有人把制度定义为人与人间的"契约关系"。③ 如新制度经济学的代表人物诺斯就认为，"制度是一个社会中的一些游戏规则，或者，更正式地说，制度是人类设计出来调节人类相互关系的一些约束条件"。④ 而组织并非如此，不同于制度，组织只是社会"玩游戏"的角色，是基于一定的目标而组成的用来解决一定问题的团体。⑤ 然而，制度却不能离开组织而存在，任何制度都是与组织密切相关的，"组织要生存和运作，就必须有制度化的安排"。⑥

制度应该从组织的意义上去理解，制度和组织是规则和角色的关系。在教育领域，两者的区别在于：教育制度是教育运动的规则系统，教育组织则是教育运行的角色系统。"教育制度作为一种规则系统，有四个基本要素：教育规则系统、教育设备、象征的标识以及教育组织系统"，⑦ 因此，教育组织也可以被视为教育制度的一部分。基于此，研究民国乡村师范教育制度，就必须对民国乡村师范教育的组织——乡村师资培养机构等进行深入的分析。

---

① 仲新，持田荣一，等．学校制度［M］，雷国鼎，徐南号，刘焜辉，译．台北：台湾中华书局，1973：2－3.

② 雷国鼎．欧美教育制度［M］．台北：教育文物出版社有限公司，1979：1.

③ 卢现祥．西方新制度经济学［M］．北京：中国发展出版社，1996：20.

④ 康永久．教育制度的生成与变革［D］．武汉：华中师范大学，2001：48.

⑤ 卢现祥．西方新制度经济学［M］．北京：中国发展出版社，1996：19.

⑥ W. 理查德·斯格特．组织理论［M］，黄洋，李霞，等，译．北京：华夏出版社，2002：5.

⑦ 马和民．新编教育社会学［M］．上海：华东师范大学出版社，2002：276.

第二，教育制度与教育体制。教育制度与教育体制也很容易相互混淆，应该予以区分。根据《教育大辞典》的定义，教育体制是国家组织和管理教育的形式、方法和制度的总称。而教育制度则是为了保证教育活动的正常运行而由人们所构建的各种规范和规则。学者柳海民对教育体制和教育制度做过区分，他认为，教育体制是一个国家的各种教育机构的总和。其中，学校教育是一个国家教育制度的代表。而所谓学校教育制度，又简称学制，是指一个国家各级各类学校的系统，具体规定着学校的性质、任务、入学条件、修业年限以及彼此之间的协调关系。[①] 教育制度并非静态的、不可变化的，而是具有可改造性和可变革性的，一部人类的教育史，实际上就是一部教育制度的变革史。也就是说，教育制度是一个动态变迁的实践与转换过程。而教育体制则不然，作为一个国家为了配合政治、经济、科技体制而确定下来的学校办学模式、组织管理等，往往具有相对稳定的运行模式。一般地说，不同的政治体制和经济体制下，必然有与之相适应的教育体制。教育体制是教育制度的载体，落实到人才培养的各个环节，可以反映一个国家政府与不同教育组织之间的关系。

3. 教育制度变迁

所谓制度变迁，指的是创新主体为了实现某种目标而对制度进行重新调整和重新安排，是一种制度的替代、替换、交易与创新的过程。制度变迁以最大限度地满足人的需要以及最小限度地限制人的需要为根本目的，来提高效率。在新制度经济学当中，制度变迁指的是对资源、技术、偏好进行优化配置，以实现更高的效率，其过程表现为对制度均衡的动态搜寻。[②]

因此，制度变迁也可以被理解为一种更高效率的制度（即所谓目标模式）对另一种制度（即所谓起点模式）的替代过程。[③] 在教育研究领域，尤其是研究民国教育史的过程中，对于教育制度创新、教育改革等概念的使用往往比较常见，用制度变迁的概念比较少。本书试图通过引入新制度经济学中的"制度变迁"概念，在以新制度经济学的理论作为分析框架的基础上，厘清制度变迁与制度创新、制度改革等概念之间存在的差异。这种差异表现在：第一，与其他两个概念相比较而言，教育制度变迁的概念更加宽泛，其中不仅包含了教育制度创新和教育制度变革，而且包含了教育制度的替换、

---

① 柳海民. 教育原理 [M]. 长春：东北师范大学出版社，2006：233.
② 彭德琳. 新制度经济学 [M]. 武汉：湖北人民出版社，2002：16.
③ 卢现祥. 新制度经济学 [M]. 北京：中国发展出版社，2003：79.

转换的方式；第二，变迁作为一个中性意义上的概念，教育制度变迁不仅涵指教育制度创新，也可能是教育制度的移植，更有可能是无效教育制度的反复；第三，教育制度变迁更能够反映制度作为一种动态发展的客观事实。[1]

4. 乡村和农村

20 世纪二三十年代，理论界对于乡村的界定在很大程度上受美国社会学的影响，其概念和理论也基本由美国移植而来。罗德菲尔德（Richard. D. Rodefield）认为："乡村是人口稀少、比较隔绝、以农业生产为主要经济基础、人们生活基本相似，而与社会其他部分，特别是城市有所不同的地方。"[2] 我国早期的社会学家冯和法认为，"乡村"与"农村"可通用，虽然两者间可以相互通用，但是"农村"这个概念往往更能够说明人们共同生活的特征。[3] 乡村与农村在靠土地吃饭这一点上是可以意义互换的。学者言心哲认为，如果能够以社会共同的生活的事业为标准，来划分乡村社会，是一件比较简单的事情。在划分以前，我们先选定一个区划中心点。而这一中心点便是市镇，因为我国人民最初的交际，便是市里交际。即使是到了现在，虽然与古代有所不同，但是乡间人民最多的交际，还是市镇的交易。从这个意义上来说，我们划分乡村社会的起点便是市镇。[4] 台湾社会学家蔡宏进也有类似的看法，他认为，从广义上来讲，乡村社会应该包括所有都市以外的社区，具体分为城镇社区和村落社区，[5] 一个乡镇实际上代表了一个社区。因此，乡村应该指的是行政区划的乡镇所管辖的地域实体，包括以乡（镇）政府所在地为中心的所有村庄的地域范围。

《现代汉语词典》中将"乡村"解释为"主要从事农业、人口分布较城镇分散的地方"。[6] 生态学意义上的乡村，往往用来指涉一种地域的概念，具体指除城市以外的一切地域。乡村是一个空间地域系统，这与作为一个产业部门的农业有本质的区别。实际上，乡村的概念在外延上要比农村广。尤其是从 20 世纪 80 年代开始，产业结构发生重大调整，城市之外的区域已不仅仅局限于第一产业，而迅速地向第二、第三产业扩展。如果继续以"农

① 廖明岚，贺武华．从新制度经济学视角审视高等教育制度变迁体系 [J]．太原师范学院学报（社会科学版），2005（12）：126—128.

② 黄坤明．城乡一体化路径演进研究 [M]．北京：科学出版社，2009：18.

③ 冯和法．农村社会学大纲 [M]．上海：上海黎明书局，1934：3.

④ 言心哲．农村社会学概论 [M]．上海：中华书局，1934：16—17.

⑤ 蔡宏进．乡村社会学 [M]．台北：三民书店，1989：116.

⑥ 中国社会科学院语言研究所词典编辑室编．现代汉语词典（第 5 版）[Z]．北京：商务印书馆，2005：1482.

村"概括这样的区域，必然会把因乡镇企业的崛起而产生的工业村、商业村和建筑村等排除在外。因此，现代意义上的乡村是以"大农业"为主的农村，而且包括第二、第三产业在内的非农业区域。

至于"农村"的概念，美国学者散得生（Sandeison）将其解释为一定区域的居民居住在一个农业面积上，他们的共同生活和事业均建立在这一中心上。[①] 美国社会学家吉勒特（Gillette）也有类似的认识，他认为，所谓农村是指居住于人口密度最低、面积最广的区域的居民，在生活兴趣、工作方式、生活方式等方面形成一种共同的意识和取向，互相交通、彼此合作……其主要社会单位是家庭。[②] 无论乡村社会，还是农村社会，最为显著的特点便是天然的环境和直接受天然力的支配。乡村人民靠农业谋生，对土地的依赖性很强。但农村是相对于工商社会而言的。而"乡村"是与城市相对应的概念，乡村和城市一样，均有人口规模和地域的确定性，而"农村"则没有这两个方面的确定性。

农村的地域界限是模糊的或不确定的，也没有相应的人口规模的确定性。据 1924 年湖南省宪法的规定，以人口满二十万以上者为一等市，人口满五万以上不及二十万者为二等市，人口满五千以上不及五万者为三等市，人口不及五千者均为乡。又按浙江省宪法的规定，人口满一万以上者为市，其余均为乡。1928 年 9 月，国民政府第一次公布的《县组织法》规定县以下的组织依次为区、村（里）、闾、邻四级。1929 年 6 月，国民政府又颁布了新的《县组织法》，将村里改为乡镇。各级的具体划分为：5 户为邻，25 户为闾，100 户以上为乡（镇），20—50 个乡镇为一区。

不同的历史条件之下，人们对"农村"概念的理解存在着差异。人类社会的发展过程表明，从农业文明过渡到工业文明是历史的必然，这是人类历史在经历了农牧分离、手工业和农业分离、商业和物质生产部门分离的三大分工之后，出现的又一个具有里程碑意义的分离。人类历史出现了又一次新的社会大分工，即与城市相对应的工业和与村相对应的农业的分离。[③] 而就当代中国而言，对"农村"进行准确的界定似乎是一件比较困难的事情。原因就在于现阶段我国区域、地域之间发展的不均衡。同样是农村，东部与西部之间的差距呈天壤之别，和东部相比，西部的一部分县镇带有明显的农村

---

① 言心哲. 农村社会学概论 [M]. 上海：中华书局，1934：16.
② 言心哲. 农村社会学概论 [M]. 上海：中华书局，1934：17.
③ 中国科学院国情分析研究小组. 国情研究第 3 号报告：城市与乡村（中国城乡矛盾与协调发展研究）[R]. 北京：科学出版社，1996：6.

色彩。而如果以人口密度、职业构成、生产技术运用和商品经济发达的程度、物质文化生活水平等为衡量标准，我国现阶段的很多县以及县以下的乡（镇）、村就理应被划归至农村之列。

按照国家统计局的划分，乡村和农村是两个不同的概念。乡村指的是城镇以外的其他区域，即乡（集镇）和村庄（农村）。集镇指的是乡、民族乡人民政府所在地和经县人民政府确认，由集市发展而成的作为农村一定区域经济、文化和生活服务中心的非建制镇，农村指集镇以外的地区。① "乡村与农村具有很大的重合性，农村是乡村的主体，乡村地区的绝大部分是农村地区，所谓乡村，就是由乡（镇）与村两种社区构成的社会生活范围。"② 因此，乡村与农村两者的结构关系模式可以表述为："集镇"＋"农村"＝"乡村"≠"农村"＝"村庄"，两者之间体现了一种属种关系。

5. 乡村教育和农村教育

何为乡村教育？储劲于1932年出版的《乡村教育》一书中对乡村教育作了如下概括："无论城镇与乡，凡文化闭塞，教育不发达之区，其人大部分以农业为职业，而施行适合此种环境之教育，名曰乡村教育。" "乡村教育有广狭二义：凡居住乡村中之人民，不论其为何种阶级，无问其为男女老幼，悉授以相当之教育。使之知识开发，品性改善，有向上发展之才能。即将家庭教育、学校教育、社会教育都包括在内，此广义之说也；以小学学校为出发点，视能力之所及，推广于全体之人民，即只以学校教育为重要，此狭义之说也。"③ 古楳认为，根据乡村社会的生活需求，旨在培养乡间人民的生活能力，以改造乡村人民生活的教育形式，称为乡村教育。或者说，一切以乡村社会的发展为最终旨归的教育，都是乡村教育。乡村教育是相对于城市教育而言的，在了解乡村教育之前，必须对乡村的概念有一个确切的认知。

但是，仅仅以人口的规模来确定乡村教育的范围，未免有失偏颇。因为中国有许多的县城，与乡村无异。因此，乡村教育不能仅以人口规模为标准，而应该以人民的职业为标准。乡村教育可依据这样的规则，即凡在工商人民居住的地方的教育，可称为都市教育；凡农民、渔夫、樵夫居住的地方的教育，可称为乡村教育。也有人将乡村教育称为农村教育，而乡村教育的范围更大，因为乡村不仅包括农村，还包括渔村、樵村等。但是在中国，从

---

① 国统字〔1999〕114号. 关于统计上划分城乡的规定（试行）[EB/OL]. (1999－12－06)[2023－09－11]. http://www.stats.gov.cn/tjsj/ndsj/renkoupucha/2000pucha/html/append7.htm.

② 秦志华. 中国乡村社会组织建设 [M]. 北京：人民出版社，1995：2－3.

③ 储劲. 乡村教育 [M]. 北京：商务印书馆，1932：5.

事农业者居多，所以也不妨将乡村教育称为农村教育。也有人将乡村教育等同为农业教育，殊不知农业教育也包含在乡村教育之内。

在学者李少元看来，农村教育的范围似乎更广，现阶段我国的农村教育就是指县和县以下的教育，包括县、乡（镇）、村教育。[①] 与李少元类似，学者陈敬朴认为，农村教育涵盖了一切发生在农村、以农业人口为对象并服务农村经济和社会发展的教育形式，其涵盖了教育的各个阶段，是对农村人口实施的基础教育、职业教育、高等教育、社会教育等各种教育的总称。[②] 这与民国时期余家菊对乡村教育的看法有颇多相似之处，他认为，从教育的地域划分上，可将其分为都市教育和乡村教育。而乡村教育包含着除了都市教育以外的一切教育，内容比较复杂，这导致了"乡村教育的研究实为一种横断面的综合研究"。[③]

6. 乡村师范教育及其制度

《教育大辞典》中对"乡村师范教育"做了如下界定，即"乡村师范教育是一种办在乡村，以培养乡村小学教员为基本目标的师范教育，就其教育程度而言，是一种中等师范教育"。[④] 而对于"乡村师范教育制度"的界定，原则上可以参考师范教育制度的界定，所谓师范教育制度是指"师范教育目的、方针、体系设施和机构体系的总称"。[⑤] 但是，如果按照这个逻辑，乡村师范教育应该是指乡村师范教育目的、方针、体系设施和机构体系的总称。然而，这种概念界定过于笼统，不够具体。本书试图借鉴新制度经济学对制度所做的界定，即将乡村师范教育制度分为以下几个方面：

第一，正式乡村师范教育制度。按照新制度经济学的代表人物诺斯的观点，正式制度是指人们有意识地制定的一系列政策法规、条例准则和计划方案等，其主要特征是行政上具有强制性。正式的乡村师范教育制度分为两类：一类是指国家颁布的有关乡村师范教育的各种法令文件，这些法令文件在宏观上对于乡村师范教育的发展具有指导意义和约束作用。比如，民国时期各个政府为配合教育改革而颁定的学制，其中对于乡村师范教育的体系和实施路向有着总的要求和质的规定性。再比如，1935 年，国民政府所颁布实施的《师范教育法》和《师范教育规程》等，均属于民

---

① 李少元. 农村教育论 [M]. 南京：江苏教育出版社，2000：2.

② 陈敬朴. 农村教育概念的探讨 [J]. 教育理论与实践，1999（11）：39－43，57.

③ 余家菊. 乡村教育通论 [M]. 上海：中华书局，1934：20.

④ 顾明远主编. 教育大辞典（第二卷）[Z]. 上海：上海教育出版社，1990：8.

⑤ 崔运武. 中国师范教育史 [M]. 太原：山西教育出版社，2006：97.

国时期乡村师范教育制度的正式制度的一部分。另一类则是教育部门（地方政府或教育行政机构或相关组织）制定并颁布的关于乡村师范教育的基本规章制度。它是在国家宏观法律法规的框架之下，组织乡村师范教育领域的专家学者讨论制定的指导乡村师范教育发展的纲领性文件。比如，教育部颁布的各种方案，各地方政府或教育行政部门制定的适合本地区实际情况的政策法规等。

第二，非正式乡村师范教育制度。非正式制度指的是社会共同认可的、不成文的行为规范，具体包括价值观念、伦理规范、道德观念、风俗习惯、意识形态等因素。"它们在正式制度无定义的场合起着规范人们行为的作用，或者说它对正式规则的形成起着一种潜移默化的影响。"① 在教育领域，非正式教育制度主要体现为价值观念、伦理道德规范、风俗习惯、教育观念、沿袭的传统等，属于意识形态领域的存在，其主要特征是多样性、深刻性和稳定性。因此，非正式的乡村师范教育制度也应该包括乡村教育家的师范教育观念、价值取向等。

在本书中，主要以正式制度的分析为主，即民国时期人们有意识地制定的一系列与乡村师范教育相关的政策法规、条例准则和计划方案等。

第三，乡村师范教育的实施载体——组织。按照格雷夫的理解，制度是由规则、信念、规范和组织构成的自我均衡的系统。规则界定了博弈情景的结构，界定了规范性的行为；信念和规范更多地体现在激励人们遵守规则所限定的行为指示上，是人们对于规则的一种内化；组织则是实现规则、信念和规范的载体。因此，本书将民国时期实施乡村师范教育的各种载体，比如乡村师范学校、教育团体等都纳入乡村师范教育制度的内容分析之中。

（二）分析维度和框架

1. 几个分析维度

（1）制度环境

所谓制度环境，是用以维系教育活动得以开展的基础规则，比如教育法，由于教育制度环境是一种基础性制度安排，与国家的根本制度具有一致性。因此，是教育活动得以开展的根本保证。本书中，将民国时期与乡村师范教育发展的相关制度，比如师范教育制度、乡村学校教育制度等视为乡村师范教育制度的制度环境来考察，实际上，这些因素也是民国时期乡村师范

---

① 史晖. 转型与重构——中国近代课程制度变迁研究 [D]. 南京：南京师范大学，2011：28.

教育制度的重要组成部分。

（2）教育制度安排

所谓教育制度安排，通俗地讲就是具体的教育制度，这种具体的教育制度安排一般会在教育制度环境的框架之中进行。本书所涉及的具体的乡村师范教育制度包括学校教育制度（即学制）、课程制度以及相关法规、方案、规程等。

（3）制度需求

按照现有的制度安排，制度需求者觉得无法获得潜在的利益，便会产生对新制度的需求，从民国时期乡村师范教育制度的变迁来看，其需求的主要来源有三个方面：一是政府需求，政府从自己的治理理念出发，获得了新的制度需求；二是民间团体以及教育家群体的极力推动；三是乡村教育发展的现实需要。这三个主体的反复博弈，使乡村师范教育制度的变迁才如愿实现，其中政府起主导作用，教育家群体和民间团体起推动作用。

2. 分析框架——新制度经济学的相关理论

（1）制度变迁理论

制度变迁理论是新制度经济学的一个重要内容，新制度经济学的代表人物诺斯认为，技术的革新为经济社会的发展注入了活力，但是如果没有制度的创新和制度变迁的发生，即通过一系列制度（如产权制度和法律制度等）的构建从而把技术创新的成果巩固下来，那么经济社会要想取得长期的发展和进步便是不可想象的，可见制度变迁对于国家的发展至关重要。新制度经济学主要在制度概念、交易、内生性制度变迁、路径依赖的框架下对历史制度进行深入细致的分析。随着其影响力的日益扩展，社会科学领域也开始采用其理论和分析框架。这种分析框架，同样适用于教育制度变迁的研究。

（2）路径依赖理论

通俗意义上的路径依赖，与物理学当中的"惯性"比较类似，指的是一旦某一事物进入某种路径，便会对这种路径产生依赖。路径依赖理论最早源自经济学家 W. 巴兰·阿瑟和保尔·大卫对技术变迁的相关研究。他们研究发现，在技术演进中，往往遵循这样一个规律，那就是一旦某种技术发展和演进的道路被选择，很可能就会继续沿着这条道路向前发展而不会轻易转移到另一条道路上去。W. 巴兰·阿瑟和保尔·大卫对技术变迁的相关研究影响了后来的新制度经济学派，其代表人物诺斯曾经指出，"一旦一条发展路线沿着一条具体进程进行时，系统的外部性、组织的学习过程以及历史上关于这些问题所派生的主观主义就会增强这一进程"。① 路径依赖往往意味着历史的重要性，它告诉人们，如果不回溯历史，不考察制度的演进历程，便很难对当前的选择进行理解。②

近代以来，中国社会所面临的巨大变迁，出现了一些新的社会因子，使过去的制度要素与新近产生的新制度之间出现了不对称，使国家有了教育制度变迁的诉求。乡村师范教育的制度变迁正是在这样一种历史背景下发生的。在本书中，笔者试图以新制度经济学当中的路径依赖理论与分析框架，来考察民国时期乡村师范教育制度变迁的历史进程，揭示其变迁的内在机理，以期为中国教育制度变迁提供一种新的分析视角。

3. 研究的切入点

第一，国家权力介入乡村社会是理解 20 世纪中国乡村教育变迁的重要参照系。一个世纪以来，国民教育体系的构建与地方性知识的冲突、学校与乡村生活的隔膜、国家的教育期望与村民的教育意图之间的矛盾，都基于国家权力介入乡村社会这条轴线上。本书将以此为开端，以乡村社会变迁的视角去审视中国乡村教育现代化的进程，揭示乡村社区中"国家"与"地方"、"传统"与"现代"之间的互动与冲突，从而体现"小地方"与"大社会"的呼应。

第二，需要在现代化的宏大叙事背景下来理解乡村师范教育的制度变迁。因为现代化的过程往往会牵涉到思想、技术和制度方式的延续。通过对以往文献的整理分析发现，学者一般都将中国现代化的历程归纳为三种社会变革模式的依次递进，即器物（技术）变革、制度变革、文化变革。器物层面的变革包括船械、枪炮、铁路、通信等生产力因素的变革；制度层面的变革包括社会统治性质、政府结构、管理形式等政治关系的调整；文化观念层面的变革则包括伦理示范、操作选择、价值导向等意识形态的更换。三种社会变革模式中，最为关键的是文化观念层面的变革，文化观念层面的变革才是社会变革的终点。正如陈独秀认为，"伦理的觉醒才是根本觉醒"。中国现代化只有达到"伦理觉醒"，才算完成真正意义上的现代化。近代以来，尤其是甲午战争以来的中国现代化进程的核心问题，就是建立现代化的社会制度框架问题。一个半世纪的中国现代化的兴衰成败，莫不与制度变迁密切相关。③ 民国乡村师范教育的确立及发展，是中国教育现代化变迁的一部分。

---

① 道格拉斯·C. 诺斯. 制度、制度变迁与经济绩效 [M]. 上海：上海三联书店，1994：132.
② 道格拉斯·C. 诺斯. 制度、制度变迁与经济绩效 [M]. 上海：上海三联书店，1994：134.
③ 田正平，李江源. 教育制度变迁与中国教育现代化进程 [J]. 华东师范大学学报（教育科学版），2003（3）：39—51.

构建具有现代化导向的、稳定、高效的教育制度体系，是后发国家迈向现代化的关键一步。而这一步，中国走了近一个世纪。

第三，从城乡关系演变的视角去审视民国时期乡村师范教育制度的变迁。晚清以来，随着近代化步伐的加剧，我国传统上以农为主的自然经济逐渐遭遇瓦解。而伴随这一进程的是，国家权力的触角逐渐延伸至乡村社会当中，并由此引发了城乡关系的深刻变革。我国传统上城乡一体的经济、文化格局被打破，城乡间无差别统一的格局出现了裂痕，城乡逐渐走向分离。就教育而言，"我国自改革教育制度以来，偏重城市，漠视乡村，城市教育渐次发达，而乡村间之教育则依然望尘莫及"。[①] 到了20世纪二三十年代，中国社会已经面临严重的"三农问题"，农业遭遇破产危机、农村陷入破败深渊、农民的生活极其贫困。在这种历史境遇下，对于如何解决"三农问题"，很多知识分子提出了各种主张，一时间在中国大地上主义纷呈、学派林立，掀起了一股乡村教育思潮和乡村教育运动。而乡村师范教育运动作为其中的重要组成部分，在思想、实践和制度层面均进行了深入的探索。

三、相关研究综述

我国师范教育起步较晚，最早可以追溯到1904年，是年张之洞等人拟定的《奏定学堂章程》标志着我国师范教育体系的形成。早期创建的师范学校大都集中在城市，毕业生也多在市区服务。1919年，山西省首创旨在培养乡村学校师资的国民师范学校，此举被视为我国乡村师范教育的萌芽。1920年，北洋政府教育部规定用八年时间普及四年制义务教育，并提出培养乡村教师的任务。1921年后，余家菊等教育家撰文呼吁师范教育的"下乡运动"，由此，民国乡村师范教育开始起步，并在19世纪30年代达到巅峰。1949年，随着国民政府败退台湾，乡村师范教育被迫中断，并最终走向消亡。虽然仅维持了30年的光辉岁月，但由于其在思想和实践上极具内涵，且对于当今农村教育改革也不乏借鉴价值，因而备受国内学者的青睐。

（一）关于民国乡村教育的研究述评

1. 民国时期关于乡村教育的相关研究

对民国乡村教育进行学术研究与这一时期乡村教育问题的凸显息息相

---

① 陈侠，傅启群．傅葆琛教育论著选［M］．北京：人民教育出版社，1994：74.

关，正是由于乡村教育问题的出现，才促使学者们开始对这一问题有所关注。通过对现有史料的考察，学者们一般都将 20 世纪二三十年代作为民国时期乡村教育问题的凸显期，因而，针对这一时期的乡村教育研究成果相对比较丰富。

最早对乡村教育问题进行论述的当推乡村教育家余家菊。1919 年，余家菊在《中华教育界》上发表了《乡村教育之危机》一文，首次提出了"乡村教育"的概念，[①] 此文遂成为"国中言乡村教育第一文"。[②] 之后，余家菊又于 1921 年在《少年中国》发表《乡村教育的实际问题》，从现实问题的角度对乡村教育予以关注，他认为"一般人大半不愿意要学校，有的以学校为无足轻重的东西，有的甚至以学校为眼中钉，他们信私塾而不信学校"[③]。可见，乡村兴学以来，新式学堂并没有被广大乡民所接受，这就成为乡村教育发展中的主要问题。余家菊之后，有一些学者也开始关注乡村教育问题，并展开了相关问题的研究。顾复于 1923 年发表了《农村教育》，成为较早论述乡村教育理论的著作。余家菊于 1934 年发表《乡村教育通论》，集中讨论了乡村教育的原理性问题。另外，对乡村教育问题进行理论探究的著作还有潘公展、祝其乐于 1925 年发表的《乡村教育研究及研究法》，古梅于 1935 年发表的《乡村教育》，龙发甲于 1937 年发表的《乡村教育概论》等，这些著作针对乡村教育的目的、研究方法、教师、学生、课程等问题进行了理论性探讨。

除了对理论问题的集中探讨之外，还有很多学者从实践的角度对乡村教育的具体问题进行了考察。其中比较有代表性的著作有：金鼎一的《乡村小学实际问题》、郭人全的《乡村小学行政》、张宗麟的《乡村小学教材研究》等。论文则有谬序宾的《乡村小学之缺点及其病原之补救法》、杨效春的《普及农村教育的困难和我们的作法》。这些研究主要对乡村教育当中的一些实际问题予以关注，比如经费不足问题、师资匮乏问题、课程与乡村社会脱离问题、学时安排与农忙冲突问题等。还有一些学者针对当时的乡村教育提出了改革路径。比如胡家健于 1928 年发表的《乡村学校教师问题》，集中讨论了乡村师资问题。他认为乡村教师问题是乡村教育的中心问题和先决条件，乡村教师作为乡村教育的灵魂，是乡村社会的领袖，

---

① 顾明远. 中国教育大系（历代教育名人志）[M]. 武汉：湖北教育出版社，1994：585.
② 余家菊. 乡村教育通论 [M]. 上海：中华书局，1934：46.
③ 余家菊. 乡村教育的实际问题 [J]. 少年中国，1921（6）：64—65.

"乡村社会的一切新事业、新制度，也都靠着他去提倡，去推行"。① 在肯定乡村教师重要性的同时，他还集中论述了乡村教师的任务、乡村教师的养成、乡村教师的要素、乡村教师的待遇、乡村教师的进修、乡村教师的效率测验等问题。

一些教育家和学者也从乡村教育改革的角度对乡村教育问题进行了探讨。如陶行知于 1927 年 4 月在《中华教育界》发表的《中国乡村教育之根本改造》，其中对乡村教育进行了批判，他认为："中国乡村教育走错了路！它教人离开乡下往城里跑，它教人吃饭不种稻，穿衣不种棉，做房子不造林……"② 陶行知进而又提出乡村教育的根本出路在于建设适合乡村实际生活的活教育。郭步陶于 1929 年在《村治月刊》发表了《乡村教育之改见》，他认为，我国教育的主要着眼点在于都市教育，而对乡村教育异常忽视，这导致都市教育的日益发达和乡村教育的日益衰落。郭步陶将师资问题视为改变乡村教育落后面貌的主要手段，"教育既成为专门事业，乡村师资的培养，更为重要"。③ 同年，孙钰也在《村治月刊》上发表了《乡村教育之困难及其救济方法》一文，他在文中指出，与城市教育相比，乡村教育存在的困难包括人才匮乏，比如教师和管理人员；经济困难，比如学生学费；没有确定的目标等。相应地，乡村教育要发展，就必须从这几个方面进行补救。④

2. 中华人民共和国成立后关于民国乡村教育的相关研究

中华人民共和国成立后，由于受意识形态的影响，有关民国时期乡村教育研究的成果很少，直到 20 世纪 80 年代之后，随着中国社会史研究的兴起，关于民国乡村教育的研究才重新进入学者的研究视野之中。尤其是在1997 年之后，随着"三农问题"的日益凸显，民国乡村教育问题逐渐成为热点问题。学者主要从以下几个维度对民国时期的乡村教育问题进行了论述。

第一，对民国乡村教育进行了理论层面的探讨。如王玉国的《百年乡村教育价值取向对未来的启示》一文对民国时期乡村教育的价值取向进行了详细论述，他认为乡村教育问题作为我国这样一个"以农立国"的特殊国度的特殊问题，始终存在两种价值取向的博弈，而民国时期知识分子所极力倡导并践行的乡村教育运动，实际上就是一种以农为本的价值取向，这种价值取

① 胡家健. 乡村学校教师问题 [J]. 教育杂志（第 20 卷），1928（4）：2.
② 陶行知. 中国乡村教育之根本改造 [J]. 爱满天下，2007（1）：1.
③ 郭步陶. 乡村教育之改见 [J]. 村治月刊（第 1 卷），1929（9）：8.
④ 孙钰. 乡村教育之困难及其救济方法 [J]. 村治月刊（第 1 卷），1929（8）：11.

向是与我国"以农立国"的特殊国度相吻合的，为此，他提出要激发和发掘乡村教育内在的精神与教育因素，城市取向的乡村教育应该被超越。

第二，从乡村社会变迁的角度对乡村教育予以关注。比如王先明、李丽峰的《近代新学教育与乡村社会流动》，对在 20 世纪初期中国乡村社会发生深刻变迁背景下乡村教育的缺失以及教育与乡村社会相脱节的问题进行了论述。他们认为，正是由于乡村教育中的这些问题的存在，才影响了乡村社会的流动，而这些乡村教育问题的产生与近代以来的新学教育在乡村的确立是密切相关的。朱汉国、姜朝晖在《略论民国时期乡村教育中的文化冲突》一文中，以文化的视角对民国乡村教育面临近代社会转型所带来的多重观念与文化的冲突进行了解读。他们认为，文化冲突是制约民国乡村教育发展的主要难题之一，这种文化冲突主要包括中西文化的冲突、国家意志与草根社会的教育目标之间的冲突、城市文化与乡土社会之间的冲突、近代文化与农民观念之间的冲突。同样对乡村教育冲突进行考察的还有山长理的《清末民初乡村教育冲突的分析与启示》，他认为，清末兴学之后，新式学堂伴随国家权力的下沉逐渐向乡村社会嵌入，给乡村教育的发展带来了新式学校与私塾、乡村生活、乡村社会结构之间的矛盾和冲突。

第三，对民国时期乡村教育的现实问题予以关注。如田正平、陈胜的《清末及民国时期乡村教育的困境及其调适》，论述了 20 世纪初中国乡村教育所面临的种种危机，为了消解这些危机，新旧教育之间进行了调适，这种调适的结果使新式教育成为一种带有一点"中国乡土特色"的新教育，而中国乡村教育的早期现代化也正是在这种新旧教育之间的冲突和调适中发展起来的。陈胜在《尴尬的转变——清末民初乡村教育变革的困境》中，集中探讨了在伴随国家权力下沉的中国乡村教育早期现代化的进程中，以新式学堂为主要标志的新教育与以私塾为代表的传统教育之间的矛盾与冲突，这种矛盾和冲突扰乱了乡民的日常生活，引起了乡村教育利益的大变动，乡村教育危机由此加剧。中国乡村教育早期现代化进程中出现的种种弊端，无疑给乡村教育的发展带来了极大的伤害。

实际上，中国乡村教育问题的凸显在一定程度上与新式学堂在乡村社会的嵌入有着很大的相关性。新式学堂所代表的西方文明与乡土中国的文化特质的格格不入，导致了两者之间的矛盾重重和冲突不断。对此问题，吴彦芳在《近代新式学堂教育与农村问题》中进行了深入的分析。她认为，清末新政以来的教育改革，导致了新式学堂的勃兴，然而，新式教育在发展过程中存在着一些突出问题，比如大批乡村知识青年毕业后滞留在城市或者脱离乡村，其原因就在于新式学堂集中于城市、学费昂贵、教育内容脱离乡村等。郑起东在《近代华北乡村教育的变迁》中，对近代华北地区乡村教育中所发生的新旧教育转换予以关注，他深入分析了旧式教育的衰落与新式教育的萌芽，以及在发展过程中所遭遇的挫折，而在这一过程中农民对新式教育逐渐由敌视转变为接受，最后得出结论：乡村教育的发展，关键在于改善农民的忽视教育的观念。

第四，对乡村教育思潮和乡村教育运动的相关研究。这方面的研究成果相对比较丰富，学者们从诸多视角对此问题进行了深入研究。其主要研究成果有：赵晓林在《"乡村教育运动"的主体性价值观及其现实意义》一文中，从教育价值观的角度对 20 世纪二三十年代开展的"乡村教育运动"进行了考察，他认为"乡村教育运动"从本质上体现为一种以农民为教育对象的价值主体，乡村教育也由此摆脱工具性教育的藩篱而成为一种主体性教育，在价值理念上体现出一种"以农为本"的取向。同时，在《20 世纪二三十年代"乡村教育运动"的特点及其现实启迪》一文中，赵晓林又对"乡村教育运动"的特点进行了总结，他认为"乡村教育运动"具有实施主体民间性、教育对象全民化和教育内容适用性的特点。在此基础上又提出了"乡村教育运动"对于当前我国农村教育改革和发展的启示。

同样对"乡村教育运动"的特点进行总结的还有苗春德，他在《论 20 世纪上半叶"乡村教育运动"的基本特点》一文中认为，"乡村教育运动"不仅是中国教育史上的一种重要的教育思潮，更是中国现代史上的一次重要的社会改革运动，它所体现出的基本特点包括深固的忧患意识、忠贞的爱国热忱、崇高的使命感和事业心、执着的探索精神等，这些特点对于当前中国农村教育改革和发展具有弥足珍贵的借鉴和启示。同时，苗春德主编的《中国近代乡村教育史》在乡村教育运动和思潮研究方面具有里程碑式的意义，苗春德在该书中详细论述了近代中国所掀起的乡村教育思潮和运动的深层社会历史背景、变迁历程以及诸多乡村教育家的乡村教育思想和相关实践、经验启示等。

童富勇则从另一个角度对"乡村教育运动"对当前我国农村教育改革和发展的启示进行了论述。具体包括乡村教育发展路径的选择，对"仪型他国"制度构建的批判与教育本土化的实践等。吴洪成在《20 世纪二三十年代中国的乡村教育实验》中重点分析和评估了中华职业教育社农村改进实验、陶行知的乡村生活教育实验、晏阳初的定县乡村平民教育实验、梁漱溟的乡村教育实验。

（二）关于民国乡村师范教育研究的著述与文章

乡村师范教育的最初萌芽，是在 1919 年五四新文化运动之后，一般把该年冬天由乡村教育家余家菊发表的《乡村教育之危机》一文看作是乡村师范教育起步的标志。此后，其他教育界人士也纷纷撰文对此提出呼吁。如袁希涛发表了《省立师范办农村分校议》，过探先发表了《办理农村师范学校的商榷》，陶行知发表了《师范教育下乡运动》。由此，乡村师范教育形成一股强劲的社会潮流，一场乡村师范教育运动也由此拉开序幕。

南京国民政府时期，由于乡村师范教育运动的兴起，在思想学术领域也兴起了一股研究乡村师范教育的高潮，相关著述颇丰。比较有代表性的著作有：李楚材的《乡村师范课程编制的尝试》（《教育杂志》1929 年第 11 期），郭步陶的《新农村的建设与乡村师范》（《教育季刊》1931 年第 2 期），韩文庆的《乡村师范教育之薪生命》（《江苏教育》1932 年），古梅的《中国乡村师范演进的鸟瞰》（《中华教育界》1934 年 6 月第 12 期），张宗麟的《学园制的乡村师范》（《中华教育界》1935 年第 11 期），古梅的《乡村师范概要》（商务印书馆 1936 年版），陈友端的《我国现行乡村师范课程的检讨》（《中华教育界 1936 年第 2 期》），周邦道的《一个异军突起的乡村师范》（《教育杂志》1936 年第 8 期），张宗麟的《怎样办理乡村师范的行政》（《光华大学半月刊》1937 年第 10 期），金海观的《实施部定乡村师范及简易乡师课程之困难及改进意见》（《中华教育界》1937 年第 1 期）等。

这些著述主要从两个方面对当时的乡村师范教育予以关注：一是对"乡村师范教育如何做"进行的理论设计，比如李楚材的《乡村师范课程编制的尝试》和古梅的《乡村师范概要》；二是对乡村师范教育中存在问题的关注，比如陈友端的《我国现行乡村师范课程的检讨》和金海观的《实施部定乡村师范及简易乡师课程之困难及改进意见》。

中华人民共和国成立之后的一段时期，由于受意识形态的影响，官方对国民政府时期的相关政策持否定态度，因而很少出现有关民国时期乡村师范教育的研究成果。至 20 世纪 90 年代，这种状况开始出现转变。尤其是进入21 世纪以来，有关民国乡村师范教育的研究成果明显增加。学者们开始从理论和实践两个维度对民国时期的乡村师范教育展开深入研究，同时，从以史为鉴的角度出发，把视野扩展到当今的农村教育改革上。其中比较有代表性的著述有：王如才的《我国乡村师范学校的历史发展及其特点》，牟秀丽的《南京国民政府时期乡村师范教育论述》，游海华、刘建华的《民国九江乡村师范学校农村改进实验区考察》，牟秀娟的《南京国民政府乡村师范运动述论（1927—1937）》，吴晓朋的《民国时期的江苏省乡村师范教育（1922—1937）》，张燕的《抗战前国民政府对乡村师范的办理及历史评价》等。

除此之外，一些学者还重点研究了陶行知等人的乡村师范教育思想及实践。比如，谢昭兰的《陶行知乡村师范教育思想研究》，刘兢兢的《黄质夫与乡村师范教育》，蒋超群、唐玲的《陶行知先生的同行者——黄质夫乡村教育思想之研究》，戚谢美的《金海观的乡村师范教育思想及实践》等。

（三）关于民国乡村师范教育研究的具体内容与视角

1. 关于乡村师范教育思想的研究

对于民国时期乡村师范教育思想的研究，主要研究对象是陶行知、黄质夫两位教育家，具体的研究有以下几个方面。

（1）陶行知的乡村师范教育思想

作为中国现代教育史上最早提倡乡村教育的先行者之一，陶行知的乡村师范教育思想不仅具有丰富的思想内涵，而且意义重大、影响深远。因而，针对陶行知的乡村师范教育思想展开的研究成果也相对比较丰硕。主要集中在以下几个方面：

其一，广义师范教育思想指导下的乡村师范教育目的观及课程设置。陶行知的乡村师范教育思想是一种以生活为中心并立足于农村的广义的师范教育，其培养目标和课程的设置都是在他的广义的师范教育思想的指导下确立的。陶行知提出广义师范教育的初衷，其原因就在于"教育行政办学指导人员得不到相当培养"。[①] 因此，陶行知认为，师范教育不仅以培养教员为目的，还应该培养教育行政人员、各种指导员、各种学校校长和职员。在《再论中国乡村教育之根本改造》中，明确指出晓庄学校，"是依据乡村实际生活造就乡村学校教师、校长、辅导员的地方"。[②] 在课程设置上，陶行知认为，"乡村师范的全部课程就是全部生活""没有课外的生活，也没有生活外的课"。[③] 毕定一撰文指出，陶行知的乡村师范教育课程观，切合实际需要，与生活、生产实际关系紧密。谢昭兰也认为，陶行知创建的晓庄师范学校，没有系统的课程内容，一切课程都是生活，一切生活都是课程。[④]

---

① 方明．陶行知全集（第一卷）［M］．成都：四川教育出版社，2005：216－217．

② 方明．陶行知全集（第一卷）［M］．成都：四川教育出版社，2005：216，218．

③ 陶行知．试验乡村师范学校答客问［A］//陶行知文集（上册）．南京：江苏教育出版社，2008：56．

④ 毕定一．陶行知乡村师范教育思想与农村教育改革［J］．安庆师范学院学报（社会科学版），1990（4）：94－98．

其二，以生活教育为中心的教学内容和教育方法论。生活教育是陶行知乡村师范教育思想的核心，研究成果相对比较丰富。学者们对此秉持的是一种辩证的态度，从利弊两个方面予以考察。有学者认为，陶行知之所以提出以生活为教学内容，主要是针对当时学生死读书、读死书，脱离工农群众、脱离实际生活的现实倾向提出的。因此，具有鲜明的现实针对性，其根本出发点是对的。然而，也有学者持有相反的观点，认为陶行知把"教育"与"生活"两者相混淆，抹杀了教育的特殊性，把日常中零星的、琐碎的生活当作教育的内容，却忽视了系统科学知识的传授，势必会降低学生的知识水平。[①]

在乡村师范教育方法上，陶行知主张"教学做合一"。对此，学者也从积极和消极两个方面进行了分析。积极方面的意义表现在，陶行知要求教师了解学生的兴趣、爱好，注重因材施教，培养学生独立思考问题的能力，主张启发式，反对"注入式"教学，这在我国现代教育史上是一种进步和贡献。消极方面的意义表现在，陶行知过分地强调了"做"，以致在"教学做合一"理论的指导下，取消了课堂教学和教科书，片面强调了直接经验和感性知识，却忽略了间接经验和理性认识的重要意义。

（2）黄质夫的乡村师范教育思想

由于学界长期以来对黄质夫的遗忘，使对这位"尘封"多年的乡村教育家的研究在近几年才逐渐活跃起来，研究深度尚显不足，极具进一步深究的潜力。关于黄质夫的乡村师范教育思想研究，主要体现在两个方面：

一是对黄质夫的乡村师范教育思想的研究。综观以往学者对于这一问题的研究，笔者发现主要有两种观点：一种观点认为，黄质夫的乡村师范教育思想是一套相对完整、独立的体系。比如杨蕴希、孙晓黎就认为，黄质夫是我国乡村师范教育的先驱，他的乡村师范教育思想是一个由独到的教育理论、行之有效的教育载体、实用的教育手段、始终如一的教育目的等若干部分有机结合而成的相对完整的体系。[②] 学者刘兢兢认为，黄质夫是我国乡村师范教育事业的开拓者之一，他不仅是一位乡村教育的理论家，更是一位实干家，在乡村教育理论和实践上均有颇多创新。其乡村师范教育思想具有鲜明的特点，即培养"德、智、体、美、劳"全面发展的新人，提出了教育与

---

① 全德. 陶行知的乡村师范教育思想 [J]. 广州教育，1991（10）：16—19.
② 杨蕴希，孙晓黎. 黄质夫在贵州民族地区的乡村教育活动及其现实意义 [J]. 贵州民族学院学报（哲学社会科学版），2009（4）：79—83.

生产劳动相结合的培养目标，即"不仅是坐而言的人，还要是起而行的人"。梁茂林认为，黄质夫受陶行知、陈鹤琴等教育家的教育思想的深刻影响，先后创办和主持了四所著名的乡村师范学校，并创建了其独特的乡村师范教育思想。另一种观点认为，黄质夫的乡村师范教育思想深受陶行知的影响，是对陶行知乡村师范教育思想的继承和发扬，这种观点的持有者较多。在诸多研究黄质夫乡村教育思想的成果中，无一例外地涉及陶行知，并在陶行知乡村教育思想和理论的框架下审视黄质夫的乡村师范教育思想及实践活动。比如谭佛佑在《黄质夫——陶行知教育思想的伟大实践者》一文中认为，黄质夫"接受了恩师陶行知'余今生之唯一目的在于经由教育而非军事革命创造出一民主国家'的生活教育思想。黄质夫是陶行知最早的追随者之一，是陶行知教育思想最忠实的伟大实践者"。[①] 也有学者对于这种观点进行了突破，比如王文岭就撰文指出，如果把黄质夫的教育思想渊源仅局限于陶行知的教育思想及其生活教育理论，未免太过简单和狭隘。不可否认，黄质夫在乡村教育思想上的确有汲取陶行知的方面，但其来源并不是唯一的。[②] 蒋超群和唐玲在其文章《陶行知先生的同行者——黄质夫乡村教育思想之研究》一文中，鲜明指出："黄质夫是在多方面对陶行知教育思想的实践和创新。"[③] 与陶行知一样，黄质夫也主张将学校改造成乡村的中心，为此黄质夫举办了民众学校，组织农民读书写字，开设民众茶馆，提倡正当娱乐，指导休闲生活，成立农友社，研讨改进农事，提倡种树栽桑，介绍农业技术等。尤其是黄质夫在栖霞新村的乡村教育实践活动，获得了当地民众和教育界、知识界的一致好评。栖霞新村也被赞为"模范乡村""乡村乐境""艺术化的乡村"。温大勇也认为，黄质夫的乡村师范教育思想一方面"系出东南，颇有渊源"，另一方面又与陶行知的教育思想"和而不同"。陶行知的生活教育理论外延较大，而黄质夫的乡村教育思想更侧重于劳动，认为劳动才是乡村教育的核心内容。

二是对黄质夫主持的南京栖霞乡村师范学校及其在贵州民族地区的乡村师范教育活动进行的探索。如朱煜认为，黄质夫在主持南京栖霞乡村师范学校期间，为改变乡村的落后面貌，以栖霞乡师为中心，开展了以建设"栖霞新村"为目的的乡村改造运动，在扫盲、生计、健康、村政、休闲、军事等

① 谭佛佑.黄质夫——陶行知教育思想的伟大实践者［J］.生活教育，2006（6）：57-59.
② 王文岭.十年来乡村教育先驱黄质夫研究述评［J］.南京晓庄学院学报，2011（7）：1-5.
③ 蒋超群，唐玲.陶行知先生的同行者——黄质夫乡村教育思想之研究［J］.南京晓庄学院学报，2010（1）：5-9，121.

方面，进行了综合改革，使栖霞地区的乡村风气为之一新。栖霞乡师在当地的乡村改造中无疑起到了核心作用，正是由于栖霞新村突出的办学特色以及在"栖霞新村"改造中的突出业绩，使栖霞乡师很快成为当时江苏省立乡村师范学校中的佼佼者。杨蕴希将黄质夫于贵州民族地区乡村师范教育实践活动的特点进行了概括，他认为这一实践活动首先明确地提出了乡村师范学校的任务和培养目标；其次是从地方实际出发改革了师范学校的招生和毕业分配制度；最后是强调师范学校的教育教学要切合地方环境的需求，在课程、教材方面予以改革。

2. 关于乡村师范教育实践的研究

五四运动前后，受美国重视乡村教育实践和西方一些落后国家通过深入乡村从事乡村教育，而使国家得以改造的启示，一大批爱国教育家、民间教育机构和组织、社会团体深入乡村，进行乡村师范教育实践。学者们对其所进行的研究，体现为以下内容：

杨蕴希、孙晓黎在其文章中分析了黄质夫在贵州民族地区的乡村师范教育活动及其现实意义，文章在对"乡村教育"实验运动特点进行概述的基础上，主要对其中"敢探未发明的新理""敢入未开化的边疆"，并以"救百万村寨的穷""化万万农工的愚""争整个民族的脸"为乡村教育主旨的黄质夫的乡村教育思想及其在贵州榕江的教育实践做了较为系统的论述，概括总结了民族师范教育的特点，进而结合实际对其现实借鉴意义与价值进行了初步的思考。

游海华、刘建华以民国时期九江地区乡村师范学校农村改进试验区为例，通过对相关史实的梳理，为我们展示了民国教育者眼中的农村现代化。他们认为，九江乡村师范学校所创办的乡村改进实验区，通过乡村师范学校服务于乡村社会，以达到改造乡村社会的目的，以此来凸显乡村师范学校的乡村社会改造功能。以教育为中心，从改进农民生活入手，所进行的一系列乡村改进工作，极大地促进了当地农村社会的进步和农民生活的改善，对当前我国新农村建设以及农村现代化都具有现实借鉴意义。

学者戚谢美主要关注了金海观创立并践行的"教学做工学制"。她撰文指出，"工学制"是从农业生活和教育生活入手，注重将生产劳动教育与科学文化知识教育相结合，实现工学结合、兼工兼学，以学为主。通过这种方式培养出的学生，除了具备系统完备的科学文化知识之外，还掌握了丰富的从事农村教育的真实才能。

另外，一些学者重点研究了民国时期乡村师范学校的建设情况以及政府对乡村师范教育的办理情况。如学者王如才就对民国时期乡村师范学校的历史发展及其特点做了较深入的研究，其中重点研究了南京晓庄师范学校的设置和运行过程，以及当时政府为发展乡村师范教育而颁布的一些法规制度等。吴晓朋考察了 1922 年至 1937 年以江苏省六所乡村师范学校为中心的乡村师范教育，他认为，1927 年至 1932 年，以南京晓庄师范为代表的苏省六所乡村师范学校的发展，最重要的贡献不在于其学制、课程的完善和经费的增加，而在于改造乡村社会的理念的开始贯穿并付诸实施。① 学者丛小平在《社区学校与基层社会组织的重建——二三十年代的乡村教育与乡村师范》中，以南京晓庄学校为考察对象，揭示了当时部分知识分子以学校为中心，通过政教合一的方式对学校组织的社会功能进行探索。②

3. 研究视角与区域

（1）乡村社会改造角度

研究者普遍认为，民国时期的乡村教育家对于乡村师范教育的论述及其实践活动，往往是建立在"乡村危机"的时代命题之中。因此，具有鲜明的改造和拯救乡村的价值追求。陶行知、黄质夫、金海观等教育家的乡村师范教育思想及其实践，都是对积贫积弱的中国农村社会进行的"文化治疗"，以乡村社会改造为其出发点和根本目的。黄质夫主张，乡村学校应该成为重要的乡村文化改良场所，而改良乡村文化，应"以学校为起点"。"凡举社会文化的推演，精神生活的改进，与其他为社会全体谋幸福的事业，学校皆应当领导全体社会分子去努力。"③ 在《中国乡村的现状和乡村师范生的责任》中，黄质夫直言："我们改造乡村唯一的工具，就是教育。"乡村师范学校应成为改良乡村的中心，乡村师范生的责任，就是要"救百万村寨的穷，化百万农工的愚，争整个民族的脸"。不仅把乡村师范学校办成农村的文化中心，提高农民素质，而且以学校为试验基地，改良农村农业生产，促进农村经济发展。在《乡村师范对于改进农事上的应负之责任》中，黄质夫直言："乡村师范负有改进农民生活之责任，对于农民生活所寄托之农业，当然不容漠视。"④

　　① 吴小朋，蒋超群. 民国时期的乡村师范教育——以江苏省为中心的考察 [J]. 南京晓庄学院学报，2010（5）：110－113.
　　② 丛小平. 社区学校与基层社会组织的重建——二三十年代的乡村教育与乡村师范 [J]. 二十一世纪，2002（11）：23－27.
　　③ 杨秀明. 黄质夫教育文集 [C]. 贵阳：贵州教育出版社，2001：6.
　　④ 杨秀明. 黄质夫教育文集 [C]. 贵阳：贵州教育出版社，2001：33.

朱煜把黄质夫的乡村师范教育思想及实践概括为"乡师新村"。他认为，黄质夫在主政南京栖霞乡村师范学校期间发起的以建设"栖霞新村"为中心的乡村改造运动，在扫盲、生计、健康、村政、家事、休闲等方面对农村社会进行改造，使之成为"野无旷土，村无游民，人无不学，事无不举"的"模范村"。[①]

与黄质夫相似，陶行知的乡村教育思想及其实践同样具有强烈的乡村社会改造意识。他强调，创办乡村师范学校的目的，就是要发展乡村教育，改造乡村社会，即"要募集一百万元基金，征集一百万位同志，提倡一百万所学校，改造一百万个乡村"。[②] 乡村师范教育的目的，不仅要使师范生做一个合格的乡村教师，而且要做浇灌农民知识、改造农民生活的导师，要成为乡村社会的领袖。一言以蔽之，就是培养和造就集"教师、导师、领袖"三位于一体的乡村师范教育目的观。金海观认为，乡村师范学校毕业生应该是乡村文化的使者，一个好的乡村教师，应该是那种既能教书育人，又能帮助农民解决社会现实问题的知识分子；既能使学校附近的民众广受教育，又能使农民在文化、经济、健康等方面均有所进步。[③]

在《中等以上学校一律下乡的建议》中，金海观则主张，有识之士应该将发展乡村教育作为自己的职责与追求，通过"开启民智"来改善乡村经济，最终追求乡村社会的繁荣。[④] 萧杨撰文指出，金海观主张的乡村师范教育培养的未来的乡村教师，必须从事乡村建设，在校期间就应该培养他们从事乡村建设的志趣和能力。可见，金海观的乡村师范教育目的观，就是要培养能为乡村建设服务的乡村教师。

除了从乡村文化改造的角度进行研究之外，有学者也从发展农业、振兴农村经济的角度予以考察。如龙正荣认为，黄质夫在南京栖霞和贵州榕江地区进行的乡村师范教育实践，把发展农业、改变农村和农民的落后面貌紧紧联系在一起。

（2）宏观历史变迁角度

近代乡村教育转型是一个复杂而曲折的历史过程，乡村师范教育在这一历史发展背景下，也经历了复杂且曲折的历史变迁过程，对此，学者们也进

---

① 朱煜. 教育家黄质夫与民国时期"栖霞新村"建设 [J]. 历史教学问题，2009（2）：57—60，21.

② 陶行知. 中华教育改进社发行全国乡村教育宣言 [J]. 新教育评论，1926（3）.

③ 戚谢美. 金海观的乡村师范教育思想及实践 [J]. 杭州大学学报，1989（2）：151—158.

④ 戚谢美. 金海观的乡村师范教育思想及实践 [J]. 杭州大学学报，1989（2）：151—158.

行了探讨和研究。牟秀娟研究了南京国民政府时期乡村师范教育的发展演变过程。她认为，南京国民政府时期的乡村师范教育大致经历了萌芽期（1919—1921）、始创期（1922—1926）、改革推进期（1927—1929）、兴盛繁荣期（1930—1937）和衰落与战后恢复期（1938—1949）五个历史时期。[①]

王如才在其论著《我国乡村师范学校的历史发展及其特点》中，从乡村师范学校的角度出发，重点考察了民国乡村师范学校的发展脉络及特点。他认为，乡村师范学校作为历史的产物，是当时乡村师范教育运动和乡村教育实践的重要载体。由 1919 年山西省首创以培养乡村师资为宗旨的国民师范学校开始，我国乡村师范学校经历了曲折的历程，并最终随着政治风云的变幻而消亡。[②]

（3）研究区域

研究区域主要集中在江西九江、贵州、江苏、浙江等地，对这些地方的乡村师范教育的研究也比较丰富。这种现象与教育家在当地的乡村师范教育实践以及省政府层面对乡村师范教育的支持不无关系。比如吴晓朋、蒋超群探讨了 1922 年至 1949 年以江苏省为中心的乡村师范教育。刘晓健从农村社会发展和复兴的角度考察了民国时期江西省的师范教育及其特点。[③] 戚谢美关注了金海观任浙江省湖湘师范学校校长期间的乡村师范教育思想和实践。[④] 游海华、刘建华考察了民国江西九江地区乡村师范学校农村改进实验区。[⑤] 杨蕴希和孙晓黎考察了黄质夫乡村教育思想及其在贵州民族地区的乡村师范教育活动。

（四）研究状况的评价

通过对近代以来有关民国乡村师范教育的研究文献的梳理，笔者发现学者们更多地将视线集中在乡村师范教育家的教育思想及乡村师范教育实践的研究上，针对乡村师范教育制度方面的研究则比较少。这一问题在一定程度上并没有引起学术界的足够重视。同时，已有的大多数研究只是做史实性的梳理，仅停留在纯粹的历史层面上，缺乏多学科的视角以及跨学

---

① 牟秀娟. 南京国民政府乡村师范教育运动论述（1927—1937）[D]. 济南：山东师范大学，2008：4.

② 王如才. 我国乡村师范学校的历史发展及其特点 [J]. 江西教育科研，1992（3）：73—77.

③ 刘晓健. 试论民国时期江西的师范教育及其特点 [J]. 安徽文学，2009（7）：219.

④ 戚谢美. 金海观的乡村师范教育思想及实践 [J]. 杭州大学学报，1989（2）：151—158.

⑤ 游海华，刘建华. 民国九江乡村师范学校农村改进实验区考察 [J]. 农业考古，2012（3）：326—328.

科和批判性的综合研究，对于民国乡村师范教育的研究仅仅是"就教育而谈教育"。

近年来，对于制度的研究正在引起社会科学领域的极大关注，已经取得的显著的研究成果。然而，在民国乡村师范教育领域，则鲜有系统且有影响力的研究成果，已有的研究大多是从思想和实践层面对民国乡村师范教育予以关照。这无疑凸显了对民国乡村师范教育制度的内涵及构成进行梳理和探究的必要性。

有鉴于此，本书进行了以下几个方面的研究：第一，开展对民国乡村师范教育制度的研究。对民国时期的乡村师范教育制度做进一步深入细致的研究，不仅有利于拓展该时期乡村教育研究的深度，而且有利于为我国当今乡村师范教育的发展提供借鉴。第二，进行跨学科、跨领域的研究。本书借鉴新制度经济学的理论和方法，在对民国时期乡村师范教育制度的变迁历程、动力来源、内在逻辑进行深入考察的同时，从多个维度分析其对于当今我国乡村教育发展的现实启示。第三，鉴于以往的研究中没有将乡村师范教育的发展纳入整个乡村社会变迁中加以考量，因而对于研究的深度和高度往往难以企及。在本书中，笔者试图将国家权力的下沉、城乡关系的演变以及教育现代化进程作为考察 20 世纪乡村社会教育变迁的重要参照系，将乡村师范教育制度的变迁纳入国家教育现代化的整体框架之中进行考察。

四、研究的意义

（一）理论意义

历史发展到今天，中国社会的乡土本色并没有因为现代化或工业化进程的加剧而发生根本改变。研究乡村问题，是我们面对中国社会变迁所不得不做出的选择，是社会科学的重要任务，乡村教育也理应成为一个重要的社会学议题。然而，目前的学术研究中，对于乡村社会的研究一向是比较忽视的，已有的研究大多属于纯理论式的探讨，缺乏对现实问题的考量。同时，由于中国社会科学从源头上讲是源自西方和基于城市的，而西方社会科学产生于工业化和城市化盛行的年代，这种基于城市和西方经验的话语体系并不能概括中国基层社会的真实生活，这也就导致教育理论和教育史的研究往往过分关注城市背景和城市社会。因此，教育理论在解释乡村社会问题时往往会遭遇困难。而反观教育史的研究，其描述往往脱离了中国社会的乡土本色。以往的教育史研究中，学术界对于民国乡村师范教育的研究更多地关注思想和实践层面，而对于制度的研究则比较薄弱。因此，对于这一选题的深入研究，具有加强或加深这一学术研究的重要意义。

民国时期，乡村师范教育的实践与乡村师范学校的出现，为乡村教育的发展和乡村师范教育制度的构建提供了强有力的推动力量。然而，综观以往的研究成果，民国乡村师范教育制度在教育史研究抑或社会史研究中并不是一个很受重视的研究课题。本书试图通过对民国乡村师范教育制度进行深入研究，对这一时期乡村师范教育制度的变迁过程做整体性的分析，努力从多维度、多视角呈现这一时期乡村师范教育制度的发展状况，为全面了解和解决中国农村教育问题提供一种理论参考和依据。

（二）现实意义

民国时期的乡村师范教育制度，是近代以来我国师范教育制度发展和演变的必然结果。民国时期，政府、教育团体和教育家群体在乡村师范教育制度层面上所做的努力，实际上是近代以来我国对完全照搬和借鉴西方现代师范教育制度的一次很好的"本土化"实践。从某种意义上来说，这种实践在当代中国是付之阙如的。中国当前农村教育中所面临的师资严重匮乏的困境，根本上还是与相关制度的缺乏息息相关的。在这一点上，我们有必要回溯历史，从民国时期国家和政府为了解决乡村师资的问题而构建了一系列较为完整的乡村师范教育制度这一层面，去借鉴和学习，去吸取养分和智慧，从广阔的时空范围内找寻当前中国面临相似问题的解决之道。

当然，如果从更加广泛的现实意义上来讲，民国时期，在乡村师范教育制度层面上的努力和探索，也可以被纳入这一时期的"三农问题"的宏大背景中，也是当时国家解决"三农问题"的一次重要尝试。而鉴于当前我国"三农问题"在很大程度上是对近代"三农问题"的传承和延续，可以将其视为一份值得珍视的历史遗产，为当前"三农问题"的解决提供一种思路和视域。

五、研究方法

为了保证本书编写的顺利进行，本书应用了以下几种研究方法：

（一）文献分析法

教育史的研究要想做得深入、透彻，揆诸史实恐怕是不二法门。而大量史实的获得在很大程度上要依靠对翔实的历史文献资料进行梳理和分析才能做到。因此，文献分析的方法，是我们了解过去最普遍使用的研究方法之一。本书对于文献分析法的运用主要体现在：对民国时期乡村师范教育制度所做的文本分析；各种报刊、图书中时人对于乡村师范教育相关内容的评论、分析、建议等；各种官方、民间有关乡村师范教育方面的统计数据；地方教育史志中所记载的对乡村师范教育的内容的分析，等等。

（二）历史研究法

所谓历史研究法，就是将特定的事件和人物定格在特定的时空范围之中，对其进行全方位和立体的描摹与评估。本书将民国乡村师范教育制度置于当时特定的历史环境之中，采用纵向和横向相结合的方式予以整体考察，在纵向上以时间为节点对乡村师范教育制度变迁进行动态考察；在横向上以具体内容为节点对乡村师范教育制度进行静态考察，以期能够客观、翔实地呈现民国时期乡村师范教育制度的变迁。

（三）案例研究法

为了能够更好地说明和分析民国时期乡村师范教育制度的变迁，本书引入案例研究的方法，在对民国时期乡村师范教育制度进行全景式扫描的同时，通过对具体案例的剖析，试图让抽象的历史变得具体和鲜活起来。为了能够生动地说明民国时期乡村师范教育制度，本书选择了两个案例——两所乡村师范学校，即陶行知创办的晓庄试验乡村师范学校和黄质夫主持的南京栖霞山乡村师范学校，通过对这两所乡村师范学校的近景解剖和追踪，从而对民国时期乡村师范教育制度予以深刻的认知。

六、创新与不足

（一）选题上的创新

鉴于以往的研究中对于民国乡村师范教育的研究，大多是从思想和实践的层面进行关注，而关注制度研究的很少。本书将民国时期的乡村师范教育制度变迁作为研究的主题，一方面是对以往研究范式的一种扩充；另一方面对于我国近现代教育制度史的进一步完善无疑具有重要意义。

（二）研究视角上的创新

本书基于新制度经济学的视角，对民国时期乡村师范教育制度的变迁展开了分析。运用新制度经济学理论分析和研究制度，就是要研究如何使具有稀缺性的资源达到最优配置。也就是说，如果要把一种对象纳入新制度经济学的研究范畴之中，首先必须做的便是证明所选对象是否具有稀缺性。从这个意义上来说，运用新制度经济学的方法研究民国时期的乡村师范教育制度无疑是符合以上原则的。目前，运用新制度经济学的方法研究民国乡村师范教育制度的研究很少。本书通过运用新制度经济学当中的制度变迁理论、路径依赖理论和权力博弈理论，对民国乡村师范教育制度的变迁进行了探究。

（三）观点的创新

本书以 20 世纪以来中国社会所经历的国家权力介入乡村社会、教育现代化进程以及城乡关系的演变为参照系，去理解、审视民国时期的乡村师范教育制度变迁。以此为基点，本书形成了以下观点：

一是民国时期乡村师范教育制度的变迁与这一历史时期中国乡村社会及教育变迁息息相关，晚清以降国家权力向乡村社会的嵌入而导致的乡村教育的国家化，使包括师范教育在内的现代教育制度与乡村社会格格不入，师范教育乡村化的诉求便由此而来。民国时期乡村师范教育的变迁是国家步入近代社会之后，试图建立稳固的现代教育制度的一部分，是师范教育制度变迁的必然结果。现代师范教育制度在我国的确立，从一开始便带有明显的"仪型他国"的特色。纵观近代以来我国现代师范教育制度的构建过程，走的是一条由移植而逐步中国化的道路。在现代师范教育制度构建之初，对于国外师范教育制度的照搬和模仿，无疑偏离了"乡土中国"的特质，造成了现代师范教育制度忽视了广大乡村社会的存在，必须进行中国化的改造，而改造的结果便是"师范教育下乡"运动的兴起，乡村师范教育制度正是在这样一个背景下发生了历史性的变迁。而乡村师范教育制度变迁是民国时期乡村师范教育制度中国化的必然结果。

二是本书引入新制度经济学当中的相关理论，深入分析了民国时期乡村师范教育制度变迁过程中的权力博弈。将民国乡村师范教育制度的变迁看作乡村教育家、教育团体和政府部门相互之间教育权力博弈的结果，正是有了教育家和教育团体自下而上的教育权力的"自主实现"和"倒逼"以及民国政府部门的强力推行，才有了乡村师范教育制度的变迁。

三是本书通过对民国时期乡村师范教育制度变迁历程的梳理，逐渐认识到我国当前所面临的农村师资方面的困境，根本上是与相关制度的缺失密切相关的。因此，要破解当前我国乡村师资方面所遭遇的困境，必须进行相应的制度设计与制度安排。

（四）研究的不足之处

对于教育史而言，史料的收集极为关键。对一项好的教育史研究而言，史料的收集工作往往是无穷尽的，在浩瀚的历史资料遨游应该是每一位教育史研究者所必须经历的工作。事实上，在开展本书的过程中，对相关史料的收集、整理和分析耗费了笔者大部分的研究时间和精力。但是即使如此，本书在史料的收集上，依然有不足的地方。在本书撰写的过程中，笔者曾经有一些自认为很好的观点，最后均因为相关史料的阙如而选择了放弃。在遗憾之余，或许还与笔者在史料收集过程中方法的不到位、范围的偏狭有莫大的关联。

第一章 变革的起点：乡村社会变迁与 师范教育制度的流变

　　1840年鸦片战争爆发，西方列强用坚船利炮轰开了古老中国的大门，中国皇帝的权威突然崩塌，曾经以天朝上国自诩的清王朝被迫与世界开始接触。"清王朝的声威一遇到大不列颠的枪炮就扫地以尽，天朝帝国万世长存的迷信受到了致命的打击，野蛮的、闭关自守的、与文明世界隔绝的状态被打破了。"①从此刻开始，古老中国的大门向世界敞开，在世界资本主义工商业的裹挟之下，传统上以小农经济为主的自然经济逐渐式微。为了应对西方列强的经济侵略，晚清政府逐渐将国家权力的触角延伸至乡村社会，加紧了对农民、农村的经济掠夺。这不可避免地引起了乡村社会的变迁，城乡渐进分离之势，传统中国城乡一体的文化格局逐渐产生难以弥合的裂痕。同时，洋务派掀起了一场学习西方的热潮，包括现代教育制度在内的许多现代性因子被引入中国，中国的教育现代化由此开端。正是在这一时期，现代师范教育制度被引入中国。至此，我国开始有了专门培养和培训师资的机构。晚清以来乡村社会所发生的深刻的历史变迁以及包括师范教育制度在内的现代教育制度的确立，构成了我国乡村师范教育制度变迁的宏观背景。

一、晚清以降乡村社会与乡村教育的变迁

（一）国家权力的嵌入及后果

　　与国家权力向乡村社会的延伸相伴而行的是乡村教育的国家化，因此，国家权力向乡村社会的下沉是理解20世纪之后我国乡村教育发展的重要参照系。漫长的中国传统社会中，国家权力不是弗远无界的，所谓"皇权止于

---

① 马克思，恩格斯．马克思恩格斯选集（第二卷）[C]．北京：人民出版社，1972：2.

县政"，广大乡村社会由介于官民之间的士绅群体维系其无为而治的逻辑轨道。县是皇权意志在地方社会的直接代表和象征，中央与县的关系是命令—服从的关系，即县高度听命于自上而下的皇权意志。而国家与乡村社会的关系则是法制—遵守的关系，在国家与乡村社会之间存在着一个巨大的"缓冲地带"——士绅阶层，绅权与皇权的牵制，从总体上形成了乡村社会无为而治的局面。① "自县以下，委诸民治"，绅士在乡村中往往德高望重，与封建官员相比，虽然不曾具备钦命的权力，却拥有着乡村社会所赋予的某种天然权威。在乡村社会中绅士阶层往往集教化、治安、司法、田赋、礼仪诸功能于一体。学者费正清认为，绅士在乡间往往履行着诸多比较重要的社会职责，主持诸如运河、堤堰、水坝、道路、桥梁、渡船等灌溉和交通设施的筹款和维修。同时，最重要的是，他们通过创办支持着儒家伦理的机构，如学校、圣祠、庙宇，出版图书，特别是地方志籍，为乡村民众分发道德说教的册子和劝世歌谣。②

马克斯·韦伯认为，在中国传统社会的组成和权力结构当中，村落是作为一种自治单位存在的。"日出而作，日落而息，帝力于我何有哉"，③ 表明封建时代乡村与国家权力关系的松散。国家权力的触角仅仅延伸至县级，而在广大的乡村地区，国家依靠乡村的乡绅实现对基层社会的控制，依据礼制秩序维护着传统的延续和社会的运转，形成了中国社会超稳定结构。也正因如此，文字和法律一般是不会深入乡村中去的。

从先秦至清末 4000 多年的历史长河中，只有城市才有官学的设置，而广大的乡村地区则由私学所占据，政府并不过多干涉。法律一般也不会深入乡村社会，乡村秩序的维护依靠的是"村规族约"，也就是所谓的"家有家法，族有族规"。这种状况在清末由于传统制度和社会遭遇千年未有之大变局而发生了变革。曾经的"天朝上国"遭遇前所未有之强敌，面临着传统延续和国家生存的空前危机，进行一场深刻的历史变革已迫在眉睫。

1895 年，中日甲午战争爆发，以"天朝大国"自诩的大清王朝败于"撮尔小国"的结局，震撼了朝野，"唤醒吾国四千年之大梦，实自甲午一役始也"。④ 从此刻开始，中国民族意识的群体开始觉醒了。⑤ 面对"数千年未

---

① 张济洲. 文化视野中的村落——学校与国家 [D]. 上海：华东师范大学，2007：182.
② 费正清. 美国和中国 [M]. 张理京，译. 北京：世界知识出版社，2000：36.
③ 出自先秦《击壤歌》乃中国歌曲之祖.
④ 梁启超. 饮冰室合集（第一册）[C]. 北京：中华书局，1936：10.
⑤ 田正平. 中国教育史研究（近代卷）[M]. 上海：华东师范大学出版社，2000：94.

有之变局"和"数千年来未有之强敌"，^① 清政府"内惧舆论之反侧""外惧强邻之责言"，^② 被迫开始了一场自强改革运动，史称清末"新政"。救亡图存的时代危机感，催生了强烈的国家意识觉醒。^③ 政府试图通过建立一个强大的现代化民族国家，来实现救亡图存的目的，并由此实施了一系列政治、经济和文化改革。为此，加强了对乡村社会（基层社区的）的控制。通过"废科举、兴学堂"的方式标志着国家权力开始渗透到乡村社会，试图以在乡村推行新教育的方式替代传统文化。

由此开始，中央权威不断强化对地方事务的干预和控制成为中国现代化改革最为显著的特征。"20 世纪初国家政权下沉，在乡村中实行新政，推行新教育以及加强对乡村社会的控制，却打破了传统社会皇权与绅权的平衡，造成乡村社会固有权力结构的破坏。"^④

1912 年中华民国的成立，标志着现代意义上的民族国家诞生。"民国之兴，创中国未有之局。"^⑤国家权力下沉的步伐进一步加剧，地方政府的机构与权力的扩张，是与基层政权机关、武装单位、学校的设立同步进行的，这些因素构成了国家权力向乡村渗透的主要标志。而这种扩张却逐渐导致了国家与自然村的关系发生根本性的变动。^⑥ 民国成立以后，政府对基层社会的直接干预取得了实质性发展，国家的力量开始真正向村落延伸。1949 年中华人民共和国成立后，国家权力向乡村社会的延伸进一步强化。社会主义建设时期的一系列重大的政治运动和对于乡村的国家改造彻底地破坏了乡村社会基于血缘和地缘上的天然联系。

按照英国社会学家吉登斯的观点，传统国家对于社区的控制力相对较弱，社区社会的经济、教育、文化诸方面具有浓厚的地方自主和社区自发特征。而到了民族—国家时代，一个重要基石便是行政力量方面的强化。国家权力的触角开始延伸至地方社会，为此，政府会推出一系列的乡村社会、经济、文化改造运动。美国学者芮玛丽（Mary C. Wright）认为，20 世纪初

---

① 李鸿章. 筹议制造轮船未可裁撤折 [G] // 顾廷龙，叶亚廉. 李鸿章全集. 长春：时代文艺出版社，1998：874.

② 夏曾佑. 论中国必革政始能维新 [J]. 东方杂志，1904 (1).

③ 王铭铭. 村落视野中的文化与权力 [M]. 上海：上海三联书店，1997：39—40.

④ 李书磊. 村落中的国家：文化变迁中的乡村学校 [M]. 杭州：浙江人民出版社，1999：190.

⑤ 王锡彤. 抑斋自述 [M]. 郑永福，吕美颐，点注. 郑州：河南大学出版社，2001：182.

⑥ 黄宗旨. 华北小农经济与社会变迁 [M]. 北京：中华书局，2000：284.

期中国社会所呈现的新事物，均可归结为民族主义的勃兴。[1] 她是第一个发现 20 世纪初膨胀的反帝民族情绪是如何促使满清政权为挽救民族灭亡而走上强化国家权力并使政权现代化道路的。而这种现代化的要求来自帝国主义赋予的压力。一方面是义和团运动以后，帝国主义期望中国有一个强有力的国家政权；另一方面是列强向财政崩溃的清政府勒索巨额赔款使它不得不加强权力以向全国榨取钱财。[2] 美国历史学家杜赞奇（Prasenjit Duara）通过研究发现，20 世纪中国以民族——现代化国家建设（State-making）以及持续不断的现代化为主要内容的社会历史演变过程是对中国社会全方位监视和改造的加强，反映在乡村社会，则是"国家竭尽全力，企图加深并加强其对乡村社会的控制"。[3]

国家权力的触角开始向乡村延伸，新式学堂是一个主要标志。因为，作为国家意志的体现的新式学堂，旨在完成对传统上基于血缘关系的宗族设学的替代，因而代表的是国家组织向乡村社会的渗透。[4] 新式学堂作为国家权力向乡村渗透的主要标志，给乡村民众的生活带来了重大影响，它的兴起迫使传统上基层社区的文化传承逐渐向"现代化"、超地方的"国家事业"转变。新式学堂的嵌入，"不像西方那样，不仅不是一种保守的组织，而几乎成了一种革命性的组织，学校极大地促进了社会转型和变迁，发挥了革命性的影响"。[5] 这促使着我国由传统国家向现代民族国家过渡，使乡村社会及其教育的自治状态逐步被打破。杜赞奇的研究表明，始自 20 世纪之初的国家权力下沉，到了 40 年代已经使华北的乡村社会得到了很大的改观，乡村社会的政治、文化及其社会联系也发生重大转变。[6]

（二）城乡关系的疏离与隔阂

传统中国，城乡社会均以自然经济为基础，经济发展水平较低，社会分工也比较落后。基于这种经济发展的同质性和社会分工的落后性，使城乡之间并无差别。自夏商至清末，我国历来推行"城乡一体"的管理体制，城乡

---

① 章开沅，马敏，朱英. 中国近代史上的官商绅学 [M]. 武汉：湖北人民出版社，2000：16.

② 斯蒂芬·R. 麦金农. 晚清之权力与政治——袁世凯在北京与天津（1901—1908）[M]. 张学继，审校. 天津：天津人民出版社，2006：4.

③ 杜赞奇. 文化、权力与国家 [M]. 王福明，译. 南京：江苏人民出版社，1996：1.

④ 娄立志，张济洲. 乡村教师疏远乡村的历史社会学解释 [J]. 当代教育科学，2009（21）：7—9.

⑤ 金观涛，刘青峰. 开放中的变迁：再论中国社会超稳定结构 [M]. 香港：香港中文大学出版社，1993：22.

⑥ 杜赞奇. 文化、权力与国家 [M]. 王福明，译. 南京：江苏人民出版社，1996：1.

均由官府统一管理，市政和乡政处于合治的状态。由传统城乡一体化的关系格局所延伸的城乡教育关系也体现着明显的一体化的特性。在这种城乡合治的管理体制框架之下，城乡教育关系也体现着一种"无差别的统一"。"中国数千年以农立国，所以旧日教育上的一切组织，也跟着社会经济的情形而农村化，从前的书院和私塾便是很明显的例子。"① 从先秦至清末历经 4000 年的历史长河中，纵观历朝历代所建立的教育体制，城市仅设官学，私学遍布城乡，并无太大差距。费孝通和潘光旦曾经对清末 950 个贡生、举人和进士的出身进行了地域分布上的统计，统计数据显示有 41.16％来自乡村，有52.50％来自城市，还有 6％来自城乡之间的市镇。这表明，当时的城乡教育关系并无明显差距。②

古代中国，"皇权止于县政"的治理结构，体现的是一种城乡之间无差别的统一，这种统一具有文化上的一体性。古代中国社会，国家官僚机构、乡绅自治、宗法家族组织均对儒家意识形态保持高度认同，这就构成了中国封建社会超稳定的社会结构。因此，古代中国，城乡之间有着某种天然的统一。一体化框架下的各种制度均以农村为重心，在乡村社会中，广大中下层儒生过着耕读的生活，读书人入仕所必经的科举制是以其籍贯乡里为基本选拔单位派发选拔名额的。因此，乡村不仅成为广大士大夫阶层的现实生活和精神世界的中心，也成为培养这种担负社会组织阶层的温床。③ 直到近代社会，中国的城市与乡村并无高下之别，与乡村相比，城市并不具备文化上的优越性。对于这个问题，有着深厚的中国文化研究功底的梁漱溟曾认为，"原来中国社会是以乡村为基础，并以乡村为主体的；所有文化，多半是从乡村而来的，又为乡村而设，法制、礼俗、工商业莫不如是"。④

近代以来，随着国家政权向乡村社会的延伸，国家的基层治理结构发生改变，城乡之间的关系开始出现裂缝，文化上的一体性被打破。鸦片战争之后，中国的国门被打开，列强开始了在由中国沿海地区逐渐向内陆延伸的开阜步伐，其趋向是：从沿海延伸至长江，逐渐向我国内陆腹地延伸。这些阜口的开通，犹如在中国封闭的社会体系中凿开了大大小小的窟窿，国外资本

---

① 舒新城．中华民国教育小史［C］//中国近代教育史稿选存．北京：中华书局，1931：35.
② 费孝通，潘光旦．科举与社会流动［C］//费孝通文集（第 5 卷）．北京：群言出版社，1990：95.
③ 金观涛，刘青峰．开放中的变迁：再论中国社会超稳定结构［M］．香港：香港中文大学出版社，2000：34.
④ 梁漱溟．梁漱溟全集（第二卷）［C］．济南：山东人民出版社，1990：150.

主义因素正是由这些大大小小的窟窿而源源不断地流入中国。通过这些大大小小的窟窿，国外资本主义逐步加强了对中国的经济掠夺。"于是两千年来的清一色变成了斑斑驳驳的杂色。通过这些窟窿，中国被卷入了资本主义世界市场。城乡社会的演变由此而缓缓发生。"① 诚然，城市与乡村自然一向就有差异，但在早年无论城乡都是建立在农业和手工业生产的基础之上，所以仅有的一些差异也只限于程度。中国传统社会秩序在近代之后所遭遇的变迁，使通都大邑一步步经受了西方现代文明的洗礼，西方工业文明和现代设施的传入，使城乡之间逐渐由程度上的差别演变为性质上的差别。②

另外，西方资本主义的入侵，自然经济的解体，都市与城镇文明对于乡村广大民众来说，意味着一种莫大的吸引力，促使着他们选择离土离乡。新式学堂向乡村社会的嵌入，在一定程度上加速了乡村精英离土离乡的步伐，这不可避免地引起了乡村文化的衰落，传统中国城乡一体化的文化格局因此而产生难以弥合的裂痕。村落中现代学校作为一种新的文化品格塑造乡村社会，公民意识和国家责任感逐渐渗透乡村社会，受过新式教育的乡村精英阶层由于选择离开了乡村社会的权力空间，后来的继承者又难以维系其在乡间社会中的职责，传统上文化一体的城乡之间正是由此产生了难以弥合的裂缝。乡村新学在一定程度上促使了乡村精英离乡，乡村社会开始出现全面危机。20 世纪初，乡村精英离乡的问题便越来越严重，"一般有知识的人，能做领袖的人，都厌恶农村生活，都弃农村生活到城市里去了"。③ "现在都市已经成经济上的重心，不但有资产的人汇集到都市来，即受过中等教育以上的人也挤进城市。"④ 乡村精英阶层的流失，导致乡村"只剩下少量的具有 18世纪头脑习惯的人过着 18 世纪的生活，用中古的技术求得生产来供给自己"。⑤

到了 20 世纪 30 年代中期，在中国的广大乡村社会中已经普遍存在代表着西方现代学校教育制度的新式学堂。中国传统上以农为主的自然经济与来自西方现代工业文明的新教育组织形式所发生的历史性的碰面，不可避免地导致了人们日常生活的断裂与疏远。中国社会"从基层上看，……是乡土性的"⑥，而新式学堂则代表的是西方现代文明的科技与人文知识，所灌输的

---

① 陈旭麓. 近代中国社会的新陈代谢 [M]. 上海：上海人民出版社，1992：125.

② 费孝通，吴晗. 皇权与绅权 [M]. 天津：天津人民出版社，1983：143.

③ 杨开道. 我国农村生活衰落的原因和解决的方法 [J]. 东方杂志（第 24 卷），1927（8）：5.

④ 陈翊林. 最近三十年中国教育史 [M]. 上海：上海太平洋书店，1932：6.

⑤ K. L. 乡村颓败了，到乡间去 [N]. 上海民国日报，1930-1-12.

⑥ 费孝通. 乡土中国 生育制度 [M]. 北京：北京大学出版社，2007：6.

是一种脱离传统乡土社会的价值观念，而非乡土知识。

同时，由于现代化进程中所带来的城市化进程，更是促使中国社会发生了耕读、士农之间的断裂，农民的价值观念和社会心理由此发生细微的变化，这种变化深刻地反映在了农民的离乡问题上。"有能力的人亦不在乡间了，因为乡村内养不住他，他亦不甘心埋没在沙漠一般的乡村，早出来了。"① 与普通乡民离村相比，乡村士子的离乡对于乡村社会的影响更为深远。随着科举制度的废除，乡间读书人大多会选择"轻去其乡"，而随着新式学堂的日益勃兴，这种现象也日益普遍，"因为乡村内养不住他，他亦不甘心埋没在沙漠一般的乡村"。以乡村士子为代表的乡村精英的离乡，不可避免地造成了乡村社会人才的荒漠化，乡村社会开始陷入日益凋敝的境况。新式教育给乡村社会注入了一种全新的价值观念，促进着乡村社会发生了由传统文化向现代文化的转变。

由此，我国城乡社会出现了渐进分离之势，并形成差异，传统中国社会城乡之间无差别的关系由此出现了根本转变。城乡关系出现的根本变化，导致清政府开始了城乡分治的探索。1909 年初，清政府制定了《城镇乡地方自治章程》，在我国历史上首次以法律的形式将城乡予以划分和管理。至民国时期，现代意义上的城乡分治体制逐渐在我国成型。城乡教育也逐渐出现了差别，在城乡分治之前的农业时代，并无所谓城乡教育之别，也没有单独的乡村教育可言，即使是在初期的商业时代，乡村教育也是不存在的。"农村教育运动之产生是在产业革命以后。产业革命兴起了较大的都市，于是社会形态上有了都市与农村的区别，农村教育运动亦就在这个关系下发轫……都市兴起了以后，于是经济、文化、人才，一切集中于都市。农村教育问题随之产生了。"②

传统教育的重心在乡村，乡村是培养知识分子的大本营；新式教育的中心在城市，其勃兴加剧了城乡之间的隔阂与对立，致使"今之学堂学生，近城镇者入之，偏远不与；有权势者入之，寒微不与"。③ 城乡关系的疏离并逐渐产生了差距，也折射在了城乡教育的层面。陶行知曾经感叹："我国人民，乡村占百分之八十五，城市占百分之十五。就是有六千万人居城，三万万四千万人居乡。然而乡村的学校只有百分之十。这种城乡不平均的现象，

---

① 梁漱溟. 梁漱溟全集（第四卷）［C］. 济南：山东人民出版社，1991：896.

② 郭人全. 黎明乡村教育书［M］//农村教育（第三版）. 上海：黎明书局，1933：2.

③ 举人李蔚然请变通整顿学务呈［A］. 清末筹备立宪档案史料（下册）［G］. 北京：中华书局，1979：985.

各国都不能免，但是在我国的乡村，未免太吃亏了。"①就连"现在的师范学校都设在城里，连教授方面，也是重城轻乡"。②

（三）乡村学校与乡村社会的疏离

20世纪初，随着国家权力向乡村社会的嵌入，政府所实行的新式教育改革将触角延伸至乡村社会，乡村教育现代化的序幕由此拉开。政府通过"废科举、兴学堂"的方式，在乡村地区大力推行新式学堂，并使其拥有合法的生存空间，逐渐挤占传统私塾的统治地位。1904年，清廷颁布《奏定学堂章程》，开始引入西方现代学校教育制度。其中对于新式学堂的设立有这样的规定：大县城内至少设三所初等小学堂，小县城内设两所，各县著名的大镇须设初等小学堂一所。③ "这项计划的最终目标是使每个拥有100户以上人口的村庄都拥有一所自己的学校。男童从6岁起就应该入学，当地乡绅每年都应列出所有达到上学年龄的男童名单，以便能够说服家长把孩子送进学校去读书。"④

然而，新式学堂不仅没有迅速取代传统私塾的主导地位，成为乡村社会的文化中心，而且长期以来难以取得乡村社会的认同。由于新式学堂在组织形式和制度机构上，与乡村社会格格不入，这不可避免地造成新式学堂和乡村社会之间的疏离，并且带来了各种冲突和矛盾。这些冲突和矛盾更多的是国民教育体系构建与村落文化、地方性知识的冲突。⑤ 在兴学之初，代表现代教育制度的新式学堂与村落中的传统习俗间发生了激烈的冲突和对抗。根据当时《东方杂志》《教育杂志》《大公报》等报纸杂志的报道，在1904年到1911年这短短的七年，全国22个省当中有17个省爆发过针对新式学堂的毁学抗捐事件，⑥ 总数高达190起。⑦

从文化意义上讲，新式教育向乡村社会的嵌入，并没有能够迅速代替以私塾为代表的传统教育在乡村社会中文化上的中心地位，被政府明令禁止的私塾却以其强大的生命力依然在广大的乡村社会中存在。乡村社会对于代表

---

① 陶行知.师范教育之新趋势［N］.时事新报，1921－10－22.
② 陶行知.师范教育之新趋势［N］.时事新报，1921－10－22.
③ 毛礼锐，沈灌群.中国教育通史（第四卷）［M］.济南：山东教育出版社，1985：231.
④ 曹诗弟.文化县：从山东邹平乡村学校看21世纪中国［M］.泥安儒，译.济南：山东大学出版社，2005：33.
⑤ 张济洲.文化视野中的村落：学校与国家［D］.上海：华东师范大学，2007：5.
⑥ 除了新疆、甘肃、东北三省之外.
⑦ 田正平.清末毁学风潮与乡村教育早期现代化的受挫［J］.教育研究，2007（5）：73－78，92.

现代性因素的新式学堂的对抗，一方面反映了来自西方的、城市化的教学方式在村落中所遭遇的水土不服；另一方面也反映了国家所推行的乡村教育现代化并没有从乡村民众的角度出发来充分尊重乡村生活的合理性。①

　　虽然，20 世纪 30 年代中期，在历届政府的大力扶持下，代表西方现代教育制度的新式学堂已经遍及中国广大的乡村社会。然而，新式学堂却始终游离于乡村社会之外，无法完全融入乡间民众的实际生活当中，乡村民众对其始终缺乏应有的认同，导致其始终扮演着"外来者"的角色。在"废科举、兴学堂"之初，有人曾乐观地估计："入学堂者既多，私塾自归消灭，此固一定不易之理"，② 然而，几年后却发生与之相反的情况。从当时《申报》刊发的一篇报道中得知，私塾不仅没有迅速地退出历史舞台，反而大有复兴的迹象，毛泽东在 1927 年曾写道："农民宁欢迎私塾不欢迎学校，宁欢迎私塾教师，不欢迎小学教员。"③ 廖太初曾在山东汶上县的调查报告中这样描述新式学校与乡村社会的矛盾："洋学在政府的严令下挣扎维持着，私塾则在百姓们的烘托里枝叶丛生，没有政府，洋学早是'寿终正寝'，叫私塾压死了。"④

　　现代新式学堂是随着鸦片、殖民、西学等事物一道从西方移植而来的，并非本土文明的产物。新式学堂的建立和传统私塾的逐渐式微，是一个曲折而漫长的过程。作为一个外来的社会组织，虽然已经取得了政治上的合法性和优势地位，但始终是远离乡村社会生活的，始终没有全面融入中国乡村生活中来。然而，这种变迁过程却是复杂而漫长的，其间充斥着新式学堂所蕴含的现代文明和信仰与传统文明的矛盾和冲突。正是在这种剧烈的冲突和矛盾运动中，新式学堂作为一种革命性的力量，推动着乡土中国向现代中国的蜕变。

　　在此，我们以中国传统文化核心地带山东曲阜为例进行说明。1907 年，一位俄国汉学家阿列克谢耶夫曾在此游历，其眼中的洙泗书院（孔子当年讲学的地方）既脏又乱，呈一片衰退萧条之象。这表明，清政府在 20 世纪初所进行的现代化的教育改革已经导致中国传统文化的核心地带悄然发生变

　　① 张济洲. 文化视野中的村落：学校与国家 [D]. 上海：华东师范大学，2007：69.

　　② 陈冷. 时事评论 [N]. 申报，1905－09－06.

　　③ 毛泽东. 湖南农民运动考察报告 [M] // 毛泽东选集（第一卷）. 北京：人民出版社，1991：40.

　　④ 廖泰初. 动变中的中国农村教育——山东省汶上县教育研究 [M]. 北京：燕京大学社会学系，1936：3.

化。阿列克谢耶夫这样表述他的发现：

> "孔府旁边有一座最现代的学校，校舍的建筑风格属于中西合璧。里面不大干净，空阔无人；现在正好是假期。墙上挂着欧洲式样的地图，还有黑板。这是一所欧式小学。旧中国正在从其中心地带被新的中国所摒弃。"[①]

我们可以从中感知传统社会的变动，从中西合璧的学堂、高大明亮的欧式建筑中可以发现现代教育在其萌芽之初便已经在外形和形态上与乡村社会生活脱离了，更为重要的是，新式学堂所灌输的是一种全新的价值观和生活方式，这与传统私塾、义学、社学、族学所传递的价值观和生活方式截然不同。这为后来新式学堂不断被人诟病和责难埋下伏笔，而这两种教育形态争论不休的背后又蕴含着中西文化之间的冲突，这种冲突的结果便是来自西方工业文明的现代教育组织与人们日常生活之间的断裂与疏远。学者赵俪生曾这样回忆 1915 年山东安丘县乡村小学的情形：

> "这家学校设在景芝镇瞳区的北阁子（玉皇大帝庙）的前边，门口挂方牌两面，各有红、黄、蓝、白、黑国旗两幅交叉，下书'学校重地''闲人免进'字样。可见，乡村小学与村落生活是隔离的。"[②]

实际上，伴随着国家权力下沉而嵌入乡村社会中的新式学堂，在产生之初便与现代民族国家的观念和实体密切相关。晚清政府所主导的"废科举、兴学堂"就是基于现代民族国家观念对当时中国社会严峻的危机的一种因应，因此，新式学堂本身就是国家面临民族危机时选择自我觉醒的产物。民国时期的兴学运动均是出于国家意识，是一种自觉不自觉的国家行为。从民国至今，教育中的国家意识可谓一以贯之。这种国家意志，不可避免地导致了乡村学校与乡村社会的疏离。作为一个机构，学校不仅在组织形式上与其所处的村落格格不入，高竖的围墙，紧闭的大门，使学校自成一体。而置于村落中的现代新式学校作为一种超地方的"国家事业"，所追求的是新式"国民"的培养，掌握世界性的"高层文化"，致力于现代民族—国家建设。[③]

（四）乡间耕读传统的断裂

中国自古以农业立国，"重农抑商"成为历朝历代的治国理念，农业经

---

① 瓦·米·阿列克谢耶夫. 1907 年中国记行 [M]. 阎国栋，译. 昆明：云南人民出版社，2001：118.

② 赵俪生. 篱槿堂自叙 [M]. 上海：上海古籍出版社，1999：13.

③ 张济洲. 文化视野中的村落：学校与国家 [D]. 上海：华东师范大学，2007：3.

济长期以来居于社会经济的主导地位。"壁土植谷曰农"，可见农与土密切关联。绵延至今的儒家文化也是建立在以农为主的自然经济之上的，没有中国的农耕文化，也就没有几千年亘古不变的儒家文化。费孝通说："从基层上看，中国社会是乡土性的。"[①] 在中国古代，土地往往被视为生与再生的本源。《白虎通·社稷》中对"土地"这样界定说："王者所以有社稷何？为天下求福报功。人非土不立，非谷不食。"[②] 凸显了发展农业对于国家社稷与人民福祉的重要意义。

古代中国，人们恪守"父母在，不远游"的古训，安土重迁成为千年不变的生活习惯。农人劳作于田间地头，对于城市无甚兴趣，身为传统社会四民之首的士人将城市视为"商贾及趋利者云集之地，于是清高者流，皆不屑谈城市"。[③] 读书人或出仕为官，或耕读于乡，大都务本力田，耻于奔竞，恪守"生于斯，长于斯"的生命轨迹。"乡间民众生活以农为本，出作入息，不避风雨，勤俭自持，尽力田亩……不兢兢新奇，不尚浮华，纯以耕稼为生活。"[④] 上自天子下至士人，均对"耕"予以相当的礼遇，他们或耕或读，悠然于田园间，由耕读而入仕，由仕而退休林泉，躬耕于田野，耕读之间、士农之间浑然一体。儒家文化之根却在农村，文化中有着浓郁的"耕读传家""魂归故里""落叶归根"的传统，农业文明是以乡村和乡村化的城市为依托的。古代社会，士作为四民之首，饱受儒家典籍熏陶的士子，或登堂入科，或耕读家乡，或执教于乡野，大半生时间离不开乡村社会，"在中国读与耕之两事，士与农之两种人，其间气脉浑然，相通而不隔"。[⑤]

然而，近代以来，随着科举制的废除和新式教育的勃兴，以及商业文明对原有农业文明的冲击，耕读之间逐步疏离、断裂，乡间"耕读"世风日益颓丧。即使是在穷乡僻壤，欧风美雨尚未触及的地区，士子居家耕读，已经难以自持。而在沿海沿江通商之岸，读书务本，安土重迁的传统风尚已被欧风美雨所濡染。

科举即废，其影响甚大。来华传教士林乐知在《万国公报》中撰文："停废科举一事，直取汉唐以后腐败全国之根株，而一朝断绝之，其影响之

① 费孝通.乡土中国 生育制度 [M].北京：北京大学出版社，2007：6.
② 魏静.试论中国古代的农本思想 [J].开发研究，2010（5）：15—16.
③ 张锐，梁启超校阅.市制新论 [M].北京：商务印书馆，1926：1.
④ 李经野修.续修曲阜县志（卷四）[G].台北：成文出版社，1935：35.
⑤ 梁漱溟.中国文化要义 [M] // 金耀基.从传统到现代.北京：中国人民大学出版社，1999：32.

大，于将来中国前途当有可惊可骇之奇效。"①学者罗志田对此深有同感，他认为，科举制的废除引发了重大的社会后果，城乡关系因此受到深刻影响。在传统中国，士子以耕读为标榜，大都沿袭读书于乡间，通过科举于城市为官，至终老而归隐田园的生命轨迹。而兴学以来，现代学校与乡村社会的渐行渐远，使学生与城市的关联逐渐密切，城市成为其最终的安居之所，不像以前一样要落叶归根。②

耕读传统的断裂，一是由于西方文明的入侵所带来的自然经济的解体；二是由于科举的废止和新式教育兴起所带来的巨大冲击。我们从清末民初的一些地方县志中，可以窥见乡间"耕读"传统的颓丧。

晚清塾师刘大鹏也在其日记中发出这样的感叹：

"当此之时，四民失业者多，士为四民之首，现在贫困者十之
七八，故凡聪慧子弟悉为商贾，不令读书。古今来读书为人生第一
要务，乃视为畏途，人情风俗，不知迁流伊于胡底耳。"③

耕读传统的断裂，源自科举制的废除。当时，清廷废除科举制的初衷是为广兴学堂扫清障碍。陈青之就认为："当是时，全国舆论，皆以为阻碍学堂之进行的莫过于科举，科举一日不废除则人人怀着观望的态度，学堂即一日不能进行。"④ 然而，科举制的废除对于传统中国社会结构和社会文化而言，其影响则远甚于兴办新式学堂。时人亦有云："言其重要，直无异于古之废封建、开阡陌。"⑤ 从此，中国的底层读书人试图通过科举考试而进入上层社会的通道被阻隔。耕读传家的传统遭遇瓦解。学者庄泽宣在论及如何使新教育中国化的问题时，这样说道：

"有许多农民在乡村未受教育之前，还在乡村耕田，一旦受了
教育之后便连田不耕，有些连家也不愿意回去了……中国职业既
少，乃走进社会乱撺，总想做官发财，结果做成无数的游民，所以
小学教育普及之后，不但无益并且在社会上做出许多坏事。在中国
现在这种情形，这种教育只造成一般高等游民。"⑥

同时，科举制的废除使传统社会赖以维系的制度根基彻底断裂，对那些

---

① 林乐知. 中国教育之前途 [J]. 万国公报（第39本），华文书局影印本，1906：24014.
② 罗志田. 科举制废除在乡村中的社会后果 [J]. 中国社会科学，2006（1）：191－204，209.
③ 刘大鹏. 退想斋日记 [M]. 乔志强，标注. 太原：山西人民出版社，1990：131.
④ 陈青之. 中国教育史 [M]. 北京：商务印书馆，1936：574.
⑤ 严复. 论教育与国家之关系 [N]. 中外日报，1906－01－10.
⑥ 庄泽宣. 如何使新教育中国化 [M]. 上海：中华书局，1938：134.

皓首穷经的乡村士子以及以儒学舌耕为生的乡村塾师们，势必造成强烈的心理震撼。正如学者刘海峰在《科举百年祭》一文中所说："过去，科举年复一年地举行，士子年复一年地应考，周而复始，形成一种规律性的周期变化，人们都习以为常。一旦科举真的废弃，具有强大惯性的机制戛然而止，读书人一时很难适应，失落感和幻灭感是非常强烈的。"[①]

（五）乡村教师身份的国家构建

随着国家权力的下沉，乡村新式学堂作为国家意志的体现嵌入乡村社会，广大乡村社会开始实行"国民教育"，政府试图以"新学"取代"旧学"，这一过程必然伴随着乡村教师身份的国家构建。乡村教师身份的国家构建与国家权力的下沉相伴而行，在这一过程中国家逐渐加强了对乡村教师的资格检定和审查。这一进程经历了很长的历史阶段，无论是近代以来的塾师改造还是当代的民师整顿，都充分体现了伴随国家权力下沉而进行的乡村教师身份的国家构建。

然而，这一过程，导致了乡村教师逐渐疏远了乡村社会。乡村教师逐渐摆脱了乡土社会的滋养而被纳入国家体制之内，具备了国家身份，逐渐从"乡野"迈向"庙堂"，与乡村生活的隔膜越来越深。国家权力下沉以前的乡村，秀才先生或私塾老师乃一乡之望，虽不比官方的权威，但也拥有极大的潜势力。这种潜势力通过其所扮演的角色可见一斑，他们往往会作为乡间的审判者、号令者、指挥者，为乡民所"敬服"，而其中公认的道德高尚者尤甚。[②] 毛泽东对此曾这样说道：

> 我从前做学生时，回乡看见农民反对"洋学堂"，也和一般"洋学生"、"洋教习"一鼻孔出气……民国十四年在乡下住了半年，这时我是一个共产党见，有了马克思主义的观点，方才明白我是错了，农民的道理是对的。乡村小学校的教材，完全说些城里的东西，不合农村的需要。小学教师对待农民的态度又非常之不好，不但不是农民的帮助者，反而变成了农民所讨厌的人。故农民宁欢迎私塾（他们叫"汉学"），不欢迎学校（他们叫"洋学"），宁欢迎私塾老师，不欢迎小学教员。[③]

---

① 刘海峰．科举百年祭 [J]．北京大学教育评论，2005（4）：75—80．

② 罗志田．科举制废除在乡村中的社会后果 [J]．中国社会科学，2006（1）：191—204，209．

③ 毛泽东．湖南农民运动考察报告 [C] // 毛泽东选集（第1卷）．北京：人民出版社，1991：39—40．

在中国传统的社会文化结构中，塾师曾经占据着极其重要的位置，塾师与乡村民众的日常生活有着密切的关联。在"文字下乡"之前，乡村民众对于文字的运用极少，而且一般民众限于自身文化素质，这就造成了乡间一切对外的交涉事宜、田地的冲突等应用文字的事务，都由塾师代劳。① 在现代教育制度确立之前，乡村塾师便一直扮演着乡村文化的代言人。而私塾作为中国古代承担基础教育的主要机构，更是成为乡村社会文化的中心。有学者甚至认为，在基层社会所形成的以塾师、塾址为核心的组织，虽然不会直接干预地方行政，但是其所拥有的潜势力对于地方行政的间接干预是值得惊异的。②

科举制的废除以及国家权力下沉所带来的乡村教师身份的国家构建，无疑也将塾师阶层逼入了绝境。新政的一纸政令，阻隔了塾师们的进仕之路，压缩了塾师们的生存空间。晚清塾师刘大鹏曾在其日记中发出了这样的感叹：

"昨日在县，同人皆言科考一废，吾辈生路已绝，欲图他业以谋生，则又无业可托，将如之何？（1905 年 10 月 23 日）。"③

"科举一停，同人之失馆纷如，谋生无路，奈之何哉！（1905 年 11 月 3 日）。"④

当然，也有很多识时务者，面对此种情况，迅速转变以新面孔示人，摇身一变，成了新式学堂中的新学教员。"旧式教师脱下长衫，穿上短上衣，力图在新制度下找到立脚之地。"⑤ 塾师们之所以能够轻易地摇身一变成为新学教员，其根源在于晚清政府在大规模兴学之初，师资的准备并不充足，经过改造后的塾师充任新式学堂的新学教员在当时无疑成为一种权宜之计。

近代以来，随着国家权力的下沉、私塾教育的取缔，国家权力加强了对乡村社会的干预和控制，乡村教育的国家化却导致乡村教师与乡村社会的关系渐行渐远，乡村教师在乡间的地位便日益边缘化。由于其受制于政府管理，成为"公家人"，从而渐渐失去了"乡土性"，失去了乡土文化生活的滋养。与传统塾师相比，乡村教师并不具备向乡民提供文化咨询的能力，而乡

---

① 娄立志，张济洲. 乡村教师疏远乡村的历史社会学解释 [J]. 当代教育科学，2009（21）：7—9.

② 廖泰初. 动变中的中国农村教育——山东省汶上县教育研究 [M]. 北平：燕京大学社会学系，1936：32—34.

③ 刘大鹏. 退想斋日记 [M]. 太原：山西人民出版社，1990：147.

④ 刘大鹏. 退想斋日记 [M]. 太原：山西人民出版社，1990：147.

⑤ E. A. 罗斯. 变化中的中国人 [M]. 北京：时事出版社，2006：294.

村学校在乡村社会中的扩展，也忽视了乡村文化的合理性。由此，乡村教师在乡村社会中也逐渐边缘化。20 世纪 30 年代，费孝通和廖泰初等人通过田野调查发现，正规师范学校毕业的学生，经验少，缺乏乡村礼俗知识，能解决乡民文化需求者寥寥无几。[①]

20 世纪二三十年代兴起的乡村教育运动试图打破这种隔膜，乡村师范学校的创办，便是试图加强乡村教师与乡村社会联系的有力举措。陶行知所创办的晓庄试验乡村师范学校，旨在培养改造乡村社会的灵魂。他认为，好的乡村教师"足迹所到的地方，一年能使学校气象生动，二年能使社会信仰教育，三年能使科学农业著效，四年能使村自治告成，五年能使活的教育普及，十年能使荒山成林、废人生利"。[②] 当时在山东邹平从事乡村建设的梁漱溟也有过类似的看法，他认为，乡村教师对于乡村社会的作用体现在两个方面，"一是乡村的耳目，二是乡村的喉舌"。[③]

事实上，在当前社会主义新农村建设的新时代，乡村教师与乡村社会的疏离问题依然存在。近代以来，随着国家权力嵌入乡村社会，乡村教育出现了国家化的趋势，国家所实施的"国民教育"与乡村社会产生了激烈的冲突，集中表现为现代学校和乡土文化及乡土社会的割裂。具体包括：首先，学校在课程、教法上与乡村社会之间的对立。如唱歌、体操等尽遭乡民反对。其次，由于学校带有鲜明的城市化倾向，在文化上已经逐渐失去了向乡民提供咨询的功能，因为无法满足乡民的文化生活需要，学校与乡村社会渐行渐远。[④]

总之，传统中国，以士子作为主要载体的中国传统教育乃至中国传统文化教育摒除了自然科学和除儒学之外的所有哲学社会科学，逐渐演变为一种"独轮车文化"。这种"独轮车文化"框架下的教育，是中国封闭的农业社会文明所特有的。只要中国社会的这种封闭的农业社会文明能够得到有效的维持，小农经济、宗法制度、官僚体制还能够保持相对稳定，这种教育便还有继续生存、繁荣以及再生的环境。所有这些，便构成了中国传统社会超稳定的社会结构。也就是说，只要中国传统农业社会的性质没有发生变化，其内

---

① 罗志田．科举制废除在乡村中的社会后果［J］．中国社会科学，2006（1）：191－204，209.

② 陶行知．试验乡村师范学校答客问［A］．南京：江苏教育出版社，1981：153.

③ 梁漱溟．梁漱溟论著选［M］．北京：人民教育出版社，1990：251.

④ 李书磊．村落中的国家：文化变迁中的乡村学校［M］．杭州：浙江人民出版社，1999：242.

部的生态系统还未能产生新的生产要素，或者说在外部环境上还没有遭遇到更为先进的文明的威胁，这种教育便不会遭遇到危机。

然而，近代以来，一个拥有五千年灿烂文化煊赫于世的"天朝上国"，遭遇"数千年未有之变局"，"华夏"的声威一落千丈，濒临亡国灭种的危机。在坚船利炮的武力威逼与廉价商品的冲击之下，中国传统社会的生态系统和社会秩序遭遇到了破坏，它需要调整、吸纳、扬弃乃至做出根本性的转移，于是，中国传统教育的危机真正发生了。而中国传统教育的危机实际上也可以理解为乡村教育的危机。

近代以来，以现代教育制度的建立为核心的教育改革，拉开了我国早期教育现代化的帷幕。自清末新政始，对于以城市教育为中心的西方现代教育制度的借鉴与移植，一直都占据着我国农村教育现代化的主要内容。从1904年1月清廷颁布《奏定学堂章程》后，西方现代教育制度开始被引入中国。1912年南京临时政府成立后，现代教育制度继续得到沿用并得以确立。到了20世纪30年代，现代教育制度已经遍及中国广大的乡村。这种来自西方工业文明的教育组织形式与传统农业文明的遭遇，不仅没能很好地融入乡村社会，而且不可避免地造成了与乡村民众日常生活的断裂与疏远。由此，我国乡村教育问题开始凸显。

二、现代师范教育制度的输入与体制的构建

近代以来，与西方资本主义经济的全球渗透相伴随的西方资本主义教育体系的全球扩张，裹挟着包括中国在内的广大第三世界国家，并将其强行纳入其中，这些国家被迫开启了教育现代化变迁的历史进程。因此，中国近代化的变革是在西方资本主义的裹挟下完成的。西方现代资本主义在无情地摧毁和瓦解了这些国家固有的生产方式和生活方式的同时，又从自身利益出发，创造了新的秩序，保留了对其有利的落后的制度因素。这便导致了这些国家丧失了依靠自身社会的自发演变所积累的现代性因素的历史契机，在缺乏相应准备的情况下被迫地、强行地启动了教育现代化变迁。因此，在技术、知识以及人力资本等现代化动力因素相对匮乏的情况下，这些国家的教育现代化很难在短时期内取得实质性的突破。在这种情况下，教育制度因素便成为左右这些国家教育现代化进程的具有决定性作用的关键变量。迅速地完成对本国传统教育制度的改造与变革，创建出适合现代化进程的、适合本国国情的现代教育制度的结构框架，无疑决定着这个国家的教育现代化乃至

整个社会现代化的命运。而西方现代师范教育制度被引入中国，正是当时国家步入近代化社会之后试图建立稳固的现代教育体系的一部分。综观近代以来我国现代师范教育体制的构建，可以发现，我们走的是一种由移植而逐步中国化的道路。

（一）历史与传统——古代中国对于"师范"的认知

中国自古便有着悠久的师资培养的传统，这种传统最早可以追溯到远古时期。当教育还处于萌芽之时，便已经有了与教师相关的记载，如在《吴越春秋》中就有这样的记载："尧聘弃，使教民山居，随地造区，研营种之术……乃拜弃为农师，封之台，号为后稷。"到了夏商周时期，已经有了学校教育的雏形，教育从生产劳动中逐渐分离出来，教育成为一种相对独立的社会活动。这一时期教育的最大特点是"学在官府""官师一体"。典、谟、训、诰、制、章等古代典章制度统统由官府所执掌。教育的主要内容，比如礼、乐、射、御等均藏于宗庙，执掌于典乐官手中。因此，欲学者必就官而学，教师也由官吏充任。据《礼记·文王世子》中的记载，承担教师角色的官吏包括大乐正、小乐正、大胥、小胥、大司成、师丞、太傅、少傅、师氏、保氏等。担任乡村教化的主要有：地方各级行政长官、大司徒、退职的大夫与士等。

这一时期形成的文化教育体制被总结为"政教合一"和"官师一体"。这一体制在之后的各个封建王朝得以延续。秦朝建立之后，便明确实行"依法为教""以吏为师"的文化教育体制。在地方上"设三老以掌教化"。这种做法便是对夏商周以来"政教合一""官师一体"体制的一种延续。继秦朝之后，汉朝则确立了中国封建社会教育制度的基本框架。在教育体制中，依然延续着"政教合一""官师一体"的体制。在中央官学中，设有太学，其教师称为博士，承教授之职。而在地方官学当中，除了规定由各级行政长官兼任教师角色之外，还设置了专门的教职，比如在学、校中设置一名经师，于庠、序中设置一名经师。

同时，在官学体制之外，还为私学留下了很大的生存空间。值得注意的是，自这一时期开始，教职开始有了专职化的趋向。秦汉时期所构建的封建体系之下的教育体制，成为之后很长时期内中国封建教育制度的基本框架。虽然经过之后各个朝代的不断发展演变，学校教育规模不断扩大，其方式和类型更加多元化，教育体制逐渐完善。但是，"政教合一""官师一体"的教育体制和运行机制始终没有发生根本转变，这种教育体制和模式始终是中国古代教育的重要特征。

然而，正是"政教合一""官师一体"的这种教育体制和模式，导致了中国古代教师的非职业化特征。这种体制和模式造成了中国古代对教师的要求和选拔的标准与对朝廷和各级官府官吏的选拔标准和要求并无差别，即"明经修行"。同时，"官师一体"的教育体制下，教师的岗位随着官员的频繁流动而具有极大的变动性。官师之间角色的频繁转换，使教师队伍缺乏相对的稳定性。做官不成，退而为师，从教有成，擢升为官。因此，教师的岗位往往成为官吏的暂居地和储备所，这在很大程度上导致了教师队伍的不稳定和非职业化。

同时，中国古代教师队伍的非职业化，也源于传统中国并没有专门培养师资的机构，更没有现代意义上的师范教育理念。揆诸史实，我们不难发现，虽然我国自古便有尊师重教的传统，但对教师的培养和训练却无从详考。专门的师范教育及其制度在传统中国固有的体系中难觅其踪迹。所以，中国师资的培养，历来均由民间自成风气，并无国定之培养师资制度，也无专门训练师资之学校。"师范教育"在我国古代并不存在，因为在漫长的中国古代社会中，并不存在专门从事师资培养和培训的机构，中国产生这种专门机构则是近代以后的事情了。

然而，我们又不能因此就断定，中国古代对于"师范"认知的阙如。事实上，对于"师范"的认知，在我国经历了一个漫长的从传统到现代的蜕变过程。早在西汉时期，杨雄便在《法言·学行》中首次将"师"与"范"联系在一起，他说："师者，人之模范也。模不模，范不范，为不少矣。"[1] 之后的《后汉书·赵壹传》中，则是最早将"师范"作为一个独立的词汇加以使用的，即"君学成师范，缙绅归慕。仰高希骥，历年滋多"。不过，此时"师范"的意思为"学习之模范"，后引申为"效法"之意。时至宋元时期，"师范"遂有了"教师""师傅"的内涵。[2] 但是，我国古代并未建立系统的师资培训制度，系统的师范教育制度的发端要追溯到清末。

（二）渗透与启蒙——清末现代师范教育制度的输入

1. 洋务运动时期对西方师范教育制度的译介

虽然，中国古代不缺乏对于"师范"的认知，然而，中国古代并未将教

---

① 杨雄. 法言·学行 [C] // 孟宪成编. 中国古代教育文选. 北京：人民教育出版社，1979：168.

② 刘婕，谢维和. 栅栏内外——中国高等师范教育百年省思 [M]. 北京：北京师范大学出版社，2002：42.

师看作是一种专门化的职业，因此，也就没有针对"师范教育"的专门解释。近代以来，这种状况开始扭转。1840 年鸦片战争的爆发，西方列强用坚船利炮轰开了古老中国的大门，中国逐渐沦为一个半殖民地半封建国家。

在思想文化领域，鸦片战争以后，有一部分知识分子开始抛弃陈腐、落后的观念，将目光转移到世界，通过向西方学习来探求新知，寻求强国御辱之道。林则徐、魏源等一批先进的中国知识分子，通过对鸦片战争的亲身经历和对战争失败原因的总结，深切地感受到了中国与西方列强在"器"和"技"方面的巨大差距。1842 年，魏源在林则徐主持编译的《四洲志》的基础上编成《海国图志》，开始广泛介绍西方的知识，并提出"师夷长技以制夷"的思想，主张学习西方的先进技术。从此揭开了中国学习西方，步入近代化的序幕。19 世纪 60 年代，曾国藩、张之洞、李鸿章等人发起了洋务运动，将魏源提出的"师夷长技以制夷"的思想付诸实践，并提出了"中体西用"的指导思想。旨在通过引进西方先进的生产技术和机器设备，通过兴办近代军事工业、民用工业和陆海军，以达到富国强兵为目的，走近代化的工业道路。

鸦片战争之后，中国逐渐开始学习西方。随着西学东渐的深入，对于西方师范教育的介绍甚嚣尘上。1866 年，官员刘椿在其所著《职方外记》中提到了欧洲大学四科之一为教科，"主守教法"。1879 年，学者黄遵宪在《日本杂事诗广注》中，将日本专门设置的以专门培养师资的名为"师范学校"的机构首次介绍至中国。此后，王之春于 1882 年在其所著《蠹测危言》中，以及郑观应于 1892 年在《盛世危言》中，均对欧美师范教育作了介绍。1896 年，梁启超撰《论师范》一文，文中指出：

> "于是立同文馆、水师学堂等……然一切教习，多用西人，西人语言不通，每发一言，必俟翻译展转口述，强半失真，其不相宜一也。西人幼学，异于中土，故教法亦每不同。往往有华文一二语可明，而西人衍至数十言者；亦有西人自以为明晓，而华文犹不能者，其不相宜二也。西人于中土学问，向无所知。其所以为教者，专在西学。故吾国之就学其间者，亦每拨弃本原，几成左衽，其不相宜三也。所聘西人不专一国，各用所习，事杂言庞……其不相宜四也。西人教习，既不适于用，而所领薪俸又恒倍于华人，其不相宜五也。"①

---

① 梁启超. 论师范［C］//饮冰室合集（第一册）. 上海：中华书局，1989：35—36.

同时，梁启超在《论师范》一文中还指出，"夫师也者，学子之根核也"，在梁启超看来，师范教育的重要性可见一斑。

2. 清末新政对于现代师范教育制度的引入

1895 年，中日甲午战争爆发，战局的失败使中国陷入空前的民族危机之中，清政府被迫开始"新政"。在"新政"期间，清廷颁布一系列上谕，试图"改弦更张""取外国之长""去中国之短"。① 由此，我国开始了以教育制度为核心的早期现代化的历程，然而这种现代化仅停留在"不师其法，惟仿其器"的层面。在经历了"洋务运动"单纯"器物"层面的学习和借鉴之后，清末"新政"将学习的重点由技术、思想层面转移至制度层面。"与'洋务运动'只有纯粹意义上的实用性教育不同，'新政'时期在教育事业上的根本追求在于建立现代意义上的学制系统和教育体制。"②

由清末新政始，我国开始了现代制度的变迁，而现代教育制度则是这一变迁过程的主要内容。清末新政之后，教育现代化构成了中国教育发展的主要内容。清末新政中对于现代师范教育制度的引入包含着两个层面，一是师范教育在学制中取得了独立地位，我国从此有了独立设置的专门培养教师的现代师范教育体系；二是开始创办一些现代师范学校。

然而，中国的现代化从一开始便充满了"仪型他国"的意蕴。中国迈入近代社会之后的一个世纪当中，西方国家历来都是中国社会变革的重要参照系，师法西方成为中国社会向现代化迈进的主要方式。而在各种制度、文化、生活方式等方面对西方的学习和借鉴中，以西方现代学校制度为核心的教育现代化只是诸多学习和借鉴内容当中的一部分而已。所不同的是，这种模仿对象在不同历史时期发生着变化而已。由清末新政开始，现代师范教育制度由日本输入中国。现代师范教育成为清末学制建设中的重点，是以输入日本的师范教育制度为起点的。清末《癸卯学制》以日本师范教育制度为蓝本，在中国首次厘定了现代师范教育制度。

清廷在 1895 年甲午战败之后，朝野震动，日本的崛起之路开始为清廷所关注，仿效日本寻求民族自强遂成为当务之急，对日本的教育考察也随即展开。1898 年 2 月，张之洞派姚锡光等人对日本进行了教育考察。随后，张百熙又派京师大学堂总教习吴如纶赴日本进行了历时三个月的考察。在派

---

① 朱寿朋. 光绪朝东华录（四）[M]. 上海：中华书局，1958：4601.

② 陆道坤. 制度的输入与体制的构建——20 世纪中国高等师范教育体制的演变 [D]. 上海：华东师范大学，2009：26.

遣官员对日本进行教育考察的同时，对日本教育的宣传也随之加强。

1901年5月，由罗振玉、王国维主办的《教育世界》于上海创刊，成为近代中国最早的教育类专业刊物。从创刊至《癸卯学制》颁布之前的这段时期，《教育世界》刊发了大量译介日本教育制度的文章，全面、系统地介绍了日本现代教育体制的建立、发展及现状，为中国近代第一个学制的制定颁布提供了重要的借鉴。由于当时的学制是完全模仿日本的，因此，赴日学习师范者居多。日本东京高师校长嘉纳治五郎于1902年专门为中国学生创设了一个弘文学院，后该院特设师范科，修业年限自半年至三年，一时中国学生入此种速成师范者，趋之若鹜。1907年，日本留学生逾万而习速成的占60％，先后在日本习速成师范的总共有万人之多。这一部分人好一点的回来便充任师范学校教员，差一点的便充任中小学教员，转相传授，一时中国的新教育完全日本化。

3. 《癸卯学制》的颁行与现代师范教育制度的构建

我国师范教育制度正式由国家颁布，始自1904年张之洞等所奏准的《癸卯学制》，其制定者之一的张百熙曾这样说过：

> "查开通国民知识，普施教育，以小学堂为最要，则是初级师范学堂，造就教小学之师范生，尤为办学堂者入手第一义。……各省城应即按照现定初级师范学堂、优级师范学堂及简易师范科、师范传习所各章程办法，迅速举行。其已设有师范学堂者，教科务改合程度。其尚未设师范学堂者，亟宜延聘师范教员，早为开办。"[①]

对于日本的教育考察以及《教育世界》对其做出的广泛宣传，使日本教育体制的影响力日盛，迫使清政府开始谋划依照日本学制制定新学制。1904年，在张百熙、荣庆、张之洞等人的主持下，清政府颁布了近代中国第一个学制，史称"癸卯学制"。《癸卯学制》的制定颁行，从法律的层面规定了师范教育体制，使师范教育获得了独立地位，与普通教育、实业教育并列成为三大教育系统。并详细规定了师范教育的组成与任务，规定师范教育分为优等师范学堂和初等师范学堂两类，前者主要为中学、初等师范学堂、简易师范科、师范传习所培养师资；后者主要为小学培养师资。其中，师范传习所为补救小学师资不足的临时办法，具有为乡村小学培养师资的功能。《癸卯学制》规定了师范生一律实行免费教育，并有相应的教职服务年限。《癸卯

---

① 张百熙，等.《学务纲要》[G] // 朱有瓛. 中国近代学制史料（第二辑·上册）. 上海：华东师范大学出版社，1987：79.

学制》的制定，使我国有了比较独立、完备的师范教育学制。《癸卯学制》中对师范教育的计划比较详细。关于小学师资培养机关规定下列四种，即初级师范学堂、简易师范科、师范传习所、实业教员讲习所。

自此，我国才创立了正式的师范教育，师范教育才有了比较完备的学制，我国师范教育开始有了独立的系统。首先，创建了完备的师范教育机构。其次，规定了各级各类师范教育机构的设置、入学资格、修业年限以及培养目标等。如初级师范学堂设有完全科，招收高等小学堂毕业生或同等学历者，修业 5 年，培养小学师资；简易师范科招收高等小学堂 4 年肄业者，修业年限为 1 年，主要培养小学教师。

4. 现代师范学校的创办

清末新政之后，因学校初兴，各校教习"大抵通晓西文者，多憪于经史大义之根柢；致力中学者，率迷于章句呫哔之迂途。教者既苦乏才。学者亦难精择"。[①] 所以，为了造就新时期国民的师表，新的师资训练机关——师范学校便由此产生了。

《癸卯学制》对于师范教育的规定，具有制度构建的重要意义，是我国现代师范教育发展的里程碑。然而，现代师范学校的建立却比学制的颁布更早。在新学制施行之前，各地便已自发地、零星地出现了建立培养师资的专门机构之举。[②] 早在 1897 年，盛宣怀就已经意识到师范教育的重要性。他曾经发出过这样的感叹："蒙养正则圣功始，故西国学程必植基于小学。"[③]

从这一时期开始，我国开始创办现代意义上的师范学校。随后，洋务重臣张之洞在兴办洋务的过程中也开始逐渐意识到师资培养已是我国兴办教育时所刻不容缓的急务。他说"查各国中小学教员，咸取材于师范学堂，故师范学堂为教育造端之地，关系至重"。[④] 由于意识到"今日首以造就师范生为急"。[⑤] 1901 年新教育系统既定，张之洞大感师资之缺乏，国内当时仅北京京师大学及上海南洋公学设有师范科，所以光绪二十九年（1903 年），张之洞与张百熙等奏定学务纲要有下面的话：

———————

① 张钟元.中国师范教育的总检讨［J］.教育杂志，1933（7）：45—48.

② 董宝良，熊贤君.从湖北看中国教育近代化［M］.广州：广东教育出版社，1996：299—300.

③ 盛宣怀.筹集商捐开办南洋公学折［C］//清代后期教育论著选（下册）.北京：人民教育出版社，1997：9.

④ 张之洞.筹定学堂规模次第兴办折［G］//陈元晖，璩鑫圭，唐良炎.中国近代教育史资料汇编·学制演变.上海：上海教育出版社，2007：100—107.

⑤ 张之洞.张文襄公全集（一）［C］.北京：中国书店，1990：978.

"各省城应即按照既定初级师范学堂、优级师范学堂及简易师范科、师范传习所各章程办法迅速举行。……若无师范教员可请者，即速派人到外国学师范教授管理各法，分别学速成科师范若干人，学完全科师范若干人，现有师范章程，刊布通行，若有速成师范生回国，即可依仿开办，以应急需。"①

之后，张之洞于 1902 年 5 月在武昌创办湖北师范学堂。时隔两年后的 1904 年 7 月，又于武昌创办了两湖师范学堂。袁世凯于 1902 年 8 月创办直隶保定师范学堂。同年，湖南省创办了师范讲习所，分设长沙师范学堂、常德师范学堂和衡阳师范学堂；四川成都锦江书院改为成都师范学堂；陈宝琛在福州创办全闽师范学堂。1903 年 4 月，张謇创办通州（今江苏南通）师范学堂。②

《奏定学堂章程》（"癸卯学制"）的颁布，深刻地影响了我国师范教育的发展，对于刚刚起步的中国师范教育而言无疑带来了一个极大的推动力。学者们普遍认为，我国现代师范教育制度的构建是建立在对日本师范教育制度的照搬和移植的基础之上的。但是，在师范教育制度输入的方式上，学者们却持有两种观点：

一种是"照搬论"，这种观点认为，中国的师范教育是完全建立在照搬日本师范教育制度的基础上的，必然产生制度的输入与国内客观环境的冲突。比如吴式颖等学者就指出："《奏定学堂章程》中有关师范教育的规章都直接借助了日本师范教育的模式，而且清末师范教育的具体实施也明显带有'日本模式'的印记。"③ 马啸风也认为，"癸卯学制"予以师范教育以法律上的独立地位，虽然不能脱离对日本教育制度的模仿的痕迹，但是仅仅就师范教育独立地位的确立，便有着深远的历史意义。④

《奏定学堂章程》将师范学堂分为初等师范学堂和优等师范学堂两级，初等师范学堂属于中等教育的层级，旨在培养高等小学堂和初等小学堂的教员。在省会当中，初级师范学堂又有完全科和简易科之分，完全科主修修身、读经讲经、中国文学、教育学、历史、地理、算学、博物及化学、习字、图画、体操等课程，为期 5 年毕业；后者免修读经讲经、习字，其他课

---

① 庄泽宣. 如何使新教育中国化 [M]. 上海：中华书局，1938：10.

② 肖朗，田正平. 世纪之理想：中国近代义务教育研究 [M]. 杭州：浙江教育出版社，2000：372—373.

③ 吴式颖，阎国华. 中外教育比较史纲（近代卷）[M]. 济南：山东教育出版社，1997：739.

④ 马啸风. 中国师范教育史（1897—2000）[M]. 北京：首都师范大学出版社，2003：13.

程习其概要，1年毕业，以适应乡村教育的迫切需要。除此之外，还存在着简易师范科、师范传习所、实业教员养成所等为中小学堂和实业学堂培养师资的师范教育机构。

另一种是"变通论"，这种观点认为，中国学习日本的师范教育，并不是完全照搬，而是与中国的现实做了某种程度的结合和变通，体现了一定的中国化和本土化的特点。比如刘婕等学者就认为，中国师范教育在"初期发展是抄袭和改造'日本模式'的结果"，但是，后期则是在以日本的师范教育制度为模板的基础上，迅速建立起自己的师范教育制度，并能立足实际，照顾国情，折中取舍，适当变通，较好地满足了社会需要，可谓找准了中国化与本土化的结合点，促进了师范教育的发展。

（三）继承与移植——民初"师范教育"制度的确立

1. 民初政府对清末学制的沿袭

1912年，清朝解体，民国肇始。孙中山在南京建立中华民国临时政府伊始，便发出呼吁："欲四万万人皆得受教育，必倚重师范。"[①] 民国初期在教育制度上颇富"萧规曹随"的意味，尤其是在师范教育体制上，基本上是对清末的师范教育体制的继续沿用。这种沿袭旧制的做法除了民国初建之时教育经验缺失之外，对于日本教育体制的认同也是主要原因。1912年7月，民国教育部召开全国临时教育会议第一次集会，蔡元培在会议中指出：

"至现在，我等教育规程，取法日本者甚多，此并非我等苟且。我等知日本学制，本取法欧洲各国，惟欧洲各国学制，多从历史上渐演而成，不甚求整齐划一，而又含有西洋人之习惯；日本则变法时所创设，取西洋各国之制而折衷之，取法于彼，尤为相宜。然日本国体与我不同，不可不兼采欧美相宜之法；即使日本及欧美各国尚未实行而教育家正在鼓吹者，我等亦可采而行之。"[②]

1912年，南京临时政府颁定了《壬子——癸丑学制》，该学制基本沿用清末学制，只是将清末的优等师范学堂改名为"高等师范学校"，师范教育仍分高等师范教育和中等师范教育。其中的亮点在于：在规定师范教育以国立为原则的基础上，将全国划分为六大师范区（直隶、东三省、湖北、四川、广东、江苏），于每个师范区设立了一所高等师范学校，主要承担中学和中等师范学校的师资培养的任务。将初级师范学堂中的"完全科"改为第

---

① 中国社科院. 孙中山全集（第二卷）[C]. 上海：中华书局，1981：358.
② 孙常炜. 蔡元培先生全集 [C]. 北京：商务印书馆，1977：705.

一部，"简易科"改为第二部，"临时及单级小学教员养成所"改为小学教员讲习所，后于 1915 年改为师范讲习所（为急速培养小学急需的师资）。另外，还首次出现了可因特殊情况设立县立师范学校以及个人或团体可以办理私立师范学校的规定。

除了颁布学制之外，南京临时政府教育部还颁布了一系列师范教育的法律法规。包括《师范教育令》（1912 年 9 月）、《师范教育规程》（1912 年 12 月）、《高等师范学校规程》（1913 年 2 月），对清末所制定的师范教育体制予以改革，师范教育逐渐较之前有所完备。

民国初年（1912 年），师范教育的一大特色便是师范区制的创立，其光耀于中国师范教育史上，值得后人借鉴。将全国划分为 6 大师范区，规定了各区高等师范学校校长的职责范围，即不仅要负责管理本校事务，而且要监管各该地区的中等教育，及时了解中等教育的情况，以便进行改革。民国初年，范源濂任教育总长时，于 1913 年 6 月中旬将全国划分为 6 个师范区，在北京、南京、武昌、广州、成都和沈阳 6 地设立高等师范学校。这便是由于师范区制的创立而设置的高等师范学校。1914 年袁世凯制定的《教育纲要》中，也有 6 个师范区；1915 年汤化龙任教育总长时所计划的 6 大高等师范区和范源濂所划分的 6 个高等师范区也相同。遗憾的是，师范区制并未实施，这一制度在无形之中消失了。

2. 北洋政府时期模仿对象的转移

从 1915 年开始到 1927 年国民政府成立之前，中国的教育现代化改革的模仿对象发生了转换，日本的教育体制被抛弃，取而代之的是美国。中国师范教育自创办之日起，便由国家统一办理，并实行免费制，毕业后按国家规定之年限，服务于教育事业的发展。但这个时期的师范教育制度，是模仿日本的，不能够完全理解其意义，所以收效甚微。1915 年，标榜"科学"和"民主"的新文化运动爆发了，一部分知识精英认识到通过盲目照搬和移植日本教育制度而构建现代教育制度的做法，不能真正领会和理解西方教育制度的真精神。"中国教育必须取法西洋"[①] 的呼声日益高涨。这一时期，美国教育家杜威、孟禄、推士和麦柯尔等先后来华讲学，在国内迅速掀起了一场学习美国的热潮。1922 年，以美国学制为蓝本而制定颁布的《壬戌学制》，对原有的师范教育造成了恶劣的影响，"在表面上似较前进步，但在后来成效来看，除减少效率未见何种益利外，又引起了不少的纷乱……所以其

---

① 陈独秀. 陈独秀文章选编 [M]. 北京：生活·读书·新知三联书店，1984：220.

结果，不过由日本制度窠臼变为美国制度衣钵罢了。"[①]

另外，第一次世界大战后，欧美各国的教育，也经历了制度和课程的改革。而在我国，五四运动的兴起，进一步推动了新文化运动。受到新教育思潮和欧美各国教育改革的驱使，我国教育界遂有了改革的呼声。1921年10月，全国教育会第七届联会于广州举行，此次会议的主要任务便是拟定教育改革的草案，并最终推动了1922年11月北洋政府制定颁布了《学校系统改革令》（"壬戌学制"）。

对于师范教育进行了必要的改革，其目的在于充实师范教育的内容，提高学生的文化程度，多留地方的伸缩余地，因此实行师范学校和中学合并办法。中等师范教育失去了独立性，其机构主要有四种，分别是：六年一贯制的师范学校、单独设置的后期（二年或三年）师范学校、高级中学内设置的师范科、相当年限的师范学校或师范讲习所。第四种中等师范教育机关，是代替1912年设立的小学教员讲习所，至1915年改为师范讲习所。后来的山西省国民师范学校等均属于这种师范学校。

与民初政府颁行的学制相比较，新学制发生了一些变化：一是在中等师范教育方面，丧失了其独立性，取消了师范生的公费待遇，取消了师范学校分区设立的制度等。可见，这一时期师范教育的地位，在整个教育体系中有所下降。地位的降低，必然导致师范学校数量的锐减。根据相关统计，1922年到1928年的7年，师范学校的数量、师范生的数量以及师范教育经费均出现了大幅下降。1922年全国师范学校、学生数目以及经费分别为388所、43846人和4633919元，而到了1928年分别降至236所、29470人和3468072元。学校数减少36%，学生数减少49%，经费减少34%。[②]

二是在高等师范教育方面，将高等师范学校升格，与普通大学合并，即所谓的"高师改大"。新学制将高等师范学校予以升格，民国初期在6大师范区内设置的6所高等师范学校或升格为大学，或并入大学。然而，实际上升格为师范大学的仅有北京高师一所而已，其他高师均合并入大学。所以，从总体上看，这一时期无论中等师范教育抑或高等师范教育，较前期均有所衰落。

1922年新学制中师范教育的削弱，与当时舆论的恶劣影响是分不开的。在当时的舆论界，掀起了一场关于师范教育存废以及独立与否的论战。当时很多人对于师范教育予以存心贬低，比如在1926年召开的浙江省教育行政

---

① 李英超. 四十年来中国师范教育之演变与分析 [J]. 政治季刊，1938（2）：7.
② 刘文岫. 中国师范教育简史 [M]. 北京：人民教育出版社，1984：54.

会议上就有人提出了废止师范生待遇的提案，在其后来的文件中出现了这样的话语："凡知识阶级人民尽可为师，教育原理并无秘诀，不比他项筋肉技巧，非熟练不可"[①] 等。甚至在当时教育部的部颁文件中也出现了诋毁贬低师范教育的言辞，如在《改革我国教育之倾向及其办法》中就出现了"大学以农工医为主，并将现行师范教育一律取消"等主张废止师范教育的话语。直到后来国民党四届三中全会上还有"师范教育不应另设专校，以免畸形发展之流弊"的提案。

可见，在当时的舆论环境中，对于师范教育的忽视甚至漠视已经到了一定的程度。新学制规定高中设师范科，各省相继执行。有的地方师范学校和高中师范科并存；有的逐渐取消独立设置的师范学校；有的高中师范科奄奄一息，毫无生气。总之，1922年新学制颁布后，我国师范教育制度开始动摇。对于现代师范教育制度的存废，争论不休。

（四）变革与调适——南京国民政府成立后的调整

关于师范教育存废的争论严重影响了师范教育的发展，师范教育也因此失去了在学制当中的独立地位，师范学校附设于中学和大学当中。至1928年，当时的不少国立和私立大学中均增设了教育学系、教育学院或师范部，比较著名的有国立中央大学、东北大学、四川大学、私立辅仁大学、复旦大学、沪江大学等。南京国民政府建立后，便着手对师范教育的这种尴尬境遇进行调整，在其颁布的《中华民国教育宗旨及其实施方针》（1929年4月）中，规定了在可能范围内独立设置师范教育，并尽量发展乡村师范教育。国民党中央全会又于1932年12月通过了《确定教育目标与改革教育制度案》，其中便明文指出应给予师范教育以独立的地位和空间，提出了师范学校和师范大学应该脱离中学和大学而"单独设置"。之后国民政府又于1932年颁布了《师范学校法》，于1933年颁布了《师范学校规程》，从法律的角度和意义上重新确立了师范教育的独立地位。

自1922年新学制施行以来，中学采用普通、师范、职业合一的综合体制。1931年国联教育考察团来华考察时，针对"中学分科太多"的弊病予以批评。国民政府教育部于1932年9月起便着手整顿全国教育，是年12月，国民党四届三中全会决议，师范学校应脱离中学而独立。与此同时，国民政府公布《师范学校法》，以法规的形式确定了师范学校的独立地位。其

---

① 刘文岫.中国师范教育简史［M］.北京：人民教育出版社，1984：58.

中，在师范教育规划方面的一项重要内容，就是基于中国的国情，以培养乡村小学师资为目的，确立了乡村师范教育在学制中的独立地位。在师范教育课程方面，也有所建树。国民政府教育部于 1934 年 9 月颁布了《师范学校课程标准》，又于 1935 年 4 月颁布了《简易师范学校课程标准》和《简易乡村师范学校课程标准》。

至此，师范教育制度大致完备了。这一阶段师范教育发展情况，详见表 1-1 所示。

表 1-1　1928—1936 年全国师范学校发展概况统计表

学年度	学校总数（个）	师范及乡师数（个）	简师及简乡师数（个）	学生总数（人）	师范及乡师学生数（人）	简师及简乡师学生数（人）
1928	236			29470		
1929	667			65695		
1930	846			82809		
1931	867	584	283	94683	73808	20875
1932	864	518	346	99606	66477	33129
1933	893	245	648	100840	41834	59006
1934	876	186	690	93675	30825	62850
1935	862	190	672	84512	33946	50566
1936	814	198	616	87902	37785	50117

资料来源：《第二次中国教育年鉴》第 1428-1429 页、第 1433 页。

1937 年，"卢沟桥事件"的爆发，标志着日本全面侵华的开始。为适应战时需要，国民政府设立了国立师范学校，其目的有二：一为收容沦陷区失学失业的青年，以阻止其到抗日民主根据地参加革命；二为沦陷区储备师资，并培养抗战后方的小学师资。自 1938 年始，国民政府选择抗战后方较为安全的地带，筹设国立中学，并在其中设立师范科或师范部。后因师范生须加强专业训练，于是将国立中学的师范科或师范部的学生划出来，单独设立国立师范学校。1938 年至 1946 年，国民政府总共设立国立师范学校十四所。详见表 1-2 所示。

表 1-2　抗战时期国民政府设立国立师范学校一览表

	学校名称	校址
1	国立重庆师范学校	重庆北碚
2	国立女子师范学校	四川江北县洛石责（合一）
3	国立梓潼师范学校	四川梓潼

续表

	学校名称	校址
4	国立陇东师范学校	甘肃平凉
5	国立成达师范学校	初设于桂林，后迁重庆
6	国立茶洞师范学校	湖南永绥
7	国立荣昌师范学校	四川荣昌
8	国立江津师范学校	四川江津
9	国立劳作师范学校	四川璧山
10	国立童子军师范学校	四川青木关
11	国立铅山师范学校	江西铅山
12	国立幼稚师范学校	江西泰和
13	国立第一侨民师范学校	初设于福建长汀，后迁厦门
14	国立第二侨民师范学校	初设于连县，后迁广州

资料来源：刘文岫. 中国师范教育简史［M］. 北京：人民教育出版社，1984：105.

在中等师范教育方面，由于抗战前夕并没有专设中等学校师资的培养机关，附设于大学的教育学系或教育学院，虽然有一定的中等师资培养职责，但所培养的学生多注重理论的学习，实际的教育教学方面的训练相对不足，因而不足以胜任实际的教学工作，这使这一时期中等学校的师资培养成为亟待解决的问题。对此，国民政府采取了一定的措施，于1938年7月27日颁布《师范学校规程》，其中规定为了培养中等学校的师资，特设师范学院。

这一时期，高等师范教育又有所发展。至中华人民共和国成立前夕，全国高等师范学校总共有15所。1938年至1947年4月，国民政府教育部先后颁布了《修正师范学校规程》《师范学院规程》《修正师范学院规程》等，使这一时期的师范教育迅速得到了恢复和发展。至1946年，全国师范学校、学生数与1937年相比有了很大提高。1937年，全国共有师范学校364所，学生约4.9万人；1946年师范学校增加为902所，学生增至24.6万人。高等师范学校由1937年的1所发展为1946年的15所。[1]

本章小结

历史解释的真谛就在于"一语掩尽天下古今"。从表面上看，对于历史

---

[1] 吴定初，潘后杰，王典奎. 中国师范教育简论［M］. 成都：四川教育出版社，1990：42.

史实的解释，是阐明历史发展的轨迹及其意义所在。然而，若究其实际，则是对历史史实之间的关系所作的详尽陈述，历史叙事的过程中，"不但叙述一件事，更要叙述相关的事；不但叙述事件的外貌，也叙述一件事的内蕴；不但叙述历史史实的渊源、原因、发展和影响，也叙述历史整个的演进以及以往、现在、未来三者之间的关系"。[①] 由此，一定意义上我们可以认为，1840年鸦片战争之后，中国乡村社会的变迁与现代师范教育制度的输入，与民国乡村师范教育制度的变迁是息息相关的。

1840年鸦片战争后，随着中国逐渐沦为半殖民地半封建社会，帝国主义逐渐加强了对中国的压榨和掠夺，中华民族遭遇空前的民族危机，救亡图存也逐渐成为近代以来中国社会的历史主题。而为了挽救危局，建立一个现代民族国家成为晚清政府所追求的主要目标。为此，以现代学校制度、现代法律制度和现代警察制度等为主要标志的国家权力的触角，开始向乡村社会延伸，包括现代教育制度在内的许多现代因子，逐渐向乡村社会渗透，这不可避免地引起了乡村社会的变迁。随着乡村社会固有权力格局的破坏，乡间耕读传统出现了断裂，城乡关系逐渐走向割裂，所有这些因素又导致了乡村教育问题的凸显。

清末兴学以来，师范学校所培养的学生大多不愿服务于乡村，而那些从事乡村教育工作的一般都是小学毕业生。由此，从事乡村教育工作的人不仅数量有限，而且教学能力普遍不高。尽管有县立师范讲习所的存在，但经过这种培训的人数却是少数，这不可避免地造成了我国乡村教育的衰落。可见，乡村师资成为乡村教育的中心问题，由此我们便不难理解在20世纪二三十年代乡村师范教育所体现出的强烈的制度诉求。

以诺斯为代表的新制度经济学派有一个核心观点，即"历史是重要的"。在诺斯的理论当中，历史的影响往往体现在路径依赖上，一种制度一旦迈进某种固定的路径，这种路径所既定的方向会在以后的发展过程中得到不断强化，从而形成对该路径的某种依赖。[②] 制度的变迁同样不能脱离这种路径依赖。新制度经济学的另一位代表人物格雷夫认为，过去的制度要素构成了通向新制度过程的初始条件。晚清以来的乡村社会变迁和现代师范教育制度的输入，构成了所谓的"过去的制度要素"，这些要素能够为新制度变迁过程提供认知系统、信息、协调和规范的指导，为民国乡村师范教育制度的变迁

---

① 杜维运．史学方法论［M］．北京：北京大学出版社，2006：164—165.

② Douglass C. North. Structure and Change in Economic History［M］．New York：W. W. Norton&Company，1981. 转引自卓越．新制度经济学的新发展：历史比较制度分析［J］．经济学家，2006（6）：19—27.

提供了初始条件。格雷夫认为，过去的制度影响现在制度的机制包括两种：一是环境效应，即新制度是在过去制度所提供的结构中建立起来的；二是包含效应，即新制度包括了过去已经存在的制度要素。乡村师范教育制度的变迁，是建立在现代师范教育制度与体制构建的基础之上的，现代师范教育制度的确立，为民国乡村师范教育制度的变迁提供了结构框架，从根本上讲，民国乡村师范教育制度依然遵循着现代师范教育制度的基本框架，属于现代师范教育制度变迁的一部分。

第二章 历史的机缘：师范教育制度中国化的探索

近代以来，我国学人在思想文化领域表现出的鲜明的尊西崇新与唯新是尚，至 20 世纪二三十年代开始被一部分知识精英所注意并进行了反思。这种反思的范围很广，涉及政治、思想、文化和教育等领域，在中国思想文化界掀起了一股中国化的风潮。在教育领域中，中国化的转变在一定程度上也体现为"乡村化"。就师范教育而言，我国师范教育制度这一"迟到的婴儿"从诞生之日起所遵循的就是一条完全照搬和移植国外师范教育制度的路径，这一路径被一些学者称为"仪型他国"的制度构建过程。事实上，我们不难发现，从一开始模仿日本首次建立中国现代师范教育制度，到后来转而照搬和移植美国师范教育制度，这种"仪型他国"的特色一以贯之。在对国外师范教育制度进行单纯的、机械的照搬和移植的过程中，忽略与中国本土社会的契合，更忽视了中国作为一个传统的农业大国的乡土特质。这种完全借鉴而来的异域制度文明在中国的确立，并没有在根本上推动中国基础教育的发展，对广大的乡村地区来说带来的甚至是一种伤害。由此，西方现代师范教育制度在中国开始受挫，呼吁师范教育制度中国化和师范教育下乡的呼声日益高涨起来。师范教育中国化、师范教育下乡运动与实践活动，为后来乡村师范教育制度的构建，奠定了很好的思想和舆论基础。

一、从"尊西崇新"到"中国化"

近代以来，"尊西崇新"是一个显著的潮流，学习西方，奉行西方的价值标准，构成了中国思想界的一个主要特征。庄泽宣认为，"中国在国际势力的宰割之余根本自己就丧失了罗盘针，东风吹则西倒，西风吹则东倒，没有一个确定的方向"。^① 自鸦片战争之后，西方文明不断冲击着古老的传统文明。中国自海禁大开以后，与西洋文明接触日多，但不幸的是军事外交屡次失败。甲午战败之后，又遭遇制度、思想方面的双重落后。至此，国人的自信力已降至最低点，在西洋的"舶来品"面前逐渐迷失了，认为西方的一切，或枪炮，或制度，或文化，或习俗都是好的，而中国货物学识却不能与西洋相比。^② 到了 20 世纪 30 年代，一部分知识人开始对此有所反思，这种反思的范围很广，涉及政治、思想、文化和教育等领域，在中国思想文化界掀起了一股中国化的风潮。

（一）思想界的流向——本位文化的建设

20 世纪二三十年代，在思想文化领域掀起了一场"中国化"的浪潮，从根本上讲，是中国在思想界对近代以来针对文化领域严重的外国化倾向的一次深刻反思。直到鸦片战争的爆发，中国的传统文化才发生了质的改变。西方列强用坚船利炮裹挟着文化，迫使中国步入近代社会，拥有辉煌历史的古老文化的根基动摇了，国人从天朝上国的睡梦中被唤醒。之后，中国先后经历了曾国藩等人推动的"技艺的模仿"层面的"洋务运动"，康、梁主持的"制度的模仿"层面的"维新运动"，后来又发生了以解放思想束缚为中心的五四新文化运动。经过这些不同阶段的思想领域的震荡，中国人的思想为之一变。当然，在这一历程当中，中国人对西方的模仿经历了器物、技术层面向制度、思想、文化层面的转变，对西方文化的模仿程度逐渐加深。

然而，这种模仿的结果却让人失望，"中国屡次的自救，都没有大的成功"。^③ 国人也对此进行过深思，他们深切地感受到，近代以来的数十年，中国对于西方现代教育制度的借鉴和移植已经达到了一定程度，"何以他国行之而致富强，在我国则罕有成效"？^④ 其中的一些人对此的反思更加具体，如释太虚认为这种结局与国人面对西洋文化的"择焉不精"有很大关联。^⑤ 更有一些人将这种结局形象地归结为文化世界中"没有了中国"。比如学者雷伯豪就认为："中国文化在中国社会之消失，诚哉，其为不可掩蔽之事实与现象。"^⑥

---

① 庄心在. 中国本位的文化建设宣言的回响 [N]. 南京中央日报，1935－01－17.
② 庄泽宣. 如何使新教育中国化 [M]. 北京：中华书局，1938：30.
③ 陶希圣. 对于《中国本位文化建设宣言》的补充说明 [J]. 教育短波，1935 (27)：4－5.
④ 张世禄. 建设文化之根本问题 [N]. 北平晨报，1935－04－09 (8).
⑤ 释太虚. 怎样建设现代中国的文化 [J]. 文化建设（第 1 卷），1935 (9)：27.
⑥ 雷伯豪. 中国本位的文化建设的基础何在 [J]. 开封教育平话（第 1 卷），1935 (5)：7.

因此，我们不可否认，提倡建设本位的文化，既是知识人对近代中国历史反思的结果，也是中国在思想界发生转变的重要体现。所谓"本位文化"的建设，实际上就是一种创造，这种创造的目的就是使中国在思想、文化领域逐渐找到能够与其他国家并驾齐驱的"本位文化"，可以对世界的文化发展有所贡献。[①]

（二）教育界的转变——新教育中国化

近代以来，国人在思想和制度方面一味追随西方的弊病，于20世纪二三十年代开始被一些知识分子所逐渐意识到并开始有了反思，进而转向关注中国自身的实际和需要，开始提倡新教育的中国化。"一时间，'中国化'成为流行语，强调外来之说应用于实际蔚为潮流。"[②] 那么，到底何为教育"中国化"？时人也曾提出了各种主张。

1924年，最早提出了教育"中国化"的当属舒新城。在分析美国道尔顿制的时候，舒新城提出要切实根据中国之国情，寻求合适的教育方法，促使新教育"中国化"。之后，庄泽宣将新教育"中国化"提升至系统的理论高度。庄泽宣在《如何使新教育中国化》一文中，首次系统地提出了新教育"中国化"需要的条件，这些条件包括适合于中国的经济发展水平和社会发展状况，既要能发挥中国民族的优点，又要能克服国人的民族劣根性。在此基础上，庄泽宣进而又提出了新教育"中国化"的路径，具体包括四条路径：一是从各国新实验中寻找；二是从专家的学术研究当中寻找；三是从本国实践当中寻找；四是从本国需要当中寻找。

1. 对新教育的批判

鸦片战争之后，古老的中国屡屡遭受列强的欺凌，华夏的声威早已不再，中华民族在寻求自强的道路上苦苦寻觅。而与中国一衣带水的近邻日本，却因明治维新而强大，日本的强国之路给刚刚迈入近代社会门槛的中国提供了一种可资借鉴的蓝本，于是在忽略自身基本国情的情况下，一味盲目地对西方教育制度进行全盘照搬和移植。1903年，在张之洞、荣庆、张百熙等人的主持下，清政府颁布了近代中国第一个学制，即《癸卯学制》，由此新教育制度正式建立。从此，中国教育开始了对日本教育制度的学习和效法。这种学习和效法一直持续到1922年，1922年之后，社会各界对于现代

---

① 胡适. 试评所谓"中国本位的文化建设"[J]. 独立评论，1935（135）.

② 张太原. "没有了中国"：20世纪30年代中国思想界的反思 [J]. 近代史研究，2011（3）：104-122，161.

化以来照搬和移植日本教育制度的危害有所认识，并有所反思。而随着学习美国浪潮的到来，美国教育制度又成为新的借鉴对象。1922 年，仿照美国教育制度而设计的《壬戌学制》由北洋政府颁行。

然而，对于一个个外来的新教育制度的接受并使之能够适应中国社会变化的需要、资源和期望的问题，一直在困扰着教育改革者。因为新教育制度的确立并不是建立在中国教育发展的自然逻辑之上的，这种对于外国教育制度的盲目照搬和移植，是对中国实际国情的严重忽视。因此，自模仿外国建立新教育制度以来，对其持批判态度的声音也不绝于耳。早在1913 年，黄炎培就发表了《实利主义与教育》一文，其中严厉批判了晚清以来所实施的新教育当中所存在的学校教育严重脱离社会生活实际的弊端。1919 年姜琦发表《何谓新教育》，对中国的新教育予以批判。他认为，所谓的新教育，种类繁多，可谓"纷纭逞说，各有优异。如临百戏斗巧之场，如入万花争妍之圃，前瞻后盼，耳目眩瞀，诚令人昏迷颠倒，莫知所始从也"。[①]

到了 20 世纪 30 年代，教育领域已经普遍存在一种对于教育现状不满意的情绪。"现行学制被指摘，教育研究被揶揄，蔚然成为一时风尚！"[②] 甚至到了一种"中国教育的现状，谁都不能满意"[③] 的状况。可见，在当时国人的心目中，中国教育已濒临崩溃的边缘。

对现实教育的强烈不满，促使国人开始对近代以来引自西方的现代教育制度产生了怀疑。比如傅斯年就曾经指出：自晚清末年产生之日起，中国的新式学堂教育便未曾上过轨道，且有愈演愈烈之势。[④] 20 世纪 30 年代，徐中玉曾经认为，过往三十年的中国，在教育领域始终都是在照搬别人的东西，包括一切制度和精神，而且模仿对象也在不停地转换。他认为如果不能将中国的国情融入借鉴的制度、精神当中，对于一种制度、精神的模仿又不能持之以恒，其结果便是："三十多年的时间，在别国已经规模毕具，而在我国则并无多大的进步。"[⑤] 而对于近代以来中国盲目照搬和移植国外教育制度的做法，范云龙在当时的《中华教育界》中撰文指出，中国的新式教育从始至终就是一种盲目的抄袭，他认为中国教育的失败与危机之处均在于

---

① 姜琦. 何谓新教育 [J]. 新教育，1919（4）：358.
② 常导之. 现行学制需要改善的几点 [J]. 中华教育界（第 22 卷），1934（9）：25.
③ 范云龙. 今日研究教育者应有的觉悟与认识 [J]. 中华教育界（第 19 卷），1931（2）：4.
④ 傅斯年. 教育崩溃之原因 [J]. 独立评论，1932（9）：2.
⑤ 徐中玉. 中国的师范教育 [J]. 文化建设月刊（第 3 卷）. 1937（8）.

此，他说：

> "因抄袭而空虚，因空虚而敷衍，因敷衍而抄袭，辗转相循，因果迭生，其病日笃，其治无望。中华民族现在的痛苦，这种教育，实为厉阶，中华民族将来的生命，这种教育，实促其亡！"[①]

陶行知也认为："我国兴学以来，最初仿效泰西，继而学日本，民国四年取法德国，近年特生美国热，都非健全的趋向。学来学去，总是三不像。"[②] 另外，传统教育已经"不合时宜"，陶行知就曾激烈地抨击传统教育，谓之曰"沿袭陈法""仪型他国""学校与社会隔离""生活与教育分家"。他说：

> "今之号称新人物者，辄以仪型外国制度为能事；而一般人士，见有能仪型外人者，亦辄谓新人物。"

> "中外情形有同者，有不同者。同者借镜，他山之石，固可攻玉。不同者而效焉，则适于外者未必适于中。试一观今日国中之教育，应有而无，应无而有者，比比皆是。此非仪型外国之过欤？"[③]

> "以前的教育，都是像拉东洋车一样。自各国回来的留学生，都把他们在外国学来的教育制度拉到中国来，不问适合国情与否，只以为这是文明国里的时髦物品，都装在东洋车里拉过来，再硬灌在天真烂漫的儿童的心坎里。这样，儿童们都给他弄得不死不活了，中国亦就给他做得奄奄一息了！"[④]

晏阳初认为，中国学习西方以来，试图以"新教育"代表中国传统"旧教育"凡数十年，非但不能实现富国强兵的目的，而且仍然处于任人宰割的贫弱地位，其原因就在于"误教"与"无教"。所谓"误教"，即中国现在所谓的"新教育"，并非来自自身教育的创新，而是从国外照搬和移植而来的，因此并不适合中国。所谓"无教"，即中国的"新教育"只及于少数城市人，多数农村人没能受教育。[⑤]

国人对"新教育"所持的普遍的否定态度，说明自晚清以来实施了三十余年的新教育制度，宣告破产。教育破产弥漫全国，成为"全国上下公认的

---

① 范云龙. 今日研究教育者应有的觉悟与认识 [J]. 中华教育界（第19卷），1931（2）：4.
② 陶行知. 我们对于新学制草案应持之态度 [J]. 教学管理与教育研究，2021（2）：4—5.
③ 刘一. 解读陶行知的《试验主义与新教育》[J]. 师陶学刊，2017（1）：37—39.
④ 陶行知. 晓庄试验乡村师范学校创校概况 [J]. 教学管理与教育研究，2019（20）：4—5.
⑤ 晏阳初. "误教"与"无教"[C] // 宋恩荣主编. 晏阳初全集. 长沙：湖南教育出版社，1989：465.

事实"。[①] 就连国民政府当局都对当时的教育进行了严厉的批评，"今日教育之流弊，视昔日之八股变本而加厉"。[②] 现代教育制度的实施为什么会遭遇到这种失败的命运，恐怕还是与其严重的外国化倾向不无关系。比如范云龙就将中国教育的失败归结为抄袭，他说："中国的新式教育'第一是抄袭，第二是抄袭，至今还是抄袭'。"[③] 对此，周予同也有着同样的看法。他认为，自近代以来的中国"新教育"之所以会面临失败的命运，根本原因就在于不顾国情而专事模仿。[④] 而更为重要的是，这种专事模仿的新教育导致了中国教育出现了城乡差别。新教育实施以来，城市逐渐成为新式学堂的集中之地，而广大的乡村社会则鲜有这种教育组织的存在。出现这种结果的原因就在于，专事模仿的中国与模仿对象之间存在国情上的巨大差别，仍然处于农业社会中的中国，在对欧美资本主义工业社会的教育制度进行借鉴和移植的过程中，在社会情形上与之有着巨大差异。

2. 新教育中国化的探索

既然"外国化"已经成为新式教育被国人屡屡诟病的话柄，那么，要想从根本上治愈这一弊病，"中国化"就成为必然的选择了。[⑤] 于是，20 世纪二三十年代，在中国大地上掀起了一场轰轰烈烈的教育本土化运动，即"新教育中国化"运动，这不仅是对近代以来中国在教育制度上照搬、移植外国教育的一次深刻反思，更是一种必然的要求。

学者仲九于 1920 年发表了《教育改造的方法》，其在文中痛批中国教育的发展不应该依赖于对外国的模仿。他认为，国人对外国教育制度的专事模仿是不应该的，中国人自古便有着丰富的创造力，因此，并不需要凡事都要依靠模仿外国来完成。1922 年，舒新城在《教育杂志》上发表了《什么是道尔顿制》一文。他在文中指出，我们在面对外国教育制度时，只能抱以参考的态度，千万不能将其看作"放之四海而皆准"的真理。由此，舒新城提出，中国的新教育不能将精力主要放在对国外教育制度的照搬之上，而应该立足于自身国情并将其作为教育变革的重要参考。1924 年，陈启天发表了《本志的新希望》一文。他在文中对于新式教育专事模仿的做法进行了批评，

---

① 古楳. 现代中国及其教育 [M]. 北京：中华书局，1936：430.
② 国民党四届六次中央全会通过的教育改革案 [G] // 中国第二历史档案馆编. 中华民国史档案资料汇编. 南京：江苏古籍出版社，1994：1060.
③ 范云龙. 今日研究教育者应有的觉悟与认识 [J]. 中华教育界（第 19 卷），1931 (2)：8–9.
④ 周予同. 中国现代教育史 [M]. 上海：上海良友图书印刷有限公司，1934：2–3.
⑤ 庄泽宣. 我的教育思想 [M]. 上海：中华书局，1934：348.

他感慨地认为，一个国家应该具有独立创造的能力与精神，一个国家要想发展教育事业，决不能依靠盲目地抄袭和模仿国外教育制度来完成。[①] 因此，他希望中国教育的发展应该充分考虑自身的基本国情和实际状况，在这个基础上寻求制度的创新与发展。

以上几位知识分子虽然对中国教育模仿外国的做法给予了批判，但并没有明确提出"新教育中国化"的概念。在提出"新教育中国化"之前，学者李璜曾在1925年发表的文章《本国化的教育与外国化的教育》一文中提出了"新教育本国化"，实际上已经等同于"新教育中国化"的概念了。最早明确提出"新教育中国化"思想的当属庄泽宣了，他于1927年发表了《如何使新教育中国化》一文，在对"新教育中国化"进行理论阐释的同时，也提出了"新教育中国化"的具体办法。他指出，中国的新式教育是通过向西洋借鉴和移植而来的，并非中国所固有的，这不可避免地造成其与中国的国情与需要的不相适应。鉴于此，庄泽宣提出了"新教育中国化"，并提出了具体的措施。他认为，要实现新教育的中国化，必须做到四点：一是要适应中国的经济发展水平；二是要适应中国的社会发展状况；三是要能够体现中国传统文化的优点；四是要能改造中国人的劣根性。[②]

庄泽宣之外，对于"新教育中国化"思想也有详尽论述的教育家还有古楳，他在1932年完成的著作《现代中国及其教育》中，详细分析了当时中国教育的整体状况。他指出，如果在当时整个中国社会的大背景下去审视新教育的话，明显地存在着这样的问题，即新教育与中国社会经济状况之间的不相适应。并且，古楳对此也提出了解决之道。具体包括以下两个方面：首先，要"知彼"，古楳认为这是"新教育中国化"的前提，所谓"知彼"，就是要明了新教育之所以要中国化的根本原因何在。在古楳看来，新教育不合于中国实际具体表现在四个方面：一是新教育作为资本主义工商业社会的产物，带有明显的"资产化、营业化、闲暇化和机械化"[③]，这并非中国所需

---

① 陈启天. 本志的新希望 [J]. 中华教育界（第14卷），1924（1）：1.
② 庄泽宣. 如何使新教育中国化 [M]. 上海：民智书店，1929：23.
③ 所谓资产化，就是教育权要跟着所有权走，教育沦为资产阶级的专利，无产阶级是无法享受这种教育的。所谓营业化，具体表现在三个方面：一是学校工厂化；二是学校商店化；三是毕业生商品化。新教育的闲暇化是指教育为有闲阶级所独占，而普通农工子弟既没有时间、精力，也没有金钱享受此种教育。所谓新教育的机械化是指这种教育采用一样的办法和班级授课制的方式，往往在单位时间之内培养出最大学生量，却忽视了学生的个性差异。

要的；二是新教育与中国的经济背景是不相适应的；[①] 三是新教育不适合中国的社会背景；[②] 四是新教育不适合中国的政治背景。[③] 其次，是"知己"，古楳将其视为"新教育中国化"的关键。古楳认为，要想对新教育进行改革，首要问题便是深刻了解中国社会的实际状况。

在仲九、庄泽宣、古楳等教育家在思想层面对"新教育中国化"问题进行探讨的同时，还有一些教育家将"新教育中国化"付诸实践。其中以晏阳初、陶行知、黄炎培、梁漱溟、雷沛鸿等人为代表。在当时那种特殊的历史语境中，这些教育家们普遍认为，作为一个传统的农业国家，在考虑"新教育中国化"的问题时，必须充分考虑到乡土中国的特质。事实上，近代以来，新教育制度确立之后，这种来自异域的制度文明并没有和乡土中国达成某种程度上的契合，反而是二者之间存在着一以贯之的冲突。因此，鉴于中国乡土社会的这种国情，这些教育家都不约而同地认为"新教育中国化"应该被理解为"新教育乡村化"，在这样一种思想的指导下，他们深入中国广大的乡村，进行了卓有成效的新教育乡村化的教育实践，掀起了一场声势浩大的乡村教育运动。

（三）"新教育中国化"的理想场所——"到乡村去"

在对待"新教育中国化"的问题上，当时的教育改革者形成了不同的主张，但总体看来，农业和乡村教育似乎更为人所重视。因此，在当时"新教育中国化"的语境中，"到乡村去"已经成为主流。在当时诸多学者眼中，占有绝大多数的中国农村，更应该受到政府的重视，这样才能促进中国教育的发达。[④] 比如徐炳昶就认为，现行教育制度与中国的固有国情完全不相适应，作为传统的农业大国，基于农村地域的宽广性，"应该创造出来一种农村的教育……把学校移在乡野，另外地组织起来，与农夫的生活打成一

---

① 20世纪二三十年代的中国，农业濒临破产的边缘，农村自然灾害导致农民举步维艰，同时国民的经济能力普遍有限，新教育的资本化、商业化的特性决定了接受这种教育的费用往往是不菲的，这导致国民无法供给子女就学的费用。

② 古楳认为，新教育中"无论教育制度与社会组织，教育本质与社会理想，教育功用与社会生活，教育实际与社会历史，均可看出西洋式的教育不适合中国的社会背景"，（参见古楳. 现代中国及其教育·上册 [M]. 上海：中华书局，1936：464.）其原因就在于，新教育产生于"重组织、重系统、重整齐划一"的机械式社会，而中国社会却并非这样，中国社会是"为家族制度与乡土观念所构成"的不机械的社会。

③ 新教育中所体现出的教育经费保障问题、教育机会均等问题，在中国的政治背景下往往会沦为一纸空文，政府也无力执行。

④ 林晓庄. 中国教育发展的趋势与其改革的原则 [J]. 北平周报，1934（85）：6—7.

片".① 但是，这些教育改革者关于乡村教育的主张却是多种多样的。能够说明这一时期乡村教育主义纷呈、学派林立的最好例证，便是当时各具特色的乡村教育实验。据统计，1931 年，全国乡村教育实验区多达 193 处，实验派别林立，② 遍及全国各地。当时主持教育改革的知识分子，纷纷将目光集中在中国广大的乡村社会中，根本上也是与对当时中国"农村破产"的普遍认知密切相关的。

那么，以传统农业大国自居的中国，乡村又何以濒临破产的边缘？这与科举制度的废除息息相关。在中国古代社会中，科举制作为一项集文化、教育、政治、经济等多方面功能于一体的基本制度，"上系官方之政教，下系士人之耕读"，③ 发挥着至关重要的作用。1905 年，在中国运行了千年之久的科举制度被清廷废除，成为当时中国社会的一件莫大举动，"此事乃吾国数千年中莫大之举动，言其重要，直无异于古者之废封建、开阡陌"。④ 直接推动科举制度废除的张之洞、袁世凯等人将近代以来中国在对外竞争中的失败归结为教育的不当。他们据此认为，若科举不停，则学校不广，故士心不坚，民智不开，难以进化日新。欲补救时艰，必先停科举以推广学校。⑤

科举制的废除，对中国产生了广泛的社会影响。科举制"关系于社会者至深。社会行科举之法千有余年，其他之事，无不与科举相连。今一日举而废之，则社会必有大不便之缘"。⑥ 其中首当其冲者便是对于乡村社会的影响。科举制的废除，使中国城乡社会渐进分离。在传统中国社会中，士人以耕读为传统，多数人是在乡间读书，继而到城市为官。旧制即使读书做官，或候缺或丁忧或告老，读书人多半是要回乡的。⑦

然而，科举制被废除后，以新式学堂为代表的西方现代教育制度逐渐嵌入乡村社会，导致了代表西方现代工业文明的新教育组织形式与传统中国的

---

① 徐炳昶. 教育罪言（六）（续）[J]. 独立评论，1933（38）：5.

② 其中比较著名的有：黄炎培主持的农村职业教育改造实验、陶行知主持的晓庄乡村师范教育、晏阳初主持的定县平民教育实验、梁漱溟主持的邹平乡村建设、雷沛鸿主持的国民教育实验、俞庆棠主持的民众教育实验等。

③ 罗志田. 科举制废除在乡村中的社会后果 [J]. 中国社会科学，2006（1）：191－204，209.

④ 严复. 论教育与国家之关系（1906）[C] // 王栻主编. 严复集. 北京：中华书局（第一册），1986：166.

⑤ 梁启超. 变法通议·论科举 [C] // 饮冰室合集. 文集之一. 北京：中华书局，1989：24.

⑥ 杨琥. 论废科举后补救之法 [N]. 中外日报，1905－08－12.

⑦ 罗志田. 科举制废除在乡村中的社会后果 [J]. 中国社会科学，2006（1）：191－204，209.

"乡土社会"特质格格不入，两者之间激烈的碰撞导致了人们日常生活的断裂。新式学堂向乡村社会的嵌入，代表的是西方工业文明的价值观念，这种价值观念体现的是与乡土社会的疏离，所灌输的内容也大多代表现代城市文明与人文知识，对于乡土知识的灌输则很少涉及。以教育内容的城市化为主要标志的教育现代化进程，不可避免地促使耕与读、士与农之间的断裂，乡村精英离乡问题便是基于此而出现的。乡村精英的离乡，对于乡村社会而言无疑是一种伤害。乡村社会由此失去了稳定和调节的力量，逐渐形成了权力的真空，乡村的衰败不可避免。当然，乡村精英的离乡，也为新的力量进入乡村创造了条件。

（四）新教育中国化的归宿——乡村教育运动

历史的发展，具有弹性及复杂性，唯一绝对的决定历史的因素绝不存在，往往是多种因素同时存在的。正因为如此，对于历史事件的解读，也应该是多维度的。乡村教育思潮、运动的发轫受多重因素的影响，乡村教育运动便是多重因素综合作用下所催生出的教育果实。

第一，民国初年多股政治势力交错、政局动荡，统治者醉心于权力的争夺，无暇顾及教育。乡村教育尤是如此，实际上是处于一种无政府和多元化的状态。这为新的教育思想和力量嵌入乡村提供了广阔的历史空间。

第二，民国时期，相对于城市工商业的迅速发展，农村发展严重滞后。"复兴农村""改进农村""建设农村"的呼声越来越高。一大批知识精英将注意力集中在了中国的广大乡村社会上，他们深入乡村，从事各种乡村社会改造试验，从而掀起了一场轰轰烈烈的乡村教育运动。"救济农村""复兴农村""建设农村"的口号应时而生，在这种情况下，一部分知识领袖和教育团体，通过乡村教育和乡村建设的手段，以求达到解救农村的目的。

第三，中国自近代化以来，城乡差距逐渐拉大，乡村社会日益边缘化，现代化的一个重要后果便是其所产生的城乡差距，从很大程度上讲，现代化可由城市的成长来衡量，城市不仅成为新兴阶层的集中地，也成为新型文化的中心。[①] 因此，现代化也可以被解释为城市化。这导致了城乡教育出现了明显的差距，中国乡村普遍存在一种缺学少教的现状。根据张济洲对 20 世纪一二十年代山东汶上县初等教育的考察，高级小学主要集中在繁华的县城和城镇，师资水平相对较高；在乡村学校仍然是不论学生的年龄和水平，只

---

① 塞缪尔·P. 亨廷顿. 变动社会的政治秩序 [M]. 张岱云，等，译. 上海：上海译文出版社，1989：78.

有一位教师在同一间教室里给所有的学生上课。而高等小学通常被划分了年级且有多位教师上课。①

第四，自兴学以来，新学教育与乡村社会的不相融合，冲突激烈，这凸显了乡村教育本土实践的必要性。"新式教育对于乡村教育不仅无所开益，而且转促其枯落破坏，于是始有乡村教育之提倡。乡村教育运动的实质是当时的"知识分子的乡村改良主义运动"，②因此，乡村教育运动是一般知识分子所寻求的"第三条道路"。比如孙冶方就认为，由于兴学以来中国教育步入歧途，忽视了在中国占绝大多数的广大乡村社会。直到20世纪20年代，才有学者对此有所反思，于是才有了后来乡村教育运动的勃兴。③

第五，第一次世界大战结束后，世界各国都进入了教育领域的重大变革时期，对于教育制度和教育方法上的革新，成为他们追寻的主要目标。而在此一时期，美国、丹麦、墨西哥等国家在乡村教育领域获得了快速进步，很快成为世界各国竞相学习和借鉴的对象，对我国乡村教育也产生了重大影响。

五四新文化运动之后，一部分学者从这些国家发展乡村教育的实践中获得了启示，特别是一些比较落后的国家如丹麦等国家的乡村教育实践为我国乡村教育的发展提供了重要借鉴，他们开始提倡乡村教育。如雷沛鸿对丹麦教育的标榜，他对丹麦的庶民高等学校深有感触。这种学校规避了运用传统的入学和毕业考试来甄别和培养学生的做法，而是增加了学生的社会实践内容。其学生大多来自田间、商场和工肆，毕业后依然回归到这些地方去。毕业后的学生成为丹麦各地的实验农校的创办者和教师、农村合作制度的组织者和经营者，成为"田夫的平民政治"的中坚分子以及农村文化的工作者。雷沛鸿在其中看到了中国教育应走的路，遂大力弘扬。除了雷沛鸿之外，孟宪承、梁漱溟、俞庆棠等学者也对丹麦教育"不胜景仰"，均撰文予以宣传。比如，梁漱溟就认为丹麦的民众高等学校，"真是就已闻名不胜景仰的"。④俞庆棠把丹麦的这种乡村教育实践唤作"全球表率"，⑤从中得到了充分的启发，希望中国也能像丹麦一样，通过乡村教育实践来达到"农村复兴造成民

---

① 张济洲. 文化视野中的村落——学校与国家——一个县教育变迁的历史人类学考察（1904—2006）[D]. 上海：华东师范大学，2007：54.

② 孙冶方. 为什么要批判乡村改良主义工作 [J]. 中国农村（第2卷），1936（5）.

③ 董宝良，周洪宇. 中国近现代教育思潮与流派 [M]. 北京：人民教育出版社，1997：459—460.

④ 马秋帆. 梁漱溟教育论著选 [C]. 北京：人民教育出版社，1994：56.

⑤ 茅仲英，唐孝纯编. 俞庆棠教育论著选 [C]. 北京：人民教育出版社，1992：15.

族繁荣和强盛"^① 的目的。

第六，中西文化的碰撞与交融。五四新文化运动前后，包括罗素、杜威、克伯屈、克伯赫斯特、孟禄、推士、麦考尔在内的一批外国著名学者相继来华讲学，也在很大程度上诱发了乡村教育思潮及运动。他们带来了当时世界上最新的教育制度、教育观念、教育理论、教育内容以及教育方法。在五四新文化运动的激荡下，东西文化的遭遇，不可避免地发生了激烈的碰撞。西方多种思想纷至沓来，给中国的思想界、教育界带来了极大的冲击。乡村教育思潮便是在这种东西文化间的碰撞中应运而生的。新文化运动带来的直接后果就是给中国思想领域带来了"新文化"的输入，激发了一部分中国人将视野集中于中国实际问题的解决上。中国社会以农村社会为主，中国自古便是农业大国，要想解决中国实际问题，就无法回避农村问题。

于是，20世纪二三十年代，面对农业破产危机的日益加剧、农民生活水平的日益恶化和农村经济的日益凋敝。加之这一时期，军阀之间的混战，导致政府的频繁更迭，在这种环境下，政府"何暇专门顾及教育"？^② 而乡村教育更是处于无人问津的尴尬境遇中。然而，乡村教育的这种无政府状态也为新的力量在乡村的动员提供了客观条件。于是，一大批知识分子将目光投向广大的乡村社会，试图以此为起点来解决中国的社会问题。他们以各自的教育思想和理论为指导，深入乡村社会，开展乡村教育实验，并借此达到乡村社会改造的目的，由此掀起了一场声势浩大的乡村教育运动。

从实施主体来看，乡村教育运动是由教育家、社会团体、大专院校发起并组织实施的。这批知识分子的骨干力量是五四新文化运动前后回国的留学欧美及东洋（日本）的留学生。如胡适、陶行知、陈鹤琴、晏阳初留学美国；俞庆棠、王拱璧留学日本；雷沛鸿留学丹麦；赵叔愚、傅宝琛二人在美专习乡村教育并获得硕士、博士学位等。这些知识分子致力于欧美及东洋乡村教育理论的介绍，催生了中国乡村教育思潮的萌发，给陈旧、迂腐、落后的中国教育带来了弥足珍贵的平民意识、现代意识以及普及思想。他们倡导教育平民化，反对教育贵族化；强调以改造农村生活为出发点和归宿，主张进行政治、经济、教育、文化的综合改革，以此推动中国农村社会的现代化进程。1931年，全国已有不同名目和旨趣的乡村教育实验区多达193处，其中以晏阳初、黄炎培、陶行知、梁漱溟等人所进行的乡村教育实验为代表。

---

① 茅仲英，唐孝纯编.俞庆棠教育论著选［C］.北京：人民教育出版社，1992：178.
② 栗洪武.西学东渐与中国近代教育思潮［M］.北京：高等教育出版社，2002：232.

最早的乡村教育实践者当属王拱璧，其于 1920 年开始实施"农教合一"的新村教育实验。此后，平民教育家晏阳初在 1922 年先后在长沙、烟台和嘉兴等地进行了城市平民教育实验。在推行平民教育实验的过程中，晏阳初逐渐开始意识到中国以农立国的国情，于 1924 年始倡乡村平民教育并由此展开乡村平民教育实验。1926 年，晏阳初将河北定县作为其乡村平民教育的试验区，开始了乡村平民教育的实践探索，直到 1937 年 9 月定县沦陷，试验工作才被迫停止。其他的实验还有：黄炎培于 1925 年实施的"富教合一"方针，把职业教育引入乡村；1926 年，陶行知创办晓庄师范学校；1928 年，俞庆棠、雷沛鸿在江苏创办民众教育实验区；1929 年和 1933 年，梁漱溟分别在河南和山东进行乡村教育实验。

（五）"新教育中国化"的理路——回归传统

揆诸史实，我们不难发现，在 20 世纪二三十年代，一大批中国知识分子顺着教育中国化的思路，产生了一种怀念和回归传统的心态，这种心态的形成推动了后来颇具声势的读经思潮和运动。当时的很多党政要人都极力提倡读经，如陈济棠于 1933 年在两广地区下令各校恢复读经讲经，[①] 国民政府于 1934 年在全国开始推行"新生活运动"。除了党政要人激励提倡读经之外，还有一些鸿儒硕学也加入其中，如唐文治、钱基博、章太炎、梁漱溟、古直、王节、顾实、陈平原等。读经思潮和运动的日益盛行，促使国内很快掀起了一场国学热。其时，几乎所有的大学设立了国学的相关研究机构。其中有一个"佼佼者"，那就是于 1920 年创办的无锡国学专修学校，这所学校影响力很大，后被国联教育考察团誉为"纯粹中国文化的学校""研究国学之最高学府"。[②]

我们不难发现，国民政府对于教育中国化的推动表现得相当积极，国民党试图借中国化来推行党化教育。事实上，在国民党执政之后，在教育领域所做的立足于中国自身需求的尝试和努力，一直都是党化教育的主要内容和特征。而纵观整个民国时期，我们不难发现，自民国成立以来，强调教育"本土化"一直是党化教育者与自由教育者争夺教育权利的重要砝码。[③] 而国民政府所倡导的"党化教育"，在李驹光的眼中，是"最适合中国国情的"。[④] 正如欧元怀认为，从中国新教育的发展趋势看，经历了由日本化到美国化再

---

① 天贶. 文化论战中的广州 [J]. 华年（第 3 卷），1934（12）：233.

② 陈平原. 中国大学十讲 [M]. 上海：复旦大学出版社，2002：92—93.

③ 张太原. 20 世纪 30 年代的文实之争 [J]. 近代史研究，2005（6）：163—196.

④ 李驹光. 党化教育原理 [J]. 大夏周刊，1927（47）：6.

到三民主义化的过程，而三民主义化就是中国化。① 在党化教育方针指导之下，国民政府出台了很多颇具中国特色的教育政策，如国民党四届三中全会中关于教育的决议案中，要求"各大学及学院之课程应注重本国教材"；②教育部则"拟具改进办法，系以民族意识为中心纠正万国化的个人发展"。③

二、不可抑制的潮流——师范教育下乡运动

近代以来，为了挽救国家危机、民族危亡，民族主义空前激发，以爱国主义为其出发点和归宿的教育救国论的骤起，掀起了巨大的社会波澜，我国师范教育制度便伴随着应付国难而产生。中国师范教育从一开始便建立在对国外师范教育制度及理念的借鉴的基础上，其制度的变迁过程充满"仪型他国"的特色。然而，对于国外师范教育制度的过度依赖，使现代师范教育制度这种异质文明与中国实际需要相去甚远。学者田正平等认为，任何源自外部移植的新的教育成果，如果脱离了千千万万人民大众的现实生活，没有从根本上落实到社会具体的教育制度安排中，便不可能找到现实的社会生长点，只能沦为少部分人所拥有的时髦品。④ 在对国外师范教育制度进行单纯的、机械的照搬和移植的过程中，忽略了与中国本土社会的契合，更忽视了中国作为一个传统农业大国的乡土特质。这种完全借鉴而来的异域制度文明在中国的确立，并没有在根本上推动基础教育的发展，对广大的乡村来说带来的甚至是一种伤害。有鉴于此，一部分知识精英开始提倡构建符合中国自身国情的师范教育制度，呼吁师范教育下乡的道路。

（一）"仪型他国"师范教育制度的流弊

虽然中国自古便不乏尊师重道的传统，但是，纵观中国漫长的历史长河，始终找不到作为一种专门培养师资的教育方式或机构的存在，中国真正建立这种教育制度或者机构是近代之后发生的。日本在 1868 年明治维新之后，开启了学习和借鉴西方教育制度的历史，在本国设置了专门的师资训练机关，即"师范学校"。后来，我国学者黄遵宪于 19 世纪 70 年代在其所著

---

① 欧元怀. 中国高等教育之过去与现在 [J]. 上海教育，1930（16）：19.

② 中国国民党四届三中全会重要议决案. 关于教育之决议案 [G] //中华民国史档案资料汇编（第 5 辑第 1 编）. 南京：江苏古籍出版社，1991：402.

③ 李静澄. 全国教育的新动向 [J]. 民众教育季刊（第 1 卷），1932（2）：3.

④ 田正平，李江源. 教育制度变迁与中国教育现代化进程 [J]. 华东师范大学学报（教育科学版），2002（2）：39—51.

的《日本杂事诗广注》中，将"师范学校"这一新鲜事物介绍至中国，这种教育机构才逐渐被国人所熟知。黄遵宪之后，王之春于 1882 年出版的《蠡测危言》以及郑观应于 1892 年出版的《盛世危言》中，分别对外国师范学校进行了介绍。但是，这一时期，国人对于师范教育的认知依然比较模糊。师范教育真正被熟知和理解，则要追溯到清末新政之后。

1895 年，清政府在甲午海战中的失败，使中国面临"千年未有之变局"。有鉴于此，很多有识之士开始了对这场失败的反思。在甲午战争爆发之前，绝大多数国人将日本视为"撮尔小国"。然而，甲午战争的失败对当时的国人是一种强烈的震撼，使国人逐渐开始意识到日本因学习欧美的明治维新而致富国强兵，中国要想御侮图存，也应该步日本之后尘，学习和借鉴西方。同时，国人意识到，鉴于中日两国在基本国情上存在颇多相似之处，而且西方现代教育制度经由日本的学习、借鉴和改造之后，已经与本国国情发生了相互的融合，可以使中国更加便利地学习和借鉴。这种反思的结果在很大程度上渗透到晚清政府后来的教育改革当中，并在很大程度上催生了师范教育制度在中国的确立。1904 年，清政府仿日本教育制度设计并颁行了《癸卯学制》，这成为现代教育制度在中国确立的重要标志。在这个学制当中，师范教育也被纳入其中，因此，也标志着现代师范教育制度在中国的确立。

1912 年，南京临时政府建立，在师范教育制度的构建上依然沿袭清末，并没有大的改动，只是将清末的初级师范学堂改为师范学校、优级师范学堂改为高等师范学校，在修业年限、设学目的等方面与清末相比没有变化。[①]但是，在南京临时政府教育部于 1912 年颁布的《师范教育令》当中，师范学校由原来的州立改为省立，高等师范学校由原来的省立改为国立。[②] 教育部又于 1913 年开始实施"师范区制"，将全国划分为 6 大师范区，分别为直隶、东三省、湖北、四川、广东、江苏，每个师范区管辖数省地区，每区设立一所高等师范学校。从设置标准和设学目的上看，民初的师范教育制度依然体现着浓厚的模仿日本学制的色彩。

20 世纪 20 年代前后，美国实用主义教育思想开始风靡中国，美国师范教育理念也随之被引入中国，对于师范教育进行改革的呼声日盛。当时的舆论界对于晚清以来的师范教育存在着独立与合并的争论，而且争论愈演愈

---

① 琚鑫奎，等. 中国近代教育史资料汇编（师范教育）［G］. 上海：上海教育出版社，1994：1050.

② 宋恩荣，等. 中华民国教育法规选编［M］. 南京：江苏教育出版社，1990：436.

烈。主张师范教育应该独立设置的学者有常乃德、经亨颐、于大同、李建勋等人。而蔡元培、姚学修、陈独秀、顾树森、廖冰筠等人则主张将师范教育与普通教育进行合并。从根本上讲，师范教育的合并与独立之争是一场关于师范教育专业性问题的维持与怀疑的争论。这种争论的结果在 1922 年《壬戌学制》中得到了体现，经过了"辩论最久，又激烈"[①] 的讨论，合并派终于占得上风。

由此，清末民初以来以日本为模板建立的师范教育制度彻底解体。新学制中关于师范教育的改革，可以总结为"师中合并"和"高师改大"。前者是指将师范学校与普通中学进行合并重新组成综合中学，这带有明显的美国教育制度的影子。实际上，这也是新学制的一个突出特点，即在中学制度方面仿美国学制建立综合中学，这样做的目的，是能够兼顾升学和就业的双重需求。[②] 在综合中学中设立师范科，既可以满足当时小学教师的需求，也可以增强中学生的就业谋生能力，一举两得，用意甚好。

由于新学制对于美国学校制度的模仿，在制定过程中，遵循着一个基本的原则，即"多留各地方伸缩余地"，结果导致了新学制对于师范教育的规定强制性不足而灵活性有余，将"师中合并"的后果便是导致了师范教育专业标准和独立地位的丧失。所谓"高师改大"，是指将民初的高等师范学校改为综合性大学。在这种思想的指导下，除北京高等师范学校改为北京师范大学以及北京女子高等师范学校改为北京女子师范大学之外，其他所有高等师范学校均并入或改为综合性大学。可见，高等师范教育的地位也出现严重下降，成为综合大学的附庸，丧失了其独立性和专业性。

晚清以降，我国师范教育由最初师法日本师范教育制度而后又转而学习和借鉴美国师范教育制度，虽然在短短几十年的时间内便迅速构建了我国现代师范教育制度，经历了从无到有、从小到大、从少到多的伟大历程。但是，我国师范教育制度在这种"仪型他国"的过程中，却伴随着种种不尽如人意的地方。对于日本师范教育制度的完全借鉴走向了僵化，而对于美国师范教育制度的借鉴却出现了混乱。很多有识之士逐渐意识到单纯地照搬和移植国外教育制度的局限性，转而开始探索适合中国实际情况的师范教育制度，即开始了师范教育中国化的探索。

20 世纪 30 年代，针对新教育中国化的问题，一些有识之士提出了不同

---

① 胡适. 胡适日记 [M]. 北京：中华书局，1985：487.

② 李剑萍. 中国近代师范教育的中国化历程 [J]. 高等师范教育研究，1998 (2)：1—9.

的主张。如1932年，时任江苏省教育学院院长的高践四针对师范教育的办理作了这样的阐释：

> "三十余年前，吾国所以废科举与八股而兴学校，目的在救中国之危亡。当时鉴于东西洋各国之富强，遂一味以效法为能事。学制与课程遂屡变，终不外抄袭日本或欧美而已。今者世界经济恐慌，资本主义自陷绝境，帝国主义濒于奔溃；而所谓共产主义者亦不过为国际资本主义之假面具，即科学的社会主义亦只可视为学者激于义愤，推断所得之一种学说，于人类之本性未全适合。在此种情况之下，吾国将何去何从？若不假思索，急不暇择；或徘徊歧途，不辨是非；或仍专事抄袭，药石乱投；其无补于吾国前途……当此东西洋各国皆濒于危，苦无出路，而另一方面，主义间杂，令人目眩之时，吾人亟当就国内实际状况与原有文化，以为师范教育之根据。……吾国师范教育今后若无以自救救人之文化为根据，则盲人瞎马，危险殊甚，改革之举，亦属突然。"①

然而，从总体上来看，农业和乡村教育问题被时人所重视，由此逐渐演变为一种教育思潮和运动。尤其是在教育中国化的时代语境之中，"到乡村去"已然成为当时教育领域内倡导改革者们普遍的呼声。因此，师范教育中国化的问题，实际上也是师范教育"到乡村去"的问题，即"师范教育下乡"的问题。

（二）师范教育下乡的缘起

五四新文化运动之后，关于教育救国的呼声逐渐高涨起来。而随着当时美国、丹麦和墨西哥等国家乡村教育思想和实践方面的成功经验传播到中国，使教育界的人士开始意识到一味模仿和照搬国外教育制度的中国教育走错了路。古楳曾经发文指出，兴学以来中国教育步入了一条错误的道路，对于百万个乡村的忽视，造成了极大的危害。直到1920年，随着义务教育普及的任务被提上日程，国人逐渐意识到，义务教育的普及不仅在少数的城镇地区，在广大的乡村社会尤其重要。② 兴学以来，以新式学堂为代表的现代教育制度开始嵌入中国的广大乡村社会。

到了20世纪30年代中期，新式学堂已经在广大的乡村社会得到普遍设立。这种来自西方工业社会的教育组织形式与中国传统上以农为主的自然经

---

① 高践四. 师范教育之过去现在及未来（第1卷）[J]. 江苏教育，1932（7）：9.
② 董宝良，周洪宇. 近代中国教育思潮与流派 [M]. 武汉：华中师范大学出版社，1997：460.

济发生碰撞之后，不可避免地导致了其与人们日常生活的断裂与疏远。究其根源在于，新式学校所灌输的是一种脱离乡土社会的价值观念。有鉴于此，一大批有识之士将目光聚集在乡村社会，试图对照搬西方社会的以城市为中心的现代教育制度予以纠正，从而构建出一套适合中国具体国情或者乡村实际的乡村教育制度。师范教育下乡便在这一时期由教育家所提及。

乡村教育运动和普及教育运动是民国时期乡村师范教育产生的两大基本动力。20 世纪 30 年代的中国，掀起了一场轰轰烈烈并有着深远影响的乡村教育运动。经过这场运动的洗礼，"自近代以来兴起的新式教育才真正开始迈进中国的乡村社会"。① 而乡村师范教育的缘起，一方面是由于受到乡村教育运动的影响。五四运动之后，随着乡村教育运动的高涨，培养乡村教育人才的问题逐渐凸显。这一问题也得到了乡村教育家们的普遍重视，他们意识到乡村教师是振兴整个乡村教育的关键，遂将乡村师资的培养问题看作乡村教育发展中亟待解决的现实问题。

然而，尽管在乡村师资培养的重要性上，教育家们形成了普遍的认同。但是，在如何培养乡村师资上，却形成了两种不同的观点：一部分人认为，应在已有的师范学校当中增加学级、人数即可。比如学者程湘帆就认为，虽然，乡村师范学校与普通师范学校有所不同，但似乎并没有单独设立的必要，其原因就在于：一是乡村教育与城市教育在基本的理念上是相同的；二是单独设立乡村师范学校不免会造成学生因环境所限制而导致见闻的偏狭；三是单独设立乡村师范学校不免会造成教育设备等资源的浪费。② 而大部分乡村教育家则主张在乡村独立设置乡村师范学校，以就近培养乡村教育师资以及乡村社会的改造人才。比如极力主张师范教育下乡的古楳就认为，设在城市的普通师范学校并不能够培养真正适合于乡村教育的合格师资。因此，必须在乡村单独设立师范学校，以专门培养乡村学校的师资。

另一方面，乡村师范教育的兴起也是义务教育的推动所致。义务教育的推广，是乡村师范教育产生的酝酿和准备。早在清末时期，我国便已提出普及义务教育的主张。1904 年，《癸卯学制》的颁行，将初等小学改为 5 年，并规定："此项学堂，国家不收学费，以示国民教育国家认为义务之意。"③ 1911 年初，学部举行了中央教育会议，通过召集各省学务人员集会，共同

---

① 余子侠．综析余家菊在中国近代教育思想史上的贡献 [J]．华中师范大学学报（人文社会科学版），2007（5）：114-120．

② 陶行知．新学制与师范教育 [J]．教学管理与教育研究，2018（1）：4-7．

③ 舒新城．中国近代教育史资料（上册）[G]．北京：人民教育出版社，1981：209．

商议议决实施四年制义务教育。民国时期，义务教育被提高到重要位置。1915 年，北洋政府教育部颁布了《义务教育实行程序》，重申了实行四年义务教育的计划。1919 年北洋政府教育部公布了《全国教育计划书》，要求"义务教育急应分年计划进行，以期十年以后渐图普及"。[①] 同年，江苏省组织义务教育期成会，出版《义务教育》，遂在全省推广义务教育。

随后，北洋政府教育部于 1920 年制定《八年推进义务教育办法》，又规定了用八年时间普及四年义务教育的任务，并提出了培养能够深入乡村并适应乡村生活环境的教师的任务。1922 年，《壬戌学制》颁行，规定了义务教育普及的任务。1923 年制定的"新宪法"当中，规定："义务教育之学年至少以六年为限。在义务教育学年内，免纳学费。"[②] 然而，时局的动荡，并没有为义务教育的普及提供一个稳定的国内环境，致使义务教育的发展面临着缺乏经费和师资的双重难题。在广大的乡村社会，更是难言义务教育的普及。

然而，要普及义务教育，师资便成为先决条件。正如过探先所言："近岁义务教育，呼声日高，明达君子，急急焉以推广小学教育为先务。而所欲推广小学十之八九在农村，乃愈觉造就农村小学教员之不可一日缓。"[③] 有鉴于此，一些有识之士逐渐意识到"义务教育渐将实行，培养师资诚为急务"。[④]五四运动时期，黄炎培、袁希涛等人开始注意到义务教育普及的关键在于乡村。袁希涛认为："实行义务教育，对于养成师资，视筹集资金为尤要。"[⑤] 1921 年，由黄炎培等人发起组织了"江苏义务教育期成会"，以便全力推动江苏省的义务教育普及工作。此后，该会创办了《义务教育》杂志，为了能尽快普及义务教育，很多人发文呼吁设立乡村师范学校。

1928 年，国民政府大学院编纂《全国教育会议报告》，其中《厉行全国义务教育案》获得通过，其中提出要"广造师资，其在农村，尤应注重农村教育"。[⑥] 1929 年，民国政府教育部颁布《实施义务教育初步计划》，提出了"使全国学龄儿童得受初级小学四年之教育"的目标。根据此目标要求，共

---

① 中国第二历史档案馆．中华民国史档案资料汇编（第三辑"教育"）［G］．南京：江苏古籍出版社，1994：53.

② 王炳照，阎国华．中国教育思想通史（第七卷）［M］．长沙：湖南教育出版社，1994：282.

③ 过探先．办理农村师范学校的商榷［J］．义务教育，1923（12）：10.

④ 中国第二历史档案馆．中华民国史档案资料汇编（第三辑"教育"）［G］．南京：江苏古籍出版社，1999：53.

⑤ 袁希涛．义务教育［M］．北京：商务印书馆，1929：52.

⑥ 中华民国大学院．全国教育会议报告［G］．北京：商务印书馆，1928：293.

需要教师数量为 140 万人，其中 85％的教师需要服务于乡村小学，大约为 120 万人。

（三）师范教育下乡的探索

自清末民初我国确立现代师范教育制度以来，师范学校大都设在城市里，师范生所接受的教育，也大抵是为了完全适应城市的生活而已。师范生受城市繁华环境的熏陶，对城市生活的向往，促使其毕业后努力留在城市当中，而不愿再回到田间去，为乡村教育的发展尽一份力。同时，师范生所受的教育又比较偏重"文雅教育"，与乡村生活有着很大的距离，"这般师范生到农村去，仍是师范生是师范生，农民是农民，充其量不过致农民的子弟，变成书呆子，多做了一番文字上的功夫。对于他们的生活，对于社会的生产，仍旧丝毫不发生任何的增益"。① 这样的师范教育，对于乡村教育乃至乡村社会而言，无疑是一种莫大的伤害。有鉴于此，一部分教育家开始呼吁乡村师范教育，并进行了积极的实践。

1. 乡村师范教育的引领者——余家菊

余家菊是中国近代史上最早的乡村教育的提倡者和理论建构者。早在1919 年，他便提出了师范教育应做"下乡运动"。自余家菊撰写《乡村教育之危机》一文始，"乡村教育之声浪乃渐唱渐高"。② 揆诸史实，我们不难发现，在 20 世纪之初的早期教育现代化尝试中，便可以找到关于乡村教育的零星材料。如张謇在通州所试行的"村落教育"，可以视为乡村教育的发端。张謇在其所著的《通州师范学校议》中，便有了师范毕业生应服务乡村的倡议，为此他呼吁："得多设单级省费之小学校，广教育于穷乡之子弟。"③ 然而，张謇对于"村落教育"的试行，并没有将其上升到教育思想和教育理念的高度，更是难言形成一股强劲乡村教育的思潮。

而乡村教育真正作为一种教育思想和理念，尤其是作为一种时代潮流，则要追溯到第一次世界大战之后，中国出现了一大批关心国家时局与未来命运的知识精英，他们逐渐有了对中国基本国情和实际问题的准确把握和认识。他们意识到中国作为一个农业国家，必须首先解决乡村和农民的问题。在这种思想意识的转化之下，一大批知识分子开始致力于乡村社会的发展和

---

① 谢颐年. 今后师范教育的出路 [J]. 教育周刊，1932：100.
② 余家菊. 乡村教育通论 [M]. 上海：中华书局，1934：46.
③ 张謇. 通州师范学校议（1902 年）[M] // 张季子九录："教育录"（卷一）. 台北：文海出版社，1983：1527－1528.

改造，如李大钊便疾呼"到农村里去"与农民"打成一气"。① 余家菊则在《乡村教育之危机》中发出了中国乡村教育已经濒临破产边缘的警示，他疾呼："乡村教育已经破了产。"②若不设法救济，则危害日盛。

在余家菊发出"乡村教育"的第一声之后，中国近代史研究的先驱者左舜生便断言："中国在五年或十年内，将有一种绝大的运动要起来，便是'乡村运动'。"③后来的历史发展证明了左舜生所做的预言，至 20 世纪二三十年代，在国内的思想界掀起了一场影响深远的乡村教育思潮。此时，曾经发出中国"乡村教育"第一声的余家菊又分别发表了《乡村教育的实际问题》和《乡村教育运动的涵义和方向》等文章，尤其是在《乡村教育运动的涵义和方向》当中，余家菊提出"向师范学校运动"应该成为乡村教育运动的主要方向，进而又提出了师范教育应该面向乡村，师范学校的毕业生应该"养成服务乡村的精神"。

由此，余家菊最早提出了"师范教育下乡"。余家菊认为，一方面，如果将师范学校都设在都市，师范生习染于城市的繁华生活，必然导致与乡村的疏离，毕业后很少有人愿意进入寂静而落后的乡村去服务。另一方面，师范学校的课程与乡村社会格格不入，即使毕业生到乡村社会去服务，也难以应付乡村社会的困难。师范教育在价值取向、课程内容方面的设置是造成乡村教育不振的主要原因之一。可见，余家菊是将师范教育当作乡村教育的主要突破口来看待的。他认为，师范教育作为教育的根基，师范学校作为教育的本源，应使其成为教育改革与发展的关键环节。教育的发展，首先是师范教育的发展，教育的不足，首先也是师范教育的不足。④由此，他认为，"师范教育不改进，乡村教育将无法改进"。⑤

在乡村师范教育的具体实施方面，余家菊也提出了一些具体的实施办法。第一，师范生要在教授各科课程时注重使其乡村化，加强与乡村社会的紧密联系。第二，要设置乡村教育科，专门从事乡村教育的研究。余家菊于1924 年成立乡村教育科。第三，要创立乡村试验学校。余家菊鼓励师范学校应该在乡村设立试验学校，以培养学生适应乡村生活的能力。余家菊对南

---

① 李大钊. 青年与农村［C］// 李大钊选集. 北京：人民出版社，1959：150.

② 余家菊. 余家菊景陶先生教育论文集（上册）［C］. 台北：慧炬出版社，1997：386.

③ 此段文字是左舜生对余家菊《乡村教育的实际问题》一文的附言，见《少年中国》1922 年1 月第 3 卷第 6 期。

④ 余家菊. 余家菊景陶先生教育论文集：上册［C］. 台北：慧炬出版社，1997：418.

⑤ 余家菊. 余家菊景陶先生教育论文集：上册［C］. 台北：慧炬出版社，1997：418.

京高等师范学校在江宁县设立沙洲农村学校的举措赞赏有加，认为"这种消息，可算是教育界的福音"。① 第四，要养成服务乡村的精神，余家菊呼吁师范生要有扎根乡村、服务乡村的精神。为此，他认为应该改革师范教育的训育方针，养成学生正确的价值观。

在余家菊的影响之下，还有一些教育家也开始提倡"师范教育下乡"。如 1922 年，袁希涛在《义务教育》上发表《省立师范学校添设乡村分校》一文，文中提出，为了普及义务教育的需要，应该从速办理乡村师范学校。同年，王朝阳在《义务教育》杂志上发表《试办农村师范讲习科计划书》一文，其中明确提出如何推广乡村师范教育，并提出了几条建议。首先，农村师范生须满足两个条件：一是应该由各县的劝学所报送，且是农村子弟无力升学者；二是必须为年在十六岁以上且高小毕业者。其次，师范学校也应该满足两个条件：一是应该设在乡村地区，"设备但须敷用力求质朴"；② 二是必须附设单级小学，以便师范生实习。乡村教育家过探先于 1923 年发表了《办理乡村师范的商榷》，他在文中将乡村教育的发展与农事改造以及教育普及紧密联系在一起，将改造社会视为改造乡村社会的重要职责所在。

2. 乡村师范教育的积极践行者——陶行知

余家菊之后，真正将乡村师范教育付诸实践的是乡村教育家陶行知先生。陶行知的乡村师范教育思想及其实践在中国近代教育史上的贡献是任何教育家都无法比拟的。陶行知基于当时师范教育制度所存在的谬误以及对于乡村教育的深刻理解与认知，形成了独特且影响深远的乡村师范教育思想。并将之付诸实践，对乡村师范教育制度的构建发挥了重要的推动作用。

陶行知基于对我国现代师范教育制度确立以来所表现出的弊端的深刻认识，认为中国师范教育中最大的弊端就在于对国外教育制度的照搬和模仿，这种"仪型他国"的教育制度并不适合中国的具体国情。他说：

"今之号称新人物者，辄以仪型外国制度为能事，而一般人士，见有能仪型外人者，亦辄谓为新人物。虽然，彼岂真能新哉？……中外情形有同者，有不同者。同者借镜，他山之石，故可攻玉。不同者而效焉，则适于外者未必适于中。试一观今日国中之教育，应有而无、应无而有者，在在皆是。此非仪型外国之过欤？"③

---

① 余家菊. 余家菊景陶先生教育论文集：上册 [C]. 台北：慧炬出版社，1997：422.
② 王朝阳. 试办省农村师范讲习科计划书 [J]. 义务教育，1922（6）.
③ 刘一. 解读陶行知《试验主义与新教育》[J]. 师陶学刊，2017（1）：37−39.

因此，陶行知积极呼吁建立新教育体制。他说：

"我们现在处于二十世纪新世界之中，应该造就一个新国家，这新国家就是富而强的共和国。"[①]

要建立新国家，首先要建立新教育。在陶行知看来，"我们中国的教育，倘若忽而学日本，忽而学德国，忽而学法国、美国，那时终究是无所适从。所以新字的第一个意义要'自新'。今日新的事，到了明日未必新；明日新的事，到了后日又未必新。即如洗澡，一定要天天洗，才能天天干净。这就是日日新的道理"。[②]

就教育而言，新教育体现的是新的教育目的、新的教育方法、新学校、新学生、新教员、新课程、新教材等方面。在这一思想的指引下，陶行知对师范教育如何改造进行了论述。陶行知认为，要办好中国的师范教育，一定要联系中国的实际国情，"就是要合社会的应用"。[③] 陶行知认为，这就要面临两个问题，"甲，够不够用，是讲他的数量；乙，合用不合用，是讲他的性质"。[④] 关于够用不够用的问题，陶行知分为两层进行论述。首先，"假定我国人口是四百兆，有八十兆是学龄儿童，就当有二百万教员（每人教四十个学生）。现在只有十八万五千，不过占十三分之一。缺少的数目很大"。[⑤] 其次，"人口依几何级数增加，教员也当增加。还有因病而死的，因他种关系而改业的。这样的变换，教育的数目，也就要减少。据日本人的调查，十七个教员中须有一人补他的缺，要达'够'的目的，真是不容易啊"！[⑥]

关于合用不合用的问题，陶行知也分条进行了论述。首先，陶行知对乡村教育和城市教育进行了比较，结果发现："乡村不发达，可说已达极点。我国人民，乡村占百分之八十五，城市占百分之十五。就是有六千万人居城，三万万四千万人居乡。然而乡村的学校只有百分之十。这种城乡不平均

---

① 刘一．解读陶行知《试验主义与新教育》[J]．师陶学刊，2017（1）：37－39．
② 刘一．解读陶行知《试验主义与新教育》[J]．师陶学刊，2017（1）：37－39．
③ 本篇系演讲记录，题为《师范教育之新趋势》，记录者：江源岷、张锡昌，原载于 1921 年 10 月 22 日《时事新报·学灯》。
④ 本篇系演讲记录，题为《师范教育之新趋势》，记录者：江源岷、张锡昌，原载于 1921 年 10 月 22 日《时事新报·学灯》。
⑤ 本篇系演讲记录，题为《师范教育之新趋势》，记录者：江源岷、张锡昌，原载于 1921 年 10 月 22 日《时事新报·学灯》。
⑥ 本篇系演讲记录，题为《师范教育之新趋势》，记录者：江源岷、张锡昌，原载于 1921 年 10 月 22 日《时事新报·学灯》。

的现象，各国都不能免，但是我国的乡村，未免太吃亏了。"①在陶行知看来，初级师范学校大都设在城市，致使师范生所接受的教育并不能够适应乡村社会的现实需要，而师范生受到了都市繁华生活的熏染，在对城市生活的积极向往中，并不会主动选择服务于乡间社会，这就造成了乡村师资的极度匮乏。师范传习所一度成为这种状况的补救措施，但是这种师范传习所，我们既不以正式学校看待它，所以因陋就简，办理不能适当。总之就中国现在所办的师范教育而论，"城里的人叼便宜，乡下的人吃大亏"。② 为此，陶行知提出了师范教育的新趋势，即师范教育应该使乡村的儿童享受与城市儿童同等的教育，"此后亟当想法，怎样才可以使乡村的儿童受同等的知识，享同等的待遇，这就是师范教育的一个新趋势"。③

1926 年 1 月，陶行知在《新教育评论》上发表《师范教育下乡运动》一文，开始呼吁乡村师范教育。陶行知对于江苏省义务教育期成会的袁观澜、顾述之二人所发起在江苏省 5 所省立师范学校分设乡村分校的做法给予了充分肯定，将之视为我国"图谋乡村教育之发展，实以此为起点"。④ 将师范学校设在乡村里的做法，在陶行知看来已经是在向正确的方向迈进了。但是，陶行知在考察了江苏省 5 所师范学校的乡村分校之后，在肯定其首创精神和可取之处的同时，也提出了存在的问题。他认为，乡村师范学校并不仅仅是将师范学校搬到乡村里，如果不能与眼前的乡村改造相联系起来，这种师范学校绝对不是乡村师范学校。

1926 年 10 月 5 日，陶行知由丁兆麟介绍携赵叔愚、邵德馨二人参观了设在南京南门外的江宁县立师范学校，在对这所学校进行了半日的参观之后陶行知感叹："中国的师范教育过了二十年的黑暗生活，到了现在居然要天明了。"⑤ 陶行知为何要发出这样的感叹，原因在于他眼中的这所师范学校是真正地扎根乡村、为乡村社会服务的典范。陶行知秉持以乡村为中心的教育理念，秉持"征集一百万位同志，提倡一百万所学校，改造一百万个乡村"的决心，于 1927 年在南京北郊的劳山脚下的晓庄村试办了晓庄试验乡村师范学校，由于学校在招生方式、办学方式、学习方式、扶持农村发展等

① 本篇系陶行知演讲记录，题为《师范教育之新趋势》，记录者：江源岷、张锡昌，原载于1921 年 10 月 22 日《时事新报·学灯》。
② 陶行知. 新学制与师范教育 [J]. 教学管理与教育研究，2018 (1)：4—7.
③ 本篇系陶行知演讲记录，题为《师范教育之新趋势》，记录者：江源岷、张锡昌，原载于1921 年 10 月 22 日《时事新报·学灯》。
④ 陶行知. 师范教育下乡运动 [J]. 新教育评论 (第 1 卷)，1926 (6)：9—12.
⑤ 陶行知. 师范教育下乡运动 [J]. 新教育评论 (第 1 卷)，1926 (6)：9—12.

各个方面均让人眼前一亮，因而很快成为一所闻名遐迩的乡村师范学校。为乡村师范教育的发展注入了新鲜空气，其独特的办学模式和办学理念，使其很快成为乡村师范学校中的翘楚。不仅推动了江苏省乡村师范教育的发展，而且也带动了全国乡村师范教育的发展。

三、乡村师资培养机构的嬗变

（一）师范传习所

我国师范教育起步较晚，最早可追溯到盛宣怀于 1897 年创办的南洋公学师范院。中国师范教育在产生之初，并未做城乡的划分，这就导致了兴学以后几乎所有的师范学校设在城市，而广大的乡村地区却鲜有乡村师范教育的存在，乡村教育依然延续着传统教育的方式。但是，随着晚清政府"新政"的实行，以现代学校为主的现代化教育制度得以确立，并逐步向乡村社会渗透。"此种学堂大都设备简陋，教员资格不合，毕业程度低劣，固不能谓真正之乡村教育也。"① 连初等教育都缺失的乡村，更难言有师范教育。

然而，这并不代表政府层面对乡村师范教育的忽视，事实上，晚清政府已经将乡村教育纳入自己的视野，并有了零星的关于乡村师范教育的规定。1902 年 8 月，晚清政府颁布《钦定学堂章程》（即《壬寅学制》）。这一学制的颁定，标志着中国近代学校制度的确立，其中对于师范教育也有论及，但并未给予其独立地位，这从师范学校作为普通学校的附庸便可窥见端倪。

随后，晚清政府又于 1904 年 1 月颁布了《奏定学堂章程》（即《癸卯学制》）。《癸卯学制》最大的特点便是对师范教育予以极大的重视，师范教育摆脱了在普通教育中的附庸地位，得以独立设置，并自成体系。同时，在《癸卯学制》当中，历史性地将普及初等教育视为国家责任。为了培养小学师资的需要，《奏定学堂章程》有了这样的规定："各省城设初级师范学堂，外设简易科"，"各州县设师范讲习所"。② 在《奏定初等小学堂章程》中规定："设初等小学堂，令凡国民七岁以上者入焉，以启其人生应有之知识，定其明伦理爱国家之根基，并调护儿童身体，令其发育为宗旨。"③ 同时也

---

① 卢绍稷. 中国现代教育 [M]. 上海：商务印书馆，1934：139.
② 李永贤. 我国近代师范教育的产生及其意义 [J]. 国家行政学院学报，2007（10）：79—85.
③ 舒新城. 中国近代教育史资料（第 2 卷）[G]. 北京：人民教育出版社，1965：411.

规定，"此项学堂，国家不收学费，以示国民教育国家认为义务之本义"。①由此，国家在教育中开始扮演重要的角色。

1910 年（宣统二年），因简易师范科毕业生的教学水平不足以适应小学教师的需要，通令停办。1911 年，清廷宣布"预备立宪"，并采取了一系列措施，其中也提出了"普及教育"的任务。为此，清廷下令初级师范学堂要适应乡镇小学的需要，并于初级师范学堂内附设临时小学教员养成所，肄业年限为一年或二年。当时的师范传习所是为补充小学师资的临时办法，十个月毕业，可以担任小学副教员。

但是，我们也不能就此认定清末民初缺乏乡村师范教育的机关，实际上，清末以后，就已经出现了培养乡村小学师资的机关，这一机关就是师范传习所。在 1903 年由张之洞等人奏请的《癸卯学制》中，造就小学师资的机关有初级师范学堂。初级师范学堂以州立为原则，各省城设一所，分为完全师范和简易师范两科。除此之外，还有一个师资速成的机关，就是师范传习所。师范传习所限期十个月毕业，补充小学副教员，分为单级教员养成所和临时教员养成所（宣统三年停办简易师范科后设立）。前者分甲、乙两种：甲种一学期毕业，乙种两学期毕业。后者的修业年限为一年至二年。这种师资速成的办法，源自清政府预备立宪，急需普及教育的权宜之计。实际上，这种速成的方法也成为私塾先生和穷苦儒生接受新式师资洗礼的一条捷径，是一种"济一时之穷"的捷径。

由于师范学校均设在城市，学员饱尝城市繁华生活的熏陶，并不情愿回乡服务，乡村师资由此陷入匮乏的境地，"补救这种缺乏的方法就是所谓的师范传习所。这种教育机构，虽然没有被明确定位为乡村师范教育，我们不以正式学校看待它，所以因陋就简，办理不能适当"。② 但因为其所招学生中的大部分是乡村市镇的塾师，③ 因而在实际上也担负着培养乡村师资的使命。而与此同时，由于清末新政以来，新式教育的勃兴，导致大量新式学堂师资的匮乏，私塾改良和塾师改造成为一种应变之举。

自清末建立新学制，实行新教育以来，很少有人能够注意师范学校可以设在乡村。其原因有三：一是城市交通便利、人物荟萃，物质环境比较完善；二是当时并没有普及义务教育的任务，因此乡村社会并不需要大量的师

---

① 多贺秋五郎. 近代中国教育史资料（清末编）[G]. 东京：日本学术振兴会，1972：219.
② 陶行知. 新学制与师范教育 [J]. 教学管理与教育研究，2018（1）：4－7.
③ 李之鹍. 各国师范教育概观 [M]. 上海：商务印书馆，1932：304.

资；三是城乡差距并不大，师范学校毕业生服务于乡村并不觉得有何种不合适。[①] 实际上，清末兴学以来，乡村师资一度出现了不够用的情况，于是清廷设立师范传习所，这种学校虽然未被明确界定为乡村师范学校，但是，实际上已经属于乡村师范教育的范畴了，因为师范传习所招收的学生大多为乡村市镇的塾师。同时，对于"旧有之数百万私塾而改良之"，通过塾师改造，充任乡村学校教师，以补充新学师资。如清末设学之初，江浙人士有感于广设蒙学堂之不易筹"无量数之经费"与造成"无量数之教员"，发起了私塾改良总会。[②] 私塾改造和塾师改良，在很大程度上也达到了乡村师资培养的目的。

中华民国成立之初，各省也举办了师范传习所这种机关，与清末相比，在内容和方法上有所进步。民初的师范讲习所，训练时间较短，设备比较简陋，毕业生的质量较差，虽然并不限定其必须下乡服务，但是，在事实上他们只能去乡村小学任教，所以，这种机关实际上颇具乡村师范学校的功能。不过办理的人，并非有意识地去造就乡村师资，所以姑且将之称为非有意识地造就乡村师资的教育机关，可以将之视为乡村师范教育发展的一部分。

（二）国民师范学校

20 世纪 20 年代，中国的知识分子面临着这样一个难题，那就是现代国家的形成、民主制度的建立、地方自治和民主政治的实施，均受制于广大民众的受教育程度，尤其是广大乡村社会中占全国 85％的农民缺学少教的现实，极大地阻碍了国家现代化的进程。自 1904 年开始，中国开始建立现代教育制度。然而，由于新式学校大多集中在城镇地区，使绝大多数乡村人口并没有因为现代教育制度的确立而得到多少实惠。相反，伴随着国家政权嵌入村落的现代学校的建立，因其带有强烈的工业化或城市化痕迹，遭遇到了乡村社会和乡村民众的强烈抵制。20 世纪初，在乡村地区发生普遍意义上的抗学风潮，便是新旧教育体系文化冲突的极端表现。这种情况到了 20 世纪 20 年代依旧在延续，众多的文盲成为国家实现民主政治和普及义务教育的一大障碍。有鉴于此，一大批知识精英开始将目光转向广大乡村社会。

乡村师范学校的产生，其根本上是为了适应乡村社会对大量师资的急需。早期的师范学校均设在城市，毕业生也大都服务于城市。民国初期，师

---

① 戚谢美. 金海观的乡村师范教育思想和实践 [J]. 杭州大学学报（哲学社会科学版），1989 (2)：151-158.

② 舒新城. 近代中国教育史资料 [G]. 北京：人民教育出版社，1965：9-10.

范学校基本都设在城市。"师范生感于都市之文明，毕业之后，皆服务于城市，不愿到田间去。……现时师范学校教育之教材，鲜有关于乡村教育之教材者。"[1]由于师范学校大都设在城市里，其毕业生也往往熏染都市生活习气，不愿到乡间去服务，导致了乡村师资的缺乏。而作为补救措施的师范传习所，"我们既不以正式学校看待它，所以因陋就简，办理不能适当"。[2] 这种状况与现代化进程过程中鲜明的城市价值取向不无关系。

五四新文化运动之后，为实现义务教育普及而面临的师资匮乏，成为当时亟待解决的问题，而将这一问题真正付诸实践并最有力度的当属山西省。1918年，时任山西省长的阎锡山筹划在山西全省分七期依照先城市、次城镇、后乡村的顺序普及义务教育。[3] 为此，阎锡山于1919年在太原筹设国民师范，规定了两年的修业年限。这所学校成立的宗旨是为养成乡村学校的师资，其学生"毕业后限制在乡村作教员"[4]"有五年义务"。[5] 这所师范学校，虽然设在城里（太原），课程教材及教育设施，与传统办法也并不存在不同之处，但是专门为培养乡村小学师资而设，因而与后来产生的乡村师范学校在目标上是相同的。

然而，当时主持学校建设的人，并没有将其当作一种专门培养乡村师资的教育机关来看待，只是一种"在最短时间，造成许多教员，不得不如此"[6]的权宜之计而已。但是，这所学校已初步具备了乡村师范学校的某些特质，是我国第一个培养乡村师资的师范学校，可以被视为乡村师范学校的萌芽。1923年，受山西国民师范学校的影响，马鹤天仿山西省成例，在开封也创办了一所类似的国民师范学校，以造就乡村师资，为推行义务教育作师资上的预备。遗憾的是不及半年时间，学校便由于遭遇政变而改弦更张，马鹤天离豫，校长易于他人，成绩平平，继而停办。

（三）县立师范学校

与之前的师范传习所相比，山西国民师范学校这一师资培养机关限定毕业生必须服务乡村，因而已是一种有意识地造就乡村师资的学校了。但是，这些学校毕业的学生，虽"次第毕业，各回乡任事，惟乡村生活较低，服务

① 唐钺，朱经农，高觉敷.教育大辞书 [Z]. 北京：商务印书馆，1930：1355.
② 陶行知.新学制与师范教育 [J]. 新教育（第4卷），1922（3）.
③ 王炳照，阎国华.中国教育思想通史（第七卷）[M]. 长沙：湖南教育出版社，1994：283.
④ 陶行知，胡适，凌冰.孟禄的中国教育讨论 [M]. 北京：中华书局，1922：58.
⑤ 王卓然.中国教育之一瞥录 [M]. 北京：商务印书馆.1923：58.
⑥ 陶行知，胡适，凌冰.孟禄的中国教育讨论 [M]. 北京：中华书局，1922：67.

延师，两感困难，乃更在各县养成师资……"① 由此，由山西国民师范演化而产生了另外一种造就乡村师资的机关——各县的县立师范学校。江苏省各县自 1922 年以后，便普遍设立县立师范学校，后因两个方面的原因而逐渐乡村化。其一，由于当时教育界人士及当局的主张，设立县立师范学校的本意，在于培养乡村师资，"惟其组织，未曾十分顾及乡村情形，所造就之教师亦未必恰当"。② 所以，江苏省义务教育期成会于 1926 年年会时议决县立师范学校应注重农事科目。江苏省教育厅也计划自 1928 年开始，"遇必要时，得设法令其（县立师范）改为乡村师范"。③ 自此，江苏省县立师范学校，在法令上已经无异于培养乡村师资的正式机关了，原来设于城市的县立师范学校，为使名实相符起见，纷纷迁至乡村，如镇江县立师范学校由镇江城内迁至黄墟镇之殷氏宗祠。

其二，是由于和优良乡村小学在精神上的呼应所致。言及师范学校，就不能离开小学。自 1920 年以后，已经开始有人将目光集中到了乡村小学的研究上，如江苏四师附小于 1920 年在南京南门外的小行镇设第三部，后改为乡村部。④ 南京高师教育科农科于南京南门外合设沙洲圩农村小学。凡此种种，皆为一种改良乡村小学的表现。后来陶行知在南京燕子矶发现了一所闻名遐迩的小学，即燕子矶小学，该校的办学方式与办学精神，对于后来的乡村师范学校的发展极有影响，例如陶行知后来提出的所谓"改造社会的精神""农夫的身手"的乡村师范学校的办学方针，很大程度上深受燕子矶小学的影响。和燕子矶小学相似的小学，在南京附近还有很多，如尧化门小学、笆斗山小学等。这些小学的教职员与江宁县立师范的主持人志同道合，彼此相互感应，江宁县立师范学校的改进，遂日趋乡村化。江宁县立师范学校设于南京南门外，其办学理念极为切合实际。例如，"教员学生共同做厨子，烧饭煮菜，每桌三碗菜，每星期两次荤；学生卖柴看戏，不用号房；聘请有经验的乡村小学教师去做导师等，差不多完全为后来的晓庄师范所采用"。⑤ 别的乡村师范学校，则又从晓庄师范学校辗转采用和模仿。至此，县立师范学校差不多普遍地乡村化了，江宁县立师范学校和晓庄乡村师范学

---

① 《江苏义务教育期成会记》中袁希涛之报告，见小学教育月刊第 1 卷第 4 号"教育要闻栏"。
② 古楳. 乡村教育新论 [M]. 上海：民智书局，1933：330.
③ 古楳. 乡村教育新论 [M]. 上海：民智书局，1933：330.
④ 见《小学教育月刊》1920 年第 1 卷第 2 号马客谈《苏师附小乡村部六个年级单级小学校概况报告》。
⑤ 陶行知. 天将明之师范学校——江宁县立师范学校半日生活记 [J]. 新教育评论（第 2卷），1926（21）：3—5.

校在其中起到了极其重要的引领作用。

(四) 乡村师范学校

1922 年之前，我国并没有乡村师范的名称，史实中亦很少讨论设置乡村师范学校的文字。五四运动之后，教育界的有识之士纷纷发文呼吁"师范教育下乡"或"归农"。虽然出现了一些以培养乡村师资为目标的教育机关，但是教育中人对于是否要设立"乡村师范"仍意见不一。有人认为"有好多师范学校应当设在小的镇上，一方面可与乡下的环境相接近，另一方面要有实地教育的机会；中国的农民，占 85%，设立师范学校，宜顾全农家子弟"；有的人认为照此办法，颇有困难，"改良方法，不如在城市师范中设乡村部，市乡教员之待遇应当相等"；也有人主张师范学校于各科教授之际，宜着眼于乡村，并设置乡村教育科，创立乡村试验学校，养成服务乡村的精神。①

当然，在争论之外，也有人开始了乡村师范的实践探索，如 1923 年，江苏省义务教育期成会的袁观澜、顾述之二人受美国农业教育专家白斐德参加中国教育调查团之际所发表的关于农村教育的意见的影响，倡议每所师范学校于乡村开设一所分校，以便专门培养乡村师资。同时，每所分校又附设一所小学，以便于师范生的实习。这一倡议遂催生了后来江苏省五所省立师范学校乡村分校的设立。乡村师范分校均设在乡间小镇上，在课程内容上，除了设有与普通师范学校相同的课程外，增设了"乡村教育""农村社会学""乡村小学实施法"等乡村教育的课程。自江苏省五所省立师范学校乡村分校设立以后，其他各省匆匆闻风效仿。如山东一师分校、河南一师分校等。

1922 年以后，研究乡村教育者日益增多，乡村师范教育也开始有了蓬勃的气象。1923 年，江苏省五所省立师范学校乡村分校组成联合会，中华职业教育社、中华平民教育促进会等教育团体均把目标转移至乡村。江苏省义务教育期成会也致力于研究乡村师范教育的实施办法，然而，此时的乡村师范教育并没有能够突破旧式师范学校的窠臼。学校虽地处乡间小镇，但在课程设置上除了增加一两门乡村教育的课程之外，其余与普通师范学校无异。因而自建立后的很长一段时间并没有引起很好的社会效益，所培养的师资也无法满足义务教育的普及。对此，陶行知一语中的道："我们不要以为把师范学校搬下乡去就算变成了乡村师范学校，不能训练学生改造眼前的乡村生活绝不是真正的乡村师范学校。"② 这一历史性的重任便落在了有着全

---

① 古楳. 乡村教育新论 [M]. 上海：民智书局，1928：34.
② 陶行知. 师范教育下乡运动 [J]. 新教育评论（第 1 卷），1926（6）：9—12.

新的乡村师范教育思想并创设了真正意义上的乡村师范学校的陶行知身上。

早在 1921 年，陶行知就主张师范学校应该设在乡村，一是可与乡村的环境相适应，二是可就近实地教学。[①] 同时，陶行知也主张将城乡教育分别对待。在这一基础上，陶行知形成了系统的乡村师范教育思想，其核心思想可以概括为："提倡以乡村学校为改造乡村生活之中心，乡村教员为改造乡村生活之灵魂。其具体办法，应设试验乡村师范学校以实验之。"[②]

1927 年，中华教育改进社特约的五个乡村学校的教师发表了《我们的信条》十八条，改进社又发表了它的《改造全国乡村教育宣言书》，其中对乡村教育和乡村师范应走的路，对师范教育现状持怀疑态度者，均欣然鼓舞，新式乡村师范的试验由此拉开序幕。同年，陶行知在《中华教育改进社改造全国乡村教育宣言书》中明确提出："我们主张由乡村实际生活产生乡村中心学校，由乡村中心学校产生乡村师范。乡村师范之宗旨在造就有农夫身手、科学头脑、改进社会精神的教师。"[③] 在这一思想的指导下，1927 年3 月 15 日，在长江以南革命炮火喧天之际，陶行知在南京神策门外之晓庄创办了日后闻名遐迩的晓庄试验乡村师范学校。晓庄学校在办学宗旨、课程设置等方面完全摆脱了旧式师范学校的藩篱，充满为适应、改造乡村生活所做的考虑。晓庄学校将师范学校和乡村实际生活以及乡村小学的实际需要紧密联系起来，因而在中国师范教育史上占据着极为重要的地位。

由此，学习晓庄精神，努力融入乡村社会，做乡村社会的中心，培养改造乡村之人才，遂成为江苏省各乡村师范学校的主要办学宗旨。晓庄的办学理念，也为其他乡村师范所模仿，更成为新设乡村师范的典范。在晓庄精神的指引下，安徽、福建、广东、江西、山东、河南、江苏、浙江等省，也增设了许多乡村师范学校。一些县或几个县也开始借鉴晓庄的办学模式，联合起来创办乡村师范学校。其中最为著名的便是由昆山、嘉定、青浦三县教育局联合创办的乡村师范学校。

同时，在晓庄学校的榜样引领之下，在南京国民政府的积极推动之下，很多省份也开始试办省立乡村师范学校。如 1928 年成立的江苏省立灌云乡村师范学校、浙江省立湘湖乡村师范学校、江西省立南昌乡村师范学校；1929 年成立的安徽省立贵池第一乡村师范学校、广东省立番禺乡村师范学

[①]　陶行知. 关于师范教育的意见 [J]. 新教育（第 4 卷），1922（4）：5—7.

[②]　陶行知. 中国教育政策之商榷 [J]. 生活教育，2012（1）：1.

[③]　华中师范大学教育科学研究所. 陶行知全集（第 1 卷）[C]. 长沙：湖南教育出版社，1984：661.

校；山东省于 1929 年成立了省立第一乡村师范学校，一年后，又设立第二、第三、第四乡村师范学校，同时，将县立师范讲习所改为乡村师范。据统计，1927 年全国范围内的乡村师范学校寥寥无几，只有零星的几所。1927年以后，以南京晓庄学校为模板，乡村师范学校犹如雨后春笋，进入快速发展期，其数量也出现了骤增。至 1934 年，全国的乡村师范学校已多达 327所，几乎占中等师范学校（当时全国有 788 所）的一半。

除了省立乡村师范学校之外，各地方政府还积极鼓励各县设立乡村师范学校，如广东省于 1929 年以后先后成立了 26 个县立乡村师范学校。浙江省于 1929 年以后先后设立了昆青嘉三县立乡村师范、太仓县立乡村师范、吴县县立乡村师范、沭阳县立乡村师范、常州私立乡村师范等。其中的昆青嘉三县立乡村师范"其组织及行政，系模仿晓庄乡师，成绩亦优美，可称'后起之秀'"。[1] 1928 年，甘肃省的师范学校开始招收乡村教员养成班；热河省立师范学校也附设乡村师范部，另设有 6 个县立乡村师范学校。[2] 1930 年，云南省有县立乡村师范学校 9 所；察哈尔省有 10 所师范讲习所改为乡村师范学校。1931 年，浙江省除省立乡村师范学校外，有县立乡村师范 6 所；安徽有 2 所省立乡村师范学校和 2 所县立乡村师范学校。据黄敬思于 1931年的调查显示，全国省县市公、私立的各种乡村师范学校已有 36 所之多。据国民政府教育部的统计资料显示，1932 年全国省县市公立和私立的各种乡村师范学校已达 372 所，至 1933 年为 353 所。[3] 1934 年全国共有乡村师范学校 327 所，全国有 17 个地区都建立了乡村师范学校。详见表 2-1 所示。

表 2-1　1934 年我国部分地区乡村师范学校情况表　（单位：所）

地区	省立		联立或区立	县立		私立		累计
	乡村师范	简易乡师	简易乡师	乡村师范	简易乡师	简易乡师	未筹备乡师	
江苏	8	1	1		5			15
浙江	1	1						2
安徽		2						2
江西	5		3	1				9

① 卢绍稷.乡村教育概论 [M].上海：大东书局，1932：129.
② 蒋致远.第一次中国教育年鉴 [M].台北：台北宗青图书公司，1991：368.
③ 古楳.乡村师范概要 [M].北京：商务印书馆，1936：42.

105

续表

地区	省立		联立或区立	县立		私立		累计
	乡村师范	简易乡师	简易乡师	乡村师范	简易乡师	简易乡师	未筹备乡师	
福建	8							8
湖南			5		33	3		41
湖北	3		1					4
四川			2		16			18
广东	5（附设）			2（混合）	16		3	26
广西			1		8			9
云南			4		28			32
河北					70			70
河南	1		2		41			44
山东		9	5		14		1	29
察哈尔					11			11
热河					5		1	6
贵州				1				1
累计	31	13	24	4	247	3	5	327

资料来源：古楳. 乡村师范概要［M］. 北京：商务印书馆，1936：42.

另据古楳于 1934 年的统计，当时全国有省立乡村师范学校 27 所，详见表 2－2 所示。

表 2－2　1934 年我国部分地区省立乡村师范学校情况表

校名	校址
江苏省立黄渡乡村师范学校	黄渡镇
江苏省立洛社乡村师范学校	无锡洛社
江苏省立吴江乡村师范学校	吴江垂虹桥
江苏省立栖霞乡村师范学校	南京栖霞山
江苏省立界首乡村师范学校	高邮界首
江苏省立灌云乡村师范学校	灌云
浙江省立湘湖乡村师范学校	萧山湘湖
安徽省立第一乡村师范学校	贵池
安徽省立第二乡村师范学校	蚌埠
江西省立乡村师范学校	南昌莲塘

校名	校址
湖北省立第一乡村师范学校	武昌
湖北省立第二乡村师范学校	宜昌
湖北省立第三乡村师范学校	襄阳
湖北省立教育学院乡村教育系	武昌
河北省立乡村师范学校	保定
河南省立乡村师范学校	辉县百泉
山东省立第一乡村师范学校	济南北园
山东省立第二乡村师范学校	莱阳
山东省立第三乡村师范学校	临沂
山东省立第四乡村师范学校	滋阳
福建省立福州乡村师范学校	福州
福建省立晋江乡村师范学校	晋江
福建省立建瓯乡村师范学校	建瓯
广东省立第一师范学校	乔禺江村
广东省立第二师范乡师科	潮安
广东省立第六师范乡师科	琼山
广西省立师范专科学校	桂林良丰

资料来源：古楳. 中国乡村师范演进的鸟瞰（第 21 卷）[J]. 中华教育界，1934（12）.

（五）立达学园

晓庄乡村师范学校自创办后，获得了快速发展，后来又办中学，遂改名为晓庄学校。然而，由于晓庄的办学理念与传统教育思想相冲突，也遭遇了一些非议，其劫运也接踵而来。据陶行知先生所说，当时与晓庄学校办学主张冲突的传统思想有五种；[①] 而张宗麟先生也于《晓庄的生命素》[②] 一文中极力劝告同志们忍受他人的讥评，放开怀抱，预备继续向旧教育进攻；艾希认为，不但外界对晓庄的办学模式充满质疑，晓庄的内部似乎亦有溃疡。因此，他主张"清校"，要把那些"态度不纯洁的，思想不清楚的，意志不坚决……同志……清出"，他说："晓庄应该有解散的勇气，却不应该有姑息妥协的态度。"[③] 然而，这并未能够停止晓庄学校的颓势，在艾希发表《黎

[①] 这五种传统思想包括文化教育、教与训分家、教育等于读书、学校与社会分离、漠视切身的政治经济问题。见陶行知. 晓庄三岁敬告同志书 [J]. 乡村教师，1930（7）.

[②] 张宗麟. 晓庄的生命素 [J]. 乡村教师，1930（7）.

[③] 艾希. 黎明的晓庄 [J]. 乡村教师，1930（7）.

明的晓庄》一文仅仅相隔一个月之后，也就是 1931 年 4 月 7 日，南京卫戍司令部奉命训令晓庄学校暂行停办，14 日卫戍司令部又奉命派军警解散晓庄学校。

晓庄学校被封，[①] 不仅令人扼腕，也不免令人对于乡村教育的前途深感迷茫。但是，徘徊在乡村教育道路上的人们，很快又发现一个新的希望，这个希望便是 1931 年 8 月所成立的立达学园。[②] 该校自此时开始开办乡村教育科。立达学园的办法，在农事生产方面，颇能补晓庄学校之不足。以前开办的乡村师范学校，大多承袭晓庄，立达学园则自己开辟了一条新路，即在"公学主义"的号召下，主张兼工兼学，"以特殊的训练，养成学生改进农村教育之精神与能力"，从而使学生出校以后，不"专靠教书吃饭"，而有自谋生活的专技。[③] 立达学园虽产生于五四运动时期，但是其焕发新生命，则"是从工学主义中开辟一条新的坦途"开始的，其"立"和"达"两个方面的教育事业，依靠的是"工"和"学"，而达到"立"与"达"这种目的的教育工作人员，需要乡村教育科来培养。所以，"立达"的新生命，是构筑在农工教育科之上的。

(六) 村治学院与乡村建设研究院

晓庄试验乡村师范学校（后改成晓庄学校），其工作完全从办学的角度出发，所培养的人才，旨在办理乡村学校，以此达到改造社会的目的。然而，正如乡村教育家金海观所说：

> "惟欲以一校担负改造社会之责，当此障碍重重的时候，结果自然不能免于形式上的惨败。立达的工作，似乎较为稳当，志愿很宏，理想很高；不过要用一校一科的力量（立达除农村教育科外还有文理科）来养成人格健全的乡村师资，盖亦为'兹事体大'，力量或嫌薄弱，影响遂受限制了。"[④]

---

① 晓庄学校被封，是由于晓庄师生在共产党的领导下，参加 1930 年 4 月 5 日在南京举行的反帝示威游行，以及平时所开展的对国民党反动派的斗争，引起了"四一二"政变以后上台的以蒋介石为代表的国民党政权的疑惧。国民党政府封闭晓庄时，逮捕杀害了 14 名同学，陶行知也遭通缉，被迫逃亡日本。

② 立达学园：1925 年春季，教育家匡互生、丰子恺、朱光潜等创立达中学于上海，秋季立达中学租地于江湾，借款自建校舍，改名为立达学园，除高中部外，增设农村教育科、农民补习学校、合作社、农场等部门，推行生产教育与社会实践相结合的教学活动。所以这里说乡教路上的又一新希望是由立达学园开辟出来的，但其起始年限应为 1925 年 8 月。

③ 张石樵. 立达学园高中部农村教育科"工艺"生活的试验 [J]. 教育杂志，1931（23）.

④ 金海观. 论吾国的乡村师范 [J]. 湘湖生活（第 2 卷），1932（1）.

于是，1931 年 1 月，在湖南的百泉，出现了一个村治学院，由湖南省政府聘请多人主持，其内容包括政治和教育两方面。设农村组织训练及农村师范二部。农村师范部和乡村师范的性质相同，办理本院附近各乡村试验小学及推广事业。这样一个村治学院的办理，通过一省的力量，通过政教结合的方式，达到乡村改造和建设的目的。然而，由于村治学院由省政府主持，因而受政局变动的影响很大，未及一年，便草草结束，办学成绩未能尽显。

但是，办理村治学院的诸位先生，在离开了百泉之后，其中的大多数来到了山东省。并于 1932 年在邹平开办了一所乡村建设研究院，其工作包括了"师范教育""民众教育"等乡村教育的一切功能。乡村建设研究院的师生于 1932 年 10 月至 1933 年 1 月，分区到四乡办理"乡农学校"。"乡农学校"的性质，类似于丹麦的民众高等学校，且实施范围较大，并有地方自治及文化改造的功能。其在乡村师范的办理上，也有极大的贡献。同时，广西壮族自治区于这一时期办理了一所师范专修学校，来培养乡村师范的师资，其办法也和乡村建设研究院有颇多相似之处，颇注重师生在校时的直接生产。

（七）乡村民教人员养成机关

"民众教育"比"乡村教育"的范围要广，但是，养成"民众教育"师资的民众教育学校，也包含在乡村师范的范畴中。1925 年 1 月，中华平民教育促进会在保定发起了乡村平民教育的普通运动，后推广至京兆①各县。1926 年之后，中华平民教育促进会转移至河北定县推广乡村平民教育试验工作，同时召集了一批受过高等教育的学生，对其进行了短期培训。这种训练机关比较类似于乡村师范，区别在于其范围较大。1929 年之后，培养民教师资的机关逐渐增多。一马当先者，便是无锡的民众教育学院（后改为江苏教育学院），其创办者便是曾经参与创办晓庄试验乡村师范学校的赵叔愚先生。因此，无锡民众教育学院的办理模式，必然会受到晓庄乡村师范的影响。加之其校址设在乡村，其训练目标又涵盖着对都市与乡村两种民教事业服务人员的培养，在很大程度上也可以将其列入乡村师范的范畴中。

自无锡民众学院开始，陆续有了浙江的民众实验学校（设有民众教育师范科）、河北的民众教育人员养成所、河南的省立民众教育师范学校（后改

---

① 京兆地区为 1913 年到 1928 年中华民国袁世凯政权及北洋政府时期的行政区划，其范围及规格大致沿袭民国初肇建前的中华民国行政区划与清朝行政区划中的顺天府或之后的北平市或北京市。

为河南省立乡村师范）以及山东、广东的民众教育学校等类似的机关。① 这些教育机关的毕业生，其服务地点并不限于乡村，其职业又不以小学教师为主，所以，严格说来并非乡村师范，只是由于其也有乡村师范的功能，也在此予以论述，算作乡村师范之附庸。除了以上机关之外，根据古楳的论述，类似的乡村师资培养机关还有以下几种，分别是 1922 年成立的江苏劳农学院、1928 年成立的河南村治学院以及 1929 年成立的中央政治学校乡村教育科。②

20 世纪二三十年代，在声势浩大的乡村教育运动浪潮中，除了陶行知创办的晓庄学校之外，还有一些注重乡村师资培养的实验区，也直接或间接地创办了类似的乡村师资培养机构。比如中华平民教育促进会创办的乡村师范学校或简易乡村师范学校。抗日战争爆发后，大部分实验区被迫停办，而中华平民教育促进会将实验由山东转移至湖南、四川等地，并在湖南创办了衡阳乡村师范学校。但从根本上已沦为奴化教育的场所。③ 在中国共产党领导的敌后抗日根据地和解放区，某些地区的行政或教育负责人因受到陶行知教育思想的影响，也创办过乡村师范学校，但并未达到普遍设立的程度。

抗日战争取得了胜利之后，解放战争随之爆发，随着解放战争的节节胜利，新解放区将接收过来的乡村师范学校或简易乡村师范学校予以改造，但仍沿袭旧名。1949 年中华人民共和国成立之后，乡村师范学校之名相继取消，1952 年中华人民共和国教育部颁发的师范教育规程中已见不到乡村师范学校的踪迹了，乡村师范学校的历史至此终结。

本章小结

所谓"本土化"，就是外来文化及传统文化改变自己的初始形态以适应社会文化发展需要的过程。④ "本土化"并非对外来文化与传统文化之间的关系进行割裂，而是通过吸收外来文化的精髓使传统文化得到更新和升华。而"教育本土化"是指将异域教育实践和制度与本国的教育实践和制度相结合，在借鉴、吸收外来教育制度和实践的基础上，构建适应本国特质的教育制度和实践的过程。教育本土化是一个国家教育现代化的立足点，任何一个

---

① 甘豫源. 乡村民众教育 [M]. 北京：商务印书馆，1934：68.
② 古楳. 中国乡村师范演进的鸟瞰 [J]. 中华教育界（第 21 卷），1934（12）.
③ 王如才. 我国乡村师范学校的历史发展及其特点 [J]. 江西教育科研，1992（3）：73－77.
④ 郑金洲. 教育文化学 [M]. 北京：人民教育出版社，2000：373.

国家如果不能很好地将现代教育制度与本国国情进行有机的融合，其教育现代化目标的实现便是无从谈起的。而构建现代教育制度作为实现教育现代化进程的一个极为关键的要素，也必须从一个国家自身的文化背景和基本国情出发，对西方现代教育制度进行加工、处理，使其完全融合于自身的文化体系之中。

因此，民国时期教育领域所掀起的强烈的"中国化"或"本土化"潮流，是对晚清兴学以来完全照搬和移植国外教育制度的这种"仪型他国"的制度构建范式的一种修正。这种修正试图在中国的"本土文化"与异域制度文明之间建立一种有机的融合。20世纪二三十年代，中国思想文化掀起了一股"本土化"的风潮。鉴于"乡土中国"的特质，在教育领域，乡村社会成为"教育本土化"的理想场地。在教育本土化实践的过程中，也掀起了一场轰轰烈烈的乡村师范教育下乡运动，乡村师范教育获得迅速发展，为乡村师范教育制度的构建奠定了思想和实践基础。

第三章　必然的选择：乡村师范
教育制度的变迁

　　清末民初以来，由政府所主导的现代化有一个最终目的，那便是建立一个强大的现代化民族国家，而在作为其主要内容的教育改革中，为适应现代化民族国家而构建的新教育试图将西方的现代性与地方传统完全对立起来，通过对传统教育资源的强制性的取缔和改造，不可避免地造成了传统延续的合理性与传统文化的断裂。但是，民国时期，政府或民间团体对于乡村师范教育的办理和定制，却试图在传统和现代之间建立一种关联，是一种现代教育"本土化"的有益尝试，有效地缓和了中西文化的摩擦与冲突。民国时期，乡村师范教育制度是当时国家步入近代化社会之后试图建立稳固的现代性教育制度体系的一部分。因此，属于宏观的现代教育制度变迁的一部分。同时，我们也将民国时期的乡村师范教育制度变迁视为这一历史时期师范教育制度变迁的重要组成部分和必然结果。新制度经济学以运用经济学的方法研究制度而闻名，其理论主要包括交易费用理论、产权理论、代理理论和制度变迁理论四个方面。本部分试图运用新制度经济学当中的制度变迁理论来深入分析民国时期乡村师范教育的制度变迁。

一、新制度经济学中的制度变迁理论

（一）何为制度变迁

　　在了解制度变迁之前，首先要清楚新制度经济学对于制度的界定。新制度经济学的代表人物诺斯将制度视为一系列社会和经济交往关系的规则。在探讨制度的构成要素这一问题时，诺斯将制度分为三个组成部分，即"非正式约束、正式约束和实施机制"。[①]

---

　　① 舒尔茨.制度与人的经济价值的不断提高［M］//财产权利与制度变迁.上海：上海三联书店，1994：253.

对于制度变迁理论，以诺斯为代表的新制度经济学派进行了独具开创性的研究。新制度经济学派并不满足于历史学家和经济史学家在研究历史的过程中，仅仅停留在对历史事件的描述的做法，而是将影响历史进程的一些重要因素（如制度）扩展到已有的模型中去，以此来解释历史。在诺斯的著作中，均对制度变迁进行了解释和说明，如《制度、制度变迁与经济绩效》、与托马斯合著的《西方世界的兴起》以及与戴维斯合著的《制度变迁与美国经济增长》及《经济史的结构与变迁》，等等。尤其是诺斯的《制度、制度变迁与经济绩效》一书，已经成为制度经济学理论中的一部经典之作。被评价为"引导了主导 20 世纪 90 年代的理解制度的一场革命"。①

在诺斯看来，制度变迁是新制度代替旧制度或经历制度从无到有的一种创新过程。通俗地讲，制度变迁就是用一种新制度替代旧制度的过程，诺斯认为，"制度变迁是制度创立、变更及随着时间变化而被打破的过程"。②"制度变迁是指对原有制度条文和约束的创立、修改和废止及对制度的执行和操作的调整。"制度变迁"一般是对构成制度框架的规则、准则和实施组合的边际调整"。③ 通俗地讲，制度变迁实际上指的是制度的替换和交易的过程，制度变迁的这种替换和交易的过程，往往和效率息息相关，有效的制度变迁往往意味着一种效率更高的制度对另一种制度的替代过程。

（二）制度为何会发生变迁

关于为什么会发生制度变迁，诺斯认为所谓制度变迁是源自稀缺性和竞争。用诺斯自己的话说，就是"在稀缺经济和竞争组织环境下，制度和组织的连续交互作用是制度变迁的关键之点；竞争使组织持续不断地在发展知识和技术方面进行投资以求生存，这些技能、知识及组织获取这些技能、知识的方法将渐进地改变我们的制度"。④ 之所以会发生制度变迁，往往基于两个关键因素，即资源的稀缺性以及竞争环境的使然。按照诺斯的观点，世界普遍存在着稀缺性资源，制度作为一种重要的资源，如果这种资源处于稀缺的状况，那么如何将这种稀缺性的资源达到最优配置？这就需要竞争，由于竞争促成了优胜劣汰，最终达成了人们的理性认识和选择，制度变迁便发生了。因为这种选择代表和体现了效率，人们将在这种选择当中获得更多的潜

① 转引自韦森. 再评诺斯的制度变迁理论 [J]. 经济学（季刊），2009（2）.
② 道格拉斯·C. 诺斯. 制度、制度变迁与经济绩效 [M]. 上海：上海三联书店，1995：111.
③ 道格拉斯·C. 诺斯. 制度、制度变迁与经济绩效 [M]. 上海：上海三联书店，1995：111.
④ 道格拉斯·C. 诺斯. 制度变迁理论纲要 [J]. 改革，1995（3）：5.

在利益。

新制度经济学当中有一个基本思想，即制度是内生的。在这一逻辑下，新制度经济学家们深入探讨了国家行为在制度变迁中的重要作用。按照新制度经济学的理论，当一个社会的政治经济发生变化时必然会产生潜在的社会收益，如果这些潜在的社会收益无法通过现有的制度安排实现，新的制度诉求便会产生。在这一过程中，也会有一部分人或组织为了获取潜在收益而率先供给新的制度。因此，制度变迁的过程也可以被理解为制度供给对于制度需求满足的过程，是两者之间所达成的一种动态平衡。

（三）制度怎样发生变迁

制度如何发生变迁，这涉及过程和路径的问题。诺斯认为，制度变迁往往来自某种"外部性变化"，具体包括技术、相对价格、市场规模、收入预期、知识流量等方面。这些"外部性变化"有可能为某些人带来收益。[①] 然而，这种潜在的收益并不能够通过现存的制度安排来实现，只有那些创造出克服了这些障碍的新制度安排的人才可能获得潜在收益。[②] 也就是说，要想获得这种潜在收入，就必须通过创新来提供新的制度安排。因此，制度变迁往往是制度创新或安排主体试图获得潜在收益的一种理性选择。

以新制度经济学的视角来考察民国乡村师范教育制度的变迁，其动因首先源自乡村师范教育制度的稀缺性。民国时期，广大乡村地区面临普及义务教育所急需的大量师资问题，这一问题无法通过现有的师范教育制度安排来完成，这便构成了新的制度诉求。在当时的环境下，乡村教育问题逐渐凸显，广大乡村缺学少教的现状，以及乡村师资的严重匮乏，这些"外部性变化"彰显了乡村师范教育制度这一资源的稀缺性，这种制度供给的有限性和稀缺性使人们不断地提出新的制度诉求。源自这种制度需求与制度供给之间的不平衡，最终发生了乡村师范教育制度变迁。而对于这种制度的诉求的回应，最先发生在了一些乡村教育家和教育团体身上。乡村教育家和教育团体通过理论与实践方面的探索，最终为政府层面推动制度的变迁提供了充分的前期准备。

另外，民国时期乡村师范教育制度的变迁与这一时期社会政治经济发生

---

① 科斯·阿尔钦，道格拉斯·C.诺斯.财产权利与制度变迁［M］.上海：上海三联书店，1994：272.

② 科斯·阿尔钦，道格拉斯·C.诺斯.财产权利与制度变迁［M］.上海：上海三联书店，1994：272.

变化所引起的乡村教育问题的凸显有着十分重要的关联。乡村师范教育作为一种解决乡村问题的实践路径被一些教育团体和教育家所采用，因而其制度诉求首先来自民间社会中的教育团体和教育家群体，教育团体和教育家群体对乡村师范教育的积极实践以及由此所引起的巨大的社会效应，引起了民国政府当局的注意，从而通过颁布促进发展乡村师范教育的法律、法规、学制、课程标准等，对乡村师范教育进行了有计划的定制。按照新制度经济学的代表人物诺斯的观点，正式制度是指人们有意识地制定的一系列政策法规、条例准则和计划方案等，其主要特征是行政上具有强制性。有鉴于此，民国乡村师范教育制度是指国家颁布的有关乡村师范教育的各种法令文件，比如民国时期各个政府为配合教育改革而颁定的学制，其中对乡村师范教育的体系和实施路向，有着总的要求和质的规定性。这些法令文件在宏观上对乡村师范教育的发展具有指导意义和约束作用。

二、民国时期乡村师范教育制度的嬗变

（一）民国初期师范教育制度变革

1911 年 10 月 10 日，辛亥革命的爆发，终结了清王朝的统治，中国历史上历经两千多年的封建帝制时代结束了。中国社会开始迈入新的征程。南京临时政府建立后，为了尽快确立资产阶级的新教育体制，在教育领域内迅速展开了一系列改革，师范教育是其中一个主要内容。在南京临时政府建立到南京国民政府建立前的历史阶段中，我国近代师范教育体制较清末"新政"时期有了明显的进步。师范教育逐渐步入正规化、制度化轨道。

1912 年 1 月 19 日，南京临时政府教育部颁行了《普通教育暂行办法》，对晚清以来的师范教育体制进行了适当的调整，详细规定了师范教育的科目、修业年限和课程等，为日后师范教育的发展构建了一个基本的框架和格局。同年 7 月南京临时政府教育部公布了新的教育宗旨，即"注重道德教育，以实利教育、军国民教育辅之，更以美感教育完成其道德"。新的教育宗旨的公布，对师范教育有了质的规定。同年 9 月，临时政府教育部颁布了《师范教育令》，随后又于 12 月颁布了《师范学校规程》，这两项文件对师范教育的指导思想和宗旨做了具体的规定。1913 年 3 月又公布了《师范学校课程标准》，重新界定了中等师范教育制度。1913 年 8 月，民初政府教育部通令各县设立小学教员讲习所，加大了中等师范教育的规模，以便培养急需的小学教员。民初政府颁布了一系列师范教育的政策、制度、法规，详见表 3-1 所示。

表 3-1　民国初期师范教育政策法规一览表

时间	名称	主要内容
1912-1-19	《普通教育暂行办法》	从质的方面对师范教育体制予以重新规定，中等师范学校与中学一样改为四年毕业
1912-1-19	《普通教育暂行课程标准》	对师范学校的科目进行明确确定，包括修身、教育、国文、外国语、历史、地理、博物、理化、法制、体操、音乐等，废除了清末的读经讲经课
1912-9-29	《师范教育令》	规定了师范学校的目的、设立、经费、校长及教员的俸给，附设附属小学和附设小学教员讲习所等
1912-12-10	《师范教育规程》	规定了学生培养、预科与本科、编制、入学退学及惩戒、学费、毕业生服务、讲习科、附属小学与附属蒙养园、学校设立变更及废止等
1913-3-27	《师范学校课程标准》	规定了师范学校、高等师范学校的修业年限、学科目及程度、编制及设备、入学资格及毕业后的服务、高等师范学校校长及教员的俸给等
1916-1-8	《修正师范学校规程》	其中对讲习科进行了相关规定："第六十四条 小学教员讲习科，为既得高等小学及国民学校教员许可状要求讲习者设之。遇特别情形，亦可为欲任国民学校教员者设讲习科。第六十五条 前条第二项讲习科，分为副教员讲习科，正教员讲习科。"
1917-2-3	《师范生服务期内不得改就他职，各师范中小学教员应先尽师范生任用》	"凡在服务期以内之师范生，除经教育总长特别制定外，不得任意营谋教育以外之事业。"
1922-11-1	《学校系统改革令》	规定了讲习科："（二十）为补充初级小学教员之不足，得酌设相当年限之师范学校或师范讲习科。"

　　资料来源：中国第二历史档案馆编．中华民国史档案资料汇编（第三辑 教育）[G]．南京：凤凰集团传媒出版社，1991.

　　综观民初政府颁布的一系列有关师范教育的政策、法规，鲜有专门针对乡村师范教育的，其原因有两个方面：一是这一历史阶段始终缺乏一个相对稳定的国内政治经济环境。民初的政权几经更迭，先后经历了南京临时政府时期、袁世凯政府时期以及后来的北洋政府统治时期，中央政权犹如走马灯一般，经历着频繁的更迭，各军阀之间为争夺中央权力所进行的激烈的混战，在很大程度上造成了中央政府层面对于乡村教育的无暇顾及。因此，也就没有专门针对乡村师范教育的政策、法规了。二是这一历史阶段，师范教育制度的构建依然遵循着照搬、模仿国外教育制度的路径，在师范学校的设置上并没有做城乡的划分，即使是北洋政府统治后期掀起了一场新教育制度中国化的浪潮，一些学者开始呼吁"师范教育下乡"，并且也出现了几所零星的专门培养乡村师资的国民师范学校，如山西国民师范学校，但所有这些都仅仅停留在教育家的呼吁以及地方政府（如山西省）的实践层面，来自中央政府专门针对乡村师范教育的政策、法规始终没有出现。然而，民国初期在师范教育制度构建方面所做的努力，无疑为后来乡村师范教育制度的构建奠定了很好的制度框架。

（二）南京国民政府时期乡村师范教育制度的制定

1. 抗战前期乡村师范教育制度的构建

南京国民政府成立后，为顺应时代潮流并出于自身统治的考虑，加强了对乡村师范教育的监督和管理，使之逐步规范化和制度化，逐渐加强了对乡村师范学校的控制，将包括乡村师范教育在内的整个乡村教育纳入自己的管理范畴之内。1928年，国民政府召开的第一次全国教育会议中，陶行知、程时煃、孟宪成等人对师范教育制度进行了集中讨论，最终通过了《整饬师范教育制度案》，后经国民政府大学院以第539号训令通饬实行，明确地将乡村师范学校列入师范教育制度中。乡村师范学校从此获得了师范教育制度中的合法地位。

在《整饬师范教育制度案》的基础上，国民政府于同年通过了《整饬中华民国学校系统案》（即"戊辰学制"）。在此学制中，综合中学制被废止，确立了师范教育在中等教育中的独立地位。"戊辰学制"对于乡村师范学校的招生对象和修业年限首次提及，一举奠定了乡村师范学校在学制中的地位。然而，遗憾的是，"戊辰学制"并未公布实施。因此，在此后的很长一段时间内乡村师范学校依然未取得独立地位，除了各省独立设置的省立乡村师范学校和一些私立乡村师范学校外，大部分乡村师范学校依然附属于中学，属于中学的乡村师范科。

除了《整理学校系统案》和《整饬师范教育制度案》之外，国民政府大学院所召开的第一次全国教育会议中涉及乡村师范教育的还有两项提案，一是《请确定师范教育制度案》，在其中规定了初级或乡村小学教师训练机关，需招收小学毕业生，招收初中二年级肄业生，毕业期两年，并规定此类学校以设于乡村为宜；二是《注重训练乡村教育师资案》，其中提出了各省应该酌情划分乡村师范区，每个乡村师范区设立一所乡村师范学校，进行乡村师资的培养与培训。

1928年8月，国民政府大学院拟定并出台了《训政时期施政大纲》，拟定了用三年时间发展乡村师范教育的计划，即第一年择地试办乡村师范学校，第二年根据各地需要教员的人数，逐渐增加乡村师范学校的数量，第三年进行完善。① 次年 3 月，在国民政府召开的第三次全国代表大会出台的教育议案当中，规定了"师范教育，于可能范围内，使其独立设置，并尽量发展乡村师范教育"。1929 年 4 月，南京国民政府公布《中华民国教育宗旨及其实施方针》，其中提出了"尽力发展乡村教育"，在一定程度上起到了推动乡村师范学校发展的作用。

1929 年 5 月，南京国民政府大学院召开第一次全国教育会议，其中有关于乡村师范教育方面的议决案，如"提倡乡村教育设立乡村师范案""请大学院明令各省注意训练乡村教育师资案"等。1930 年 3 月 4 日，国民政府召开了国民党三中全会，在第三次大会上通过了由胡汉民、刘庐隐、陈立夫联合提出的《实施三民主义的乡村教育案》，其中规定了解决乡村教育中的师资问题的若干办法，如在中央政治学校增设乡村教育系，招收高级中学以上学校毕业的党员；乡村教育系采用军队编制式，以养成学生吃苦耐劳精神等。

1930 年 4 月 26 日，国民政府又公布了中华民国教育宗旨，其中的第五条规定："师范教育……使其独立设置并尽量发展乡村师范教育。"1930 年 8 月，国民政府大学院公布了全国教育会议议决的乡村师范学校制度及其办法，规定了各级乡村师范学校的程度和年限。并将乡村师范依据程度上的不同分为三类：小学毕业六年之乡师，大学前二年之乡村师范专修科，大学后二年之乡村师范学院皆独立设置；乡师入学年龄，至少需要 16 岁以上。②

各地方政府也相继颁布了一些乡村师范教育法令。如四川省政府于 1931 年 3 月出台了《扩充乡村师范学校办法》，提出乡村师范学校的设立应遵循每县单立一所的原则，遇财力不足的贫瘠县时，可采取联合邻县共同设立乡村师范学校，以此达到扩充乡村师范学校的目的。③ 同样出台了关于扩充乡村师范学校的法令的还有江苏省和广东省。江苏省教育厅于 1932 年颁布了《改进全省师范教育计划大纲》，明确地提出了"分年添办乡村师范学校，以谋乡村教育之平均发展"。④ 广东省也于 1932 年颁布通令，敦促那些尚未设立乡村师范学校的地区，尽快设立乡村师范学校。⑤

---

① 古楳．乡村师范概要［M］．北京：商务印书馆，1936：39.

② 戚谢美．金海观的乡村师范教育思想和实践［J］．杭州大学学报（哲学社会科学版），1989（2）：151－158.

③ 古楳．乡村师范概要［M］．北京：商务印书馆，1936：39.

④ 古楳．乡村师范概要［M］．北京：商务印书馆，1936：40.

⑤ 古楳．乡村师范概要［M］．北京：商务印书馆，1936：40.

1931年4月，第二次全国教育会议议决"全国教育方案"第三章"各级师资训练机关"内，把乡村师范列为三类：小学毕业六年之乡师，大学前二年之乡村师范专修科，大学后二年之乡村师范学院。同年7月，教育部中小学课程起草委员会开会，讨论乡村师范必修科目。1931年9月3日，国民党中央召开了第三次执行委员会，在第十七次常务会议中通过了《三民主义教育实践细则》，其中规定了乡村师范学校的宗旨及其实践原则，提出了乡村师范学校以改善乡村生活、适应乡村发展的现实需要、培养乡村师资为宗旨。

1932年2月，国民政府教育部令蒙藏各旗选送优秀学生，就学内地或边疆各省乡村师范学校，以培养相当师资，回籍服务。同一时期，南京国民政府教育部令蒙藏各旗选送优秀学生，在内地或边疆各省乡村师范学校就学，在养成合格师资之后，回籍服务。同年4月，国民政府教育部又发布通令，规定全国各省自该年始将县立中学改组为职业学校或乡村师范学校。

1932年12月17日，是我国乡村师范教育发展过程中极为重要的一年，国民政府通过颁布《师范学校规程》，详细地规定了乡村师范学校以及简易乡村师范学校的课程。乡村师范学校的课程仅规定"应增设关于乡村及农业科目"。将乡村师范学校分为乡村师范和简易乡村师范两类，并对其含义、目标、课程等方面做了具体规定：

"第四条：以养成乡村小学师资为主旨之师范学校，得称乡村师范学校。

……

第六条：各地方为急需造就义务教育师资起见，得设简易师范学校或于师范学校及公立初级中学内附设简易师范科。

……

第九条：师范学校应视地方情形，分设于城市或乡村，于可能范围内应多设在乡村地区。

……

第二十七条：乡村师范学校，应增设关于乡村及农业科目。

……

第一百二十三条：简易师范学校及简易师范科，俟地方小学师资足敷分配时，应即停止办理。

第一百二十四条：简易师范学校入学资格为小学毕业生，修业年限为四年。简易师范科之入学资格为初级中学毕业生，修业年限为一年。

第一百二十五条：简易师范学校应以县市设立为原则。

第一百二十六条：简易师范学校应于可能范围内设在乡村地方。设在乡村之简易师范学校，得称简易乡村师范学校。"

虽然1932年《师范学校规程》的颁布，对乡村师范学校的课程进行了详尽的规定，但乡村师范学校依然处于一个缺乏统一的课程标准的境地。各处乡村师范学校的课程设置错综复杂，这也造成了学生的水平参差不齐。比如同属江苏省立乡村师范学校，栖霞乡村师范学校的课程依据的是"四年制乡村师范课程要旨及时间学分表及部颁高中师范科必修科目时间及学分表，并参酌实际之需要而增订之"，[①] 而灌云乡村师范学校的课程则是"根据部颁初中课程标准一百八十六学分及高中师范科一年五十四学分，共定为二百四十学分"。[②] 而反观同一时期的其他各乡村师范学校的课程，差别更甚。造成这种局面的主要原因在于，在乡村师范学校设立之初，民国政府教育行政当局并没有出台明确的乡村师范课程标准。政府层面上无法可依，便造成了各乡村师范学校自行编定课程的必然结果。

辩证地来看，各乡村师范学校在课程设置上的各行其是，实际上是利弊并存的。利在于：各乡村师范学校可以根据自身实际，自由取舍；弊在于：这种自由取舍往往漫无目的、毫无标准。以晓庄学校的课程设置为例，其将普通的课程设置予以突破，以整个的生活为课程，而受其影响深远的其他乡村师范学校对于这种课程设置的模仿则不免有名无实。另外，在课程设置上没有统一标准，也为一部分灵活的教师自行进行课程的创造提供了很大空间。比如李楚材编定的"乡村师范课程"、傅葆琛编定的"大学乡村教育系科目"、张石樵编定的上海立达学园高中农村教育科工学纲领等，都可以看出乡村师范课程的改进步伐。

与普通师范学校相比，乡村师范学校的独特性主要体现在课程设置上。早在1930年，国民政府便着手制定乡村师范课程标准。是年7月，教育部中小学课程起草委员会便开会讨论乡村师范的必修科目。8月开始起草乡村师范课程标准。1932年8月21日，全国各乡村师范学校校长在镇江师范学校举行会议，讨论乡村师范课程的修改事宜，并决议呈请教育厅组织乡村师

---

① 古楳.乡村师范概要［M］//肖云慧主编.黄质夫教育思想研究.贵州：贵州民族出版社，2003：374.

② 古楳.乡村师范概要［M］//肖云慧主编.黄质夫教育思想研究.贵州：贵州民族出版社，2003：374.

范课程标准起草委员会编定乡村师范课程标准。有鉴于此，1935 年，国民政府教育部颁布了更为详尽的课程标准。在 1935 年国民政府教育部出台了《乡村师范学校课程标准》，详细规定了乡村师范学校的课程及学时。1936 年，教育部又颁布了《简易乡村师范课程标准》，详细规定了小学毕业四年制简易乡村师范的课程及学分。从这两个课程标准当中可以看出，简易乡村师范学校的教育课程总学分为 31，占总学分的 12％；农事课程总学分为 44，占总学分的 15％。可见，农事教育的课程受到了重视。

2. 抗战后乡村师范教育制度的演变

1937 年 7 月 17 日，震惊中外的"卢沟桥事件"爆发了，日寇发动了全面侵华战争。针对日本发动的全面侵华战争，国民政府迅速做出应对，于 1938 年 3 月在武汉召开了全国代表大会，制定了《抗战建国纲领》，确定了抗日战争期间的一系列基本政策。国民政府在制定《抗战建国纲领》的同时，也制定了相应的《战时各级教育实践方案纲要》，从战时的现实需要出发，对之前的一系列教育法令、法规均做出了必要的补充和完善。在师范教育方面的调整，形成了普通师范学校、乡村师范学校、特别师范科、简易师范学校、简易乡村师范学校、简易师范科、各种专业师范科及师范学校、边疆师范学校等八类师范学校共存，以普通师范教育为主体的格局。在师范教育的类别上，做了扩充，相对以前更加丰富多样。同年 8 月，国民政府教育部又颁布了《总动员时督导教育工作办法纲领》，旨在根据战时的环境与具体需要，框定了各级各类教育的具体办理政策和方针。具体规定：全国各地学校于战时务须保持镇静，以就地维持课业为要旨；并于相对较安全之地，尽最大可能扩充容量，以收受战区学生。

抗战全面爆发之后，军事上的节节失利，沿海沿江之地相继沦为日寇之手，迫使占领区的学校或遭遇停办或内迁至大后方，此时期的文化教育无疑遭受了重创。1938 年 12 月，首都南京沦陷，使很多人开始意识到抗日战争的持久性。鉴于中国基础教育本就薄弱的现实，为抗战建国的大业，教育界人士遂提出了以"战时须作平时看"的方针。针对这一主张，蒋介石于 1939 年召开的第三次全国教育会议上予以支持。由此，"战时须作平时看"成为国民政府在抗战时期的既定教育方针和政策。

"战时须作平时看"的方针，彰显了在抗日战争全面爆发的民族危难之际国民政府依然重视各级各类教育发展的决心。而事实上，作为各级各类教育之基础的师范教育更加受到国民政府的重视。在《战时各级各类教育实施方案纲要》中，对于师范教育的规定体现了原则性的特点，其中提出"对师资之训练，应特别重视，而亟谋实施"，"各级学校教师之资格审查与学术进修之办法，应从速规定，以养成中等学校德、智、体三育所需之师资"。①在《战时各级各类教育实施方案纲要》颁布之后，国民参议会又出台了《各级教育实施方案》，具体规定了师范教育的改革问题，并对中等师范教育予以质的规定，还规定中等师范学校在教学方法上应该"与社会沟通，造成教学做合一之环境"。

综观抗战期间国民政府对中等师范教育的办理，大体上与抗战前相同，只是针对原有的不足做了适当的修补，以便适应战时的具体需要。这种调整体现在以下几个方面：一是改变了之前师范学校由省立的原则设立了国立师范学校。从1938年开始，国民政府设立国立师范学校，并使其成为中等师范教育制度的一个重要组成部分。根据相关统计，从1938年到1946年6月，国民政府共在全国设立了12所国立师范学校。二是对特别师范生和简易师范生的培养有所加强。国民政府教育部于1940年公布《特别师范科、简易师范科暂行办法》以培养急需的特别师范人才。三是设立简易师范学校，原则上规定了四年学制，但是在师资缺乏的地区，也可办理三年制的简易师范学校。四是增设社会教育师范科、体育师范科、音乐师范科、美术师范科、劳作师范科、童子军师范科。五是设立了边疆师范学校。

由此，在抗战期间形成了以国立、省立或市立为主，附以私立的师范教育发展格局，在中等师范教育方面，则形成了以普通师范学校为主，其他师范学校并存的局面。共形成了八类师范学校，即普通师范学校、乡村师范学校、特别师范科、简易师范学校、简易乡村师范学校、简易师范科、各种专业师范科与师范学校、边疆师范学校。

1941年，国民政府教育部通令全国各省市加强师资培养，并提出以下要求：第一，各省市将师范学校附设于县立中学，或将师范班级附设于中学者，应督促使其独立设置；第二，按照确定师范教育方案，在师范学校区内，各县应单独或联合数县设立简易师范学校，应再通盘筹划，加设学校并拟出逐年发展计划，呈报核定实施；第三，在实施国民教育时期，应督促各师范学校或简易师范学校尽量招收简易师范科、特别师范科以满足需求。②

---

① 教育部.第二次中国教育年鉴（第七编）[Z].北京：商务印书馆，1948：9.
② 教育部.第二次中国教育年鉴（第七编）[Z].北京：商务印书馆，1948：23.

另外，在抗战期间，针对原有的普通师范学校与乡村师范学校课程，也有所调整。南京国民政府教育部于 1941 年修订的师范学校课程科目规定了普通师范与乡村师范在课程上通用，但是兼顾了乡村师范学校的特点。其他如简易师范、简易乡村师范、特别师范、体育师范等也是在原有课程结构的基础上做了类似的调整。1943 年之后，又在师范学校及简易师范学校中增设了卫生教育学、医药常识作为选修课程。

抗战胜利之后，全国各级各类教育在经历战火的摧残之后，进入了战后恢复期，表现在乡村师范教育方面，最为重要的改革在于重新修订了之前颁布的《师范学校规程》。1947 年 4 月 9 日，南京国民政府教育部第 19251 号部令公布《修正师范学校规程》。详细规定了乡村师范学校的设置及管理、经费、课程等，具体见下文：

"第二章　设置及管理：

第九条　师范学校应视地方情形，分设于城市或乡村，于可能范围内，应多设在乡村地方。

第三章　经费：

第十七条　省市立师范学校之开办、经常、临时各费，由省市款支给之；县立或联立师范学校经费，由县立联立各县县款支给之。

第十八条　县立师范学校，如确因地方贫瘠及成绩优良，得受省款补助。

第二十条　师范学校经费之支配，除学生膳食外，俸给至多不得超过百分之七十，设备费至少应占百分之二十，办公费至多不得超过百分之十。

第五章　课程：

第二十七条　乡村师范学校之教学科目为公民、体育、军事训练（女生习军事看护及家事）、卫生、国文、算学、地理、历史、生物、化学、物理、伦理学、劳作、美术、音乐、农业及实习、农村经济及合作、水利概要、教育概要、教育心理、小学教材及教学法、小学行政、教育测量与统计、乡村教育及实习。

第二十九条　特别师范科招收高级中学毕业者，其教学科目为国文、体育、图画、音乐、劳作、教育概论、教育心理、小学教材及教学法、小学行政、教育测量及统计、地方教育行政及教学视导、民众教育及乡村教育及实习。

第十五章　简易师范学校及简易师范科：

第一二七条　简易师范学校入学资格为小学毕业生，修业年限四年。简易师范科之入学资格为初级中学毕业生，修业年限一年。简易师范学校及简易师范科入学试验，均应免试外国语。

第一二八条　简易师范学校，以县市立为原则。

第一二九条　简易师范学校，应于可能范围内设于乡村地方；设在乡村之简易师范学校，得称简易乡村师范学校。

第一三零条　简易师范学校之教学科目为公民、体育、卫生、国文、数学、地理、历史、植物、动物、化学、物理、劳作（农艺、工艺、家事）、音乐、美术、教育概论、教育心理、乡村教育及民众教育、教育测量及统计、小学教材及教学法、小学行政及实习。

第一三一条　简易师范科之教学科目为体育、国文、数学、地理、历史、自然、劳作（农艺）、图画、音乐、教育概论、教育心理、小学教材及教学法、小学行政及实习。

第一三五条　简易师范学校及简易师范科学生毕业后，充任简易小学、短期小学及初级小学教员。"

国民政府建立之后，制定了一系列关于乡村师范教育的制度，在很大程度上促进了乡村师范教育的发展，体现了国民政府对于乡村师范教育发展的鼓励与支持。尤其是陆续颁布了《师范教育法》（1932年）、《师范学校规程》（1932年）、《乡村师范学校课程标准》（1936年）、《简易乡村师范学校课程标准》（1936年），乡村师范教育得以独立设置，不仅在学制、法令上取得了一席之地，而且被纳入正规教育体系之中的一个重要环节。然而，随着国民政府对于乡村师范教育控制力度的加强，乡村师范教育逐渐丧失了活力与进步意义。随着晓庄学校被国民党当局查封，受其影响较大的一些乡村师范学校也随着课程设置等方面的统一，仅存的几门农业课程和乡村教育课，已经无法掩盖其积极适应、改造乡村生活的精神内核的颓丧了。

三、民国乡村师范教育制度变迁的内在逻辑

新制度经济学在讨论制度变迁所遵循的内在逻辑问题上，将其划分为强制性制度变迁和诱致性制度变迁两种类型。所谓强制性制度变迁，是指国家通过颁布法令、法规的实施实现追求租金和产出最大化的目标。而诱致性制度变迁则更多的是一种自发的制度变迁，是基于人们在制度不均衡状态下对

于所产生的获利机会的获得而发生的。① 据此，我们也可以将教育制度变迁的内在逻辑分为诱致性制度变迁和强制性制度变迁。民国乡村师范教育制度变迁的实现既有客观的推动力，也有自我的路径选择。在其制度变迁的内在逻辑上，既有教育内部组织和人员推动的自下而上的诱致性制度变迁，也有政府层面推动的自上而下的强制性制度变迁。

（一）政府层面自上而下的积极办理——强制性制度变迁

强制性制度变迁的主体是政府，是政府看到了潜在的收益，主动承担制度供给者的角色，这里的政府包括中央政府及地方政府。强制性制度变迁从动力来源上一般是自上而下的强力推动，往往从核心制度的变迁开始，具有很高的效率，能在很短的时间内有效地解决制度供给的不足等问题。政府层面对于乡村师范教育的积极办理在一定程度上极大地推动了相关制度的变迁。

民国时期，尤其是国民政府成立后，出于自身统治的需要，顺应师范教育以及乡村教育发展的趋势，政府对于乡村师范教育的办理，体现了制度化、规范化的特点，极大地促进了乡村师范教育制度的变迁。从1928年开始，陆续颁布制定了一系列师范教育法规。如1932年颁布了《师范教育法》与《师范学校规程》，不仅将乡村师范教育纳入师范教育体制，成为国民教育体系中的一个重要环节，而且使乡村师范教育取得了学制、法律上的地位，并且得以独立设置。1935年后又先后颁布了《乡村师范学校课程标准》和《简易乡村师范学校课程标准》，为乡村师范学校制定了有别于普通师范学校的课程体系，使乡村师范学校完全摆脱了普通师范学校附庸的地位。

（二）民间层面自下而上的积极推动——诱致性制度变迁

诱致性制度变迁的主体来自教育的具体组织或组织内部的成员，包括学校管理者、专门从事教育研究的专家学者、教育利益个体或者群体，发现或者意识到这种制度变迁的潜在收益比较可观，便通过各种实践活动向上层政府或机构施加影响力，最终使决策者认识到了制度变迁的可行性，于是便着手进行制度的创新与安排，制度变迁便发生了。因此，从路径上来说，这种变迁是自下而上的。

首先，教育思想和实践层面的积极探索是乡村师范教育制度变迁的观念

---

① 林毅夫. 诱致性制度变迁和强制性制度变迁［M］// 现代制度经济学. 北京：北京大学出版社，2005：255.

前提。在教育制度变迁的过程中，主体往往会将自己对于教育制度的理解与认知转化为教育观念，并以此作为自身选择、变革、创新教育制度的标准。在这个意义上，教育制度变迁也可以被理解为主体对教育观念的选择。因此，任何教育制度变迁必然有其观念前提。参与教育制度变迁的主体——专家学者、教育利益个体或者群体（教育团体）必然会受到其当前的教育制度观念的影响。

其次，民国时期乡村师范教育制度变迁是专家学者、教育利益个体或群体有理性、有目的地参与乡村师范教育实践的结果。民国时期，尤其是到了20世纪二三十年代，乡村及乡村教育问题的凸显，使一大部分教育家将目光转移至广大的乡村社会，掀起了一场声势浩大的乡村教育运动，一大批乡村教育家深入乡村，进行了卓有成效的乡村教育试验。乡村教育运动中不乏乡村师范教育的思想与实践。从1921年开始，余家菊在《乡村教育运动的涵义与方向》中，首次提出了师范教育应作"下乡运动"。此后，其他教育界人士也纷纷撰文对此提出呼吁。比如，过探先发表了《办理农村师范学校的商榷》，陶行知发表了《师范教育下乡运动》等。他们的教育观念和教育实践为乡村师范教育制度的变迁提供了价值定位和合理性论证。

四、民国乡村师范教育制度变迁的动力来源

人类进行一切社会活动的动力均来自某种利益需求，制度变迁也不例外。

所谓"制度变迁动力"，指的是影响制度变迁的各种因素对于制度施加作用并使之改变的力量，也就是促使原有制度条文和约束被创新、修改和废止及推动制度的执行和操作进行调整和改变的作用力。制度作为社会、经济中的重要组成部分，不仅是一种理论上的抽象，是人们学术研究中的抽象词汇。同时，制度更多地体现为具体的、普遍的现实问题，制度遍布于社会、经济生活的每个角落，并无时无刻不在发生变迁。制度变迁的发生往往不是单一因素的推动，而是受多重因素和动力的推动所致。推动制度变迁的因素很多，而且具有广泛性和复杂性的特点，这些因素通过彼此相互作用和影响，以直接或间接的方式共同推动着制度变迁的发生。制度的多样性以及其作用的广泛性和复杂性决定制度变迁不可能只是在一种单一的力量的推动下完成，而是多重因素共同推动和作用的结果。因此，考察民国时期乡村师范教育制度变迁的动力来源时，应该充分认识到这一点。

（一）普及义务教育所面临的师资匮乏

民国时期，提出了义务教育普及的愿望，但面临师资的严重短缺，尤其是乡村师资缺学少教的现状更加需要大量的乡村教师，这在很大程度上催生了乡村师范教育制度的产生。北洋政府时期，政府层面对于义务教育推广工作的重视，为乡村师范教育制度的产生做了很好的酝酿和准备。1915 年，北洋政府教育部颁布了《义务教育实行程序》，重申了实行 4 年义务教育的计划。1919 年北洋政府教育部公布了《全国教育计划书》，要求"义务教育急应分年计划进行，以期十年以后渐图普及"。①

随后，北洋政府教育部于 1920 年制定《八年推进义务教育办法》，又规定了用八年时间普及四年义务教育的任务，并提出了培养能够深入乡村并适应乡村生活环境的教师的任务。1921 年，江苏省又发起成立了"义务教育期成会"。出版《义务教育》杂志，遂在全省推广义务教育，而师资的缺失遂成为先决条件。"近岁义务教育，呼声日高，明达君子，急急焉以推广小学教育为先务。而所欲推广小学十之八九在农村，乃愈觉造就农村小学教员之不可一日缓。"②

1922 年，《壬戌学制》颁行，规定了义务教育普及的任务。1923 年制定的"新宪法"当中规定："义务教育之学年至少以六年为限。在义务教育学年内，免纳学费。"③ 而欲推广普及义务教育，师资面临极大的困难。尤其是对于中国广大的乡村来说，更是难言义务教育的普及。陶行知曾经对此做过一个估算，他估算中国有 100 万个乡村，如欲普及义务教育，至少要有一百万个学校，一个学校至少要有一个教师。这样算来，中国乡村地区至少需要 100 万个教师。然而，中国自师范教育制度确立以来，很少为乡村教育的发展输送合格的师资，师范学校的学生毕业后大多会选择繁华的都市生活，很少服务于乡村教育。在这种情况下，"师范教育下乡"被很多有识之士提出。

乡村师范学校的产生，根本上是为了解决乡村社会对于大量师资的急需的问题。早期的师范学校均设在城市，毕业生也大都服务于城市。在现代师范教育制度确立之初，并未做城乡之间的划分，导致大部分师范学校均设在

① 中国第二历史档案馆编.中华民国史档案资料汇编（第 3 辑"教育"）[G].南京：江苏古籍出版社，1994：53.

② 过探先.办理农村师范学校的商榷 [J].义务教育，1923（12）：10.

③ 王炳照，阎国华.中国教育思想通史（第 7 卷）[M].长沙：湖南教育出版社，1994：282.

城市里，广大的乡村社会则鲜有师范学校。因此，师范教育并不能满足乡村社会的实际需求，其毕业生也未能适应乡村社会的实际生活。所以师范学校虽多，乡村师资依然缺乏。

五四运动之后，为实现义务教育普及而面临的师资匮乏，成为当时亟待解决的问题，而将这一问题真正付诸实践并最有力度的当属山西省。1918年，时任山西省长的阎锡山筹划在山西全省分七期依照先城市、次城镇、后乡村的顺序普及义务教育。[①] 1919年，阎锡山在太原筹设国民师范，规定了两年的修业年限。这所学校成立的宗旨是为培养乡村学校的师资，其学生毕业后规定在乡村服务，在课程设置上也与以往的师范学校有很大差别，规定了两年的修业年限。这所学校虽然仍旧未能摆脱普通师范学校的羁绊，但已初步具备了乡村师范学校的某些特质，可以被视为民国乡村师范学校的萌芽。1923年，江苏省义务教育期成会的袁观澜、顾述之二人发起每个师范学校在乡间设立一所分校，以专门培养乡村教师，同时每所分校又附设一所小学，以方便乡村师范学生的实习。这催生了江苏省五所省立师范学校分别在吴江、黄渡、洛社、栖霞山、界首设立了分校和附属小学。江苏省师范学校乡村分校的设立，其宗旨在于培养"适于农村生活之小学教师，指导农村教育，改进农村社会之人才"。

（二）乡村师范教育运动的直接推动

20世纪二三十年代，乡村教育家深受美国进步教育运动和法国启蒙思想的影响，以其恢宏的文化气度和世界意识，将目光投向中国广大的乡村社会，并深入乡村进行教育实践和乡村建设，掀起了一场轰轰烈烈的乡村教育改革运动。同时，在乡村师范教育实验的推动下，在国民政府的积极鼓励下，掀起了一场以培养乡村小学师资为主旨，最终达到以改造乡村社会为目的的乡村师范教育改革运动。乡村师范教育改革运动在实践过程中取得了丰硕的教育成果，对中国乡村师范教育的发展进行了有益的尝试和探索，引起国民政府对于乡村师范教育的极大关注，国民政府通过向乡村师范教育实践提供政策支持之外，还积极办理乡村师范教育，极大地推动了这一时期乡村师范教育制度的变迁。

20世纪30年代，乡村教育运动的发展已臻高潮，"它已不是一般概念的教育现象了，而是一种超越教育范畴的社会文化现象。这种现象正在强烈

---

① 王炳照，阎国华．中国教育思想通史（第7卷）[M]．长沙：湖南教育出版社，1994：283.

地震撼着当时的教育界，乃至整个思想文化界，使所有关注思想文化的人们，都不能漠视它的存在和影响"。[①] 其时从事乡村教育和建设的流派林立，主义纷呈。据《第二次全国教育统计年鉴》的统计，从 1925 年到 1935 年的 10 年，全国各地建立的乡村教育、乡村改进和乡村建设实验区就达 193 处。另据国民政府实业部的统计数据：1934 年全国从事乡村建设运动的团体达 600 多个，他们建立的试验点、实验区有 1000 余处。在流派林立、主义纷呈的乡村教育运动中，乡村师范教育实践作为乡村教育运动的重要组成部分，对于这一时期乡村师范教育制度的变迁无疑起到了推波助澜的作用。乡村师范教育运动的高涨，促使国民政府开始关注乡村师范教育，并制定了一系列乡村师范教育制度。

（三）国家乡村社会控制的力度加强

近代化以来，中国经历着两个值得注意的历史进程，一是西方资本主义入侵所带来的经济结构的变化；二是国家竭尽全力加强对乡村社会的控制。[②] 而国家对于乡村社会的控制始自国家权力的下沉。国家权力向乡村社会的渗透始于清末新政，到 20 世纪 40 年代已经基本改变了乡村社会的政治、文化及社会联系。国家权力在向乡村社会下沉的过程中，以现代警察制度、现代法律制度和现代教育制度为主要内容。南京国民政府对于乡村师范教育的积极办理以及相关制度的厘定，实际上是近代以来国家试图加强对乡村社会控制这一历史进程的延续。

1. "皇权至于县政"——传统社会权力格局

漫长的中国传统社会中，国家权力不是弗远无界的，所谓"皇权止于县政"，广大乡村社会由介于官民之间的士绅群体维系其无为而治的逻辑轨道。作为皇权意志在地方社会的直接代表与象征，从关系上讲，县与中央是服从—命令的关系，县受皇权意志的直接辐射。而国家与乡村社会的关系则是法制—遵守的关系，在国家与乡村社会之间存在一个巨大的"缓冲地带"——士绅阶层，绅权与皇权的牵制，从总体上形成了乡村社会无为而治的局面。[③]

马克斯·韦伯曾经就中国传统社会的组成和权力结构进行过论述，在他

---

① 苗春德．中国近代乡村教育史［M］．北京：人民教育出版社，2002：50—51．

② 杜赞奇．文化、权力与国家［M］．王福明，译．南京：江苏人民出版社，2010：1．

③ 张济洲．文化视野中的村落——学校与国家——一个县教育变迁的历史人类学考察（1904—2006）［D］．上海：华东师范大学，2007：182．

看来，村落作为一种自治单位，与传统中国政府的功能有一定的距离。他说："事实上，正式的皇权只施行于都市地区和次都市地区。除了城墙之外，统治权威的有效性便大大地减弱，乃至消失。"[①]"日出而作，日落而息，帝力于我何有哉"，表明封建时代乡村与国家权力关系的松散。国家权力的触角仅仅延伸至县级，而在广大的乡村地区，国家依靠乡村的乡绅实现对基层社会的控制，依据礼制秩序维护着传统的延续和社会的运转，形成了中国社会超稳定结构。也正是因为这样，文字和法律一般是不会深入乡村中去的。从先秦至清末的 4000 年历史中，只有城市才有官学的设置，而广大的乡村地区则由私学所占据，政府并不过多干涉。法律一般也不会深入乡村社会，乡村秩序的维护依靠的是"村规族约"，所谓"家有家法，族有族规"。

在传统社会中，绅士阶层在地方社会治理中发挥着极其重要的作用，教师一直都是绅士阶层的主要组成部分。根据张仲礼的研究，在清朝嘉庆、道光、咸丰、光绪年间，以教书为职业的绅士（即私塾教师）分别占到绅士总量的 30%、28%、28%、37%[②]。苏珊娜·佩珀认为，在 19 世纪末的中国，全国有私塾教师约 300 万人，他们作为绅士集团的主要成员之一，具有人们所公认的政治、经济和社会特权，比如他们已经被豁免了劳役，身着受人尊敬的长袍，以教书谋生，有着特殊的生活方式，并在政府与地方社区之间扮演着中介人的角色。在传统社会中，绅士和私塾先生等地方社会力量在推动乡村教育方面发挥着重要的作用，而政府对于乡村教育的影响仅限于科举考试方面，对具体的乡村教育过程的影响是非常有限的。这种状况在清末由于传统制度和社会遭遇千年未有的大变局而发生了变革。曾经的"天朝上国"遭遇前所未有之强敌，面临着传统延续和国家生存的空前危机，进行一场深刻的历史变革已迫在眉睫。

19 世纪 60 年代以来，中国社会一直在悄然而又极其缓慢地发生着变化。随着近代化的进程，一种中国前所未有的新式市民阶层出现了，这个阶层包括新式商人（工商资本家）、工厂工人、职员、学堂学生等。而与近代都市矗立、新市民崛起相关的是农村社会成分的变化。近代都市逐渐成为财富的聚集地、工商业的重心、新式教育的中心、政治的核心，城市对乡村有着绝对的优势。而在传统的都市里，这种优势是不存在的。城市

---

① 马克斯·韦伯. 儒教与道教 [M]. 洪天富，译. 南京：江苏人民出版社，1995：110.
② 张仲礼. 中国绅士研究 [M]. 北京：人民教育出版社，1991：229—235.

固然是行政中心，但官员致仕，还是要归老泉林；纵使位极人臣，也离不开乡下的庄田；城里的坐贾行商，家眷多在乡下，经营致富后又把资金投入田业。

至于教育，与城市相比，乡村反而更有优势。作为道德的重心所在，乡村在文化上也足以与城市相抗衡。近代化以来，由于乡村的破败，商人开始不再把资金投向农村，而是转向近代金融、工商业。与此相关，乡绅阶层出现了两种方向的变化：一种变化是地主阶层的城居现象日益普遍，另一种是乡绅成分发生了变化。清末新政之后，传统知识分子的仕进之路被堵死，要想出人头地必须有"新学问"，新学堂又大多设在城市，于是乡间知识分子纷纷入城。原来的乡绅、有才有力者也多迁往城市，不仅为谋官，也为谋职。这种趋向是不可逆的，原来士人回流的路基本中断，留在乡村的人的素质便每况愈下。

科举制度对于乡绅来说，意味着其基于儒家思想体系的合法地位。但是，科举制度的废除，并没有阻止儒家思想在基层社会继续发挥作用。无论如何，乡绅阶层在农民面前的尊严已大不如前，虽然这曾经给了他们安全感。"所有的隐匿的豪杰、不法商人，匪盗之徒以及诸如此类人物都从地下冒了出来，填补目前统治者的倒台所产生的真空。"① 说得更严格一点，乡村的"前统治者"（乡绅）不是"倒台"，而是一种在素质、能力和道德层面的替换，而这种替换体现的是乡绅阶层素质每况愈下的过程。结果便导致乡村社会环境的日趋恶化，在优秀人才流失和乡绅阶层素质每况愈下这种不断加剧的趋势中，乡村社会陷入日益破产的边缘。

2. 国家权力下沉——现代化的必由之路

现代化是我国近代以来的主要历史进程，乡村社会在向现代化迈进的进程中，乡村权力和文化发生了变迁。可以说，现代化进程从根本上是对乡村社会文化与政治地位的一种动摇，使其逐渐沦为经济上的附庸，成为被剥夺的对象。学者杜赞奇认为，国家权力的延伸与对社会的控制的加强，是在国家本身的现代化过程中实现的。学者查尔斯·蒂利（Chars Tilly）将这一过程称为"国家政权建设"（State-making），而 20 世纪中国的"国家政权建设"是基于"民族主义"（nationalism）和"现代化"而进行的。芮玛丽（Mary Wright）就发现 20 世纪初激扬的反帝民族情绪，是如何迫使晚清政府为挽救民族危亡而走上强化国家权力并使政权实现现代化道路的。因此，

---

① 巴林顿·摩尔. 民主与专制的社会起源 [M]. 北京：华夏出版社，1987：175—176.

国家权力进入乡村社会的过程，构成了理解近代以来中国社会的重要宏观参数。

清末民初是中国社会结构发生剧烈变迁的时期，清末民初以来几乎所有由地方政权主导的乡村政权变革，莫不暗含现代化的驱动。中日甲午战争之后，民族矛盾加深，国内要求改革的呼声日益高涨，清政府被迫实行了"新政"。清末新政具体包括建立新式学校、实行财政革新、创建警察和新军、划分行政区域以及建立各级"自治"组织。这种现代化改革的动力来源于：一是义和团起义后，帝国主义列强需要中国有一个强有力的国家政权；二是列强向财政崩溃的清政府勒索巨额赔款，使它不得不加强权力以向全国榨取钱财。[①]

教育在清末新政中扮演着重要的角色，清末"新政"的一项重要内容就是"废科举、兴学堂"。而新式学校向乡村社会的嵌入，则代表的是一种国家权力的渗透过程，科举制的废除则从根本上瓦解了传统中国的一整套社会文化制度，从而使传统中国社会结构发生不可避免的重构，深刻地影响了中国社会的发展。1905 年，科举制度的废除成为中国历史的转折点，中国经历了从旧时代向新时代的转轨。美国学者麦金龙认为，"必须把它看作比辛亥革命更加重要的转折点"。[②] 1905 年科举制的废除，割断了读书人与国家政权的联系，引发了绅士阶层的分化，绅士及其子弟要保持其社会精英的地位，只能进入城市接受新教育，这便导致乡村社会精英的流失。乡村精英的大量流失使传统中国的乡绅发生了质量的蜕化，乡村社会的权力空间逐渐被豪强、恶霸、痞子等一类曾经的边缘人物所占据，传统乡村社会中长幼有序的格局逐渐式微，乡村社会陷入日益混乱的边缘。[③] 由此，国家与乡村社会的关系日益紧张，乡村社会亦陷入混乱。

20 世纪初爆发的辛亥革命，推翻了封建皇权的统治。然而，自民国肇始，中国乡村始终被笼罩在战乱的阴霾之中，这导致乡村政权始终不能摆脱军事化的色彩。同时，中国在现代化之初所表现出的强烈的师法日本的热情，也集中体现在近代日本军国主义乡村建设的目标上。如陕西的"村本政治"和广西的乡村改革均是如此。而作为战乱的直接后果之一，便是乡村政

---

① 斯蒂芬·R. 麦金龙. 晚清之权力与政治——袁世凯在北京与天津 （1901—1908） [M]. 牛秋实，于英红，译. 天津：天津人民出版社，2013：4.

② 吉尔伯特·罗兹曼. 中国的现代化 [M]. 国家社会科学基金"比较现代化"课题组，译. 南京：江苏人民出版社，2003：229.

③ 许纪霖、陈达凯主编. 现代化（第一卷）[M]. 上海：学林出版社，2006：15.

权出现了"武化"倾向。在现代化之初，武装割据的现象在中国乡村普遍存在，"大大小小的土围子政权依照围主的意志，依靠枪杆子实行着中世纪的统治"。[①]

即使是在中国可以直接控制的乡村地区，也都出现了通过军事化和警察化来强化乡村社会整合的改革措施。在这种打着现代化招牌的军事化进程中，使原有的乡村社会空间逐渐受到国家权力的挤压和侵蚀。国家权力逐步扩张的目的，是最大限度地将乡村社会的资源集中起来，以实现所谓"富国强兵"的目标。战乱的环境，被纳入世界资本主义体系后的致命性掠夺以及中国自身城市化导向的现代化，使中国乡村日益破败，濒临破产的边缘，这成为近代历史的主题之一，在20世纪二三十年代曾经引起过学者们的强烈关注。一些知识分子进行了小范围的乡村改良试验，如晏阳初所主持的定县实验试图向农民提供一个教育体系，即通过平民教育达到改善农民素质，重建乡村秩序的目的等；梁漱溟主持的邹平实验为乡村社会提供了一个以教代政的模式，建立了一个"乡学—村学"系统。

国民政府成立之后，加强了对乡村社会的控制，对于乡村师范教育的办理体现了这一过程。民国时期乡村师范教育制度的设置，体现的是现代化进程，随着现代民族国家的建立，国家权力加强了对基层社会的控制，这一过程伴随着国家知识向乡村社会的渗透，而国家知识代表的无疑是国家意识形态层面。

乡村师范教育的快速发展，引起了国民政府当局的关注，尤其是在当时共产党领导的农民运动蓬勃发展的现实，从而促使着国民政府将包括乡村师范教育在内的整个乡村纳入自身控制范围之中，即通过自己所规定的乡村教育来实现对乡村社会的控制。于是便有了1929年3月国民党第三次全国代表大会中"于可能范围内使用其独立设置，并尽量发展乡村师范教育"的规定。1931年9月，在国民政府召开的第三届中央执行委员会常务会议中，通过了《三民主义教育实施原则》。国民政府当局对乡村师范教育的这种关注，是通过不断地以政府教育法令或教育行政命令的形式加以表达的，并彰显了其办理乡村师范教育的积极性。

（四）中西文化交融的必然结果

教育与文化相互依存，教育的改革和发展在很大程度上受到了文化因素

---

① 王先明，郭卫明. 乡村社会权力与文化结构的变迁 [M]. 北京：人民教育出版社，2002：3.

的制约和影响，教育制度的变迁，在本质上是文化的变迁。教育和文化相互依存，教育是文化的一个重要组成部分。教育实践活动从本质上讲，是一种文化实践活动。教育变迁的深层次原因，便是文化的变迁。因此，我们必须在文化的层次和框架下审视教育的变迁与发展，以此来揭示教育变迁的深层次原因。乡村师范教育制度的建立有两个重要来源：一是以价值观和思维方式为内核的传统文化，二是现代西方师范教育制度的输入。一言以蔽之，是对传统文化的继承和对西方文化的借鉴。

1. 文化借鉴——现代师范教育制度的输入

从文化学的角度讲，民国时期乡村师范教育制度的变迁，是对西方文化借鉴的必然结果。教育现代化进程中的问题，首先应该是一个价值问题，这就涉及对于现代化方向的把握问题，如果丧失了对于价值问题的应有考量，必然不能正确解决现代化进程"向何处去"的问题。自 1840 年开始，西方列强用坚船利炮打开了古老中国的大门，延续了几千年的传统文化在遭遇了现代西方文明之时丧失其生命力，中国传统文化逐渐式微，中国面临"向何处去"的时代命题，这样的历史背景促使我国开始了对西方文化的学习和借鉴。

20 世纪 20 年代，梁启超曾经这样评价近代中国社会变革是所做的文化选择，在他看来：

> "近五十年来中国人渐渐知道自己的不足，……第一期，先从器物上感觉不足……于是福州船政学堂，上海制造局等等渐次设立起来。……第二期，是从制度上感觉不足……所以拿变法维新做一面大旗，在社会上开始行动。……第三期，便是从文化根本上感觉不足……革命成功将近十年，所希望的件件落空，渐渐有点斐然思反，觉得社会文化是整套的，要拿旧心理运用新制度，决计不可能，渐渐要求全人格的觉醒。"[①]

因此，近代以来的中国现代化过程实际上就是中国不断学习和借鉴西方文化的过程。所不同的是，这种学习和借鉴在不同时期表现为不同的层次而已。从鸦片战争爆发至甲午战争之前，对西方文化的借鉴表现在器物层面之上。1840 年鸦片战争之后，一部分士大夫开始意识到中国与西洋的差距表现在器物层面上，遂有了"制器为先"的学习和借鉴策略，如魏源提出了"师夷长技以制夷"，要求在器物层面上学习西方。20 世纪 60 年代，洋务运

---

① 梁启超. 五十年中国进化概论［M］∥梁启超史学论著四种. 长沙：岳麓书社，1985：7—8.

动时期，在处理中国传统文化和西方现代文明的关系上，洋务派人士提出了"中体西用"的策略，他们通过开办洋行、派遣留学生的方式，培养既能恪守传统道德精神，又能精通西方器艺文明的洋务人才。但这一时期对于西方文化的学习和借鉴仍未突破器物层面，体现的是一种文化保守主义的旨趣。

20世纪末期，清廷在甲午海战中的失败，中华民族面临"数千年未有之变局"和"数千年未有之强敌"，遭遇空前的民族危机。一批具有资产阶级意识的先进知识分子提出了废科举、兴学堂的教育改革措施。这些改革措施不仅突破了鸦片战争以来单纯器物层面的学习和借鉴，转向制度层面的学习和借鉴，而且超越了洋务派"中体西用"的思维模式，试图打破传统教育体系。1904年，清政府颁布《癸卯学制》，师法日本教育体系，建立了真正意义上的现代教育制度。而现代教育制度的建立必然意味着对传统教育制度的摒弃。最终，在1905年，运行了千年之久的科举制度被废止，标志着传统教育制度的土崩瓦解。值得一提的是，正是在这一时期，西方现代师范教育制度被引入中国。1904年1月，晚清政府颁布了《奏定学堂章程》（即《癸卯学制》）。《癸卯学制》最大的特点便是对师范教育予以极大重视，师范教育摆脱了在普通教育中的附庸地位，得以独立设置，并自成体系。

然而，教育现代化必然形成对传统教育的冲击，将不可避免地造成其秩序的瓦解，中西文化及观念的激烈碰撞，必然导致在传统教育向教育现代化转型的过程中的社会教育出现严重的失范现象。[①] 从清末新政中国引入西方现代师范教育制度至20世纪二三十年代，这一异质文化的产物并没有为中国乡村教育的发展注入多大的实效，反而导致了乡村社会陷入严重的缺学少教的困境。产生这种状况的根源在于，中国师范教育制度在产生之初，并未做城乡的划分，这导致了兴学以后几乎所有的师范学校均设在城市，而广大的乡村地区却没有乡村师范学校的设置，传统教育依然是乡村教育的主要方式，师范学校的毕业生也缺乏服务于乡村的精神。正如陶行知所担忧的那样："这种教员安能久于其职，又安能胜乡村领袖之重任呢？"[②]

有鉴于此，诸多有识之士开始呼吁构建符合中国自身实际的师范教育制度，提倡走师范教育下乡的道路。作为现代师范教育本土化实践的主要组成

---

① 田正平，李江源. 教育制度变迁与中国教育现代化进程 [J]. 华东师范大学学报（教育科学版），2002（2）：39—51.

② 陶行知. 新学制与师范教育 [J]. 教学管理与教育研究，2018（1）：4—7.

部分，乡村师范教育在其实践的过程中，制度也逐渐得以确立。虽然，乡村师范教育制度的产生在一定程度上是基于乡土中国这一传统文化框架的，但是从根本上来说，乡村师范教育制度依然代表的是西方现代工业文明的教育组织形式。

2. 文化自觉——乡村师范教育制度的确立

近代以来，"近几十年来处处是学西洋，步步是学西洋；自光绪变法维新，而至辛亥革命，民国十五年的北伐，都是学外国。废科举、兴学堂、念洋书，穿洋服，乃至言语思维、风俗习惯，处处都跟外国人学了"。[①] 结果导致了维系社会结构稳定的儒家文化价值系统的动摇，传统文化之根在西方文化的步步紧逼下遭遇破坏。而"中国文化有形的根就是乡村，无形的根就是老道理"，"所谓中国文化已经崩溃到根，已根本动摇；也就是说中国乡村已经崩溃，中国老道理已经动摇了"。[②] 教育制度必须与其背后的价值观念和思维方式相匹配，否则就很难很好地运行。从这个意义上来说，价值观念和思维方式在本质上决定着制度的运行结果。忽视了文化因素的教育制度变迁，其结果往往不免令人失望，必然陷入"一场毫无结果的艰难的战斗"。[③]

学者费孝通认为，文化自觉"是指生活在一定文化历史圈子的人对其文化有自知之明，并对其发展历程和未来有充分的认识。换言之，是文化的自我觉醒，自我反省，自我创建"。[④] 正如前文所说，从文化学的角度来看，民国乡村师范教育制度的产生，是基于两种文化框架的，一个是代表西方工业文明的现代师范教育制度的输入；另一个则是乡村师范教育制度在很大程度上秉承了我国农业大国的许多特性，是一种在乡土中国的文化框架之下产生的制度形式。因此，我们可以把乡村师范教育制度的构建过程，理解为对传统文化的一种自我反省和自我创建过程。传统文化中原有的思维方式和价值观念，是民国时期乡村师范教育制度变迁的深层背景。当然，这一过程也包含着对以往教育变革中对国外师范教育制度的过分依赖的反思。

民国以来，政府主导的现代化改革的一个理想诉求，就是谋求建立一个强大的现代——民族国家。这种现代化改革最初是通过对西方制度的照搬和移植来实现的。到了 20 世纪二三十年代，中国人开始意识到照搬和移植

---

① 梁漱溟. 梁漱溟全集（第1卷）[C]. 济南：山东人民出版社，1989：613.

② 梁漱溟. 梁漱溟全集（第1卷）[C]. 济南：山东人民出版社，1989：613.

③ 迈克·富兰. 变革的力量——透视教育改革 [M]. 北京：教育科学出版社，2000：10.

④ 费孝通. 费孝通论文化与文化自觉 [M]. 北京：群言出版社，2007：190.

（仪型他国）的师范教育制度构建模式并不适合中国国情，遂开始探索本土化的师范教育模式。从根本上讲，这已经超越了简单的继承和模仿，而是在一种文化扬弃基础上的文化自立。

当然，我们也经历了很长一段时间的文化迷失，就师范教育而言，我们沉醉于对西方现代师范教育制度的照搬的迷乱之中，这在本质上体现了对自身文化的不自信和迷失。人们在不停地追逐或接受不同价值观和合理性的同时，又基于一种总体化的思路，将这些不同的价值观和合理性予以合并，表现出一种将其绝对化的强烈倾向。① 近代以来，传统文化在遭遇到西方文明时逐渐式微，在面对中国"向何处去"的文化选择上，我们陷入了对西方文明的盲目崇拜和生搬硬套之中。中国师范教育也从一开始便建立在对国外师范教育制度及理念的借鉴的基础上，其制度的变迁过程充满"仪型他国"的特色。

然而，对于国外师范教育制度的过分依赖，使现代师范教育制度这种异质文明与中国实际需要相去甚远，这种由抄袭和照搬而导致的严重的外国化倾向，到了20世纪二三十年代达到了极端。晏阳初认为，中国学习西方以来，试图以"新教育"代表中国传统"旧教育"凡数十年，非但不能达到富国强兵的目的，而且仍然处于任人宰割的贫弱地位，其原因就在于"误教"与"无教"。所谓"误教"，即中国现在所谓的"新教育"，"并不是新的产物，实际是从东西洋抄袭来的东西"，并不适合中国。所谓"无教"，即中国的新教育只及于少数城市人，多数农村人没能受教育。② 有鉴于此，诸多有识之士开始呼吁构建符合中国自身实际的师范教育制度，提倡走师范教育中国化的道路。

值得一提的是，师范教育下乡便在这一时期由教育家所提及，乡村师范教育作为现代师范教育本土化实践的主要组成部分，在其实践的过程中，制度也逐渐得以确立。从根本上讲，这已经超越了对异域制度的单纯照搬和模仿，而是在文化扬弃基础上的文化自立。事实上，民国乡村师范教育制度的产生，在观念层面上的转变是首要的。所有变革与变迁，首先都要在观念层面上有所转换，才能给予具体转变一个实质的支撑力，也才会在具体层面上产生制度上的变革。

---

① 艾森斯塔特. 反思现代性［M］. 旷新年，王爱松，译. 北京：三联书店，2006：73.
② 晏阳初."误教"与"无教"［C］//宋恩荣主编. 晏阳初全集. 长沙：湖南教育出版社，1989：465.

费孝通认为，每个民族在面临现代化的过程时都应该有"文化自觉"[①]的意识。民国乡村师范教育制度的变迁，正是对于如何处理传统文化和西方现代文明之间关系的一种有益尝试。"传统"与"现代"之间并非简单的对立，传统文化本身也具有适应现代化变迁的因子，可以通过重构实现其对现代化的适应。但是，保留传统并不意味着要保留其全部内容，而是要在保持其核心价值观的基础上进行调整，总之，发展"现代"并不是要彻底抛弃"传统"。虽然乡村师范学校的创设旨在为乡村地区培养小学师资，在课程、学时的设计上，也充分体现了乡村日常生活的合理性，试图与乡村社会相融合。然而，在本质上讲，乡村师范学校带有浓厚的现代工业社会痕迹，在一定程度上也体现着中西文化的交融。

3. 路径依赖——乡土中国的文化特质与政策选择

民国时期乡村师范教育制度的变迁，从根本上讲，也是在乡土中国的文化框架下的一种道路选择，这种乡土中国的特质为民国乡村师范教育制度的变迁提供了一种路径依赖。路径依赖最初是一个物理学和数学的概念，后来，新制度经济学也引入了路径依赖的概念，并将其界定为"人们过去的选择决定了他们现在可能的选择"。[②] 路径依赖的概念与物理学当中的"惯性"概念比较类似，人们一旦进入某种路径，便很可能会对这种路径产生某种依赖，这就是路径依赖的通俗解释。

"历史是最重要的"，历史因素对于我们当下的各种选择具有重要的影响。制度变迁实际上指的是制度变迁的历史，正如诺斯所说，历史是最重要的，现在的以及面向未来的选择决定于过去已经做出的选择。制度变迁的发生并非一蹴而就，而是需要许多因素共同作用并经历长期的积累。要理解当下、展望未来，就必须重新认识过去。格雷夫提出制度变迁的路径依赖理论的目的，旨在说明过去的制度是如何影响和决定当下的制度变迁的。

诺斯首次将技术变迁中路径依赖的概念，引入制度变迁的分析之中，在

[①] 在费孝通看来，文化自觉是指生活在一定文化中的人对其文化有"自知之明"，明白它的来历、形成过程、所具有的特色和它发展的趋向，不带任何"文化回归"的意思。不是要"复旧"，同时也不主张"全盘西化"或"全盘他化"。自知之明是为了加强对文化转型的自主能力，取得决定适应新环境、新时代文化选择的自主地位。文化自觉是一个艰巨的过程，只有在认识自己的文化、理解所接触的多种文化的基础上，才有条件在这个正在形成中的多元文化世界里确立自己的位置，然后经过自主的适应，和其他文化一起取长补短，共同建立一个共同认可的基本秩序和一套各种文化都能和平共处，各抒所长，联手发展的共守原则。"各美其美，美人之美，美美与共，天下大同。"

[②] 道格拉斯·C. 诺斯. 经济史中的结构与变迁 [M]. 上海：上海三联书店，1991：1—2.

《制度、制度变迁与经济绩效》中，诺斯认为，技术变迁中的路径依赖理论同样可以被应用到制度变迁中。诺斯之后，经济学家萨格登和青木昌彦等人，也对制度变迁中的路径依赖进行了研究。他们认为，制度的选择体现了路径依赖的特点。对路径依赖理论做进一步深入研究的当属格雷夫了。格雷夫的历史制度分析理论认为，从博弈论的角度来看，制度起源于积极的文化信仰，是自发演化的产物。格雷夫的历史制度分析促使诺斯对其理论进行了反思。诺斯的理论框架并未对制度变迁进行深入的分析，在这方面，格雷夫正好提出了制度变迁的路径依赖理论，对诺斯未做深入分析的部分进行了很好的补充。

格雷夫的历史制度分析理论，很好地解释和说明了制度变迁过程中的路径依赖问题，对于路径理论做出了重要贡献。一方面，格雷夫对路径依赖问题的深入研究和分析，无疑是对制度分析范式的一种扩展。在格雷夫看来，制度变迁是政治、经济、文化和社会等诸多因素综合作用的结果。因此，他很强调社会文化传统、价值观念以及信仰结构对制度变迁的重要意义。另一方面，格雷夫在分析制度变迁的路径依赖问题时，引入了博弈论，将制度变迁视为一种特定的博弈均衡状态的达成。他认为，这种博弈均衡的达成，在很大程度上源自制度参与者的文化信仰，由于受到历史、社会、政治等因素的综合影响，参与者的文化信仰在不同的历史时期的博弈和均衡之间建立内在的关联，路径依赖便基于此而形成。

制度变迁并非主观设计的结果，而是客观的内生与发展的过程。制度变迁往往受社会政治、经济、价值观念以及相关利益主体之间的博弈等综合因素的根本影响。民国乡村师范教育制度的产生，在很大程度上是由于受到了我国历史传统的影响，秉承了我国农业大国的许多特性，是一种在乡土中国的文化框架之下产生的制度形式。近代化以来的中国面临的道路选择问题，一方面是由于自身被纳入世界资本主义体系之中，而被迫选择的工业化、城市化发展道路；另一方面是由于受到中国传统农业国家的文化特质的深刻影响，而继续选择以农立国的发展道路。因此，以农立国抑或以工立国始终贯穿中国近代以来的历史发展。从晚清至民国，工业化逐渐成为国家发展的主流，而传统的农业经济思想遭遇摒弃。

然而，正当中国工业化风起云涌之时，第一次世界大战的爆发，使西方近代工业文明遭遇空前危机。在对西方工业负面效应的进一步反思中，中国的一部分知识分子重拾乡土中国的旗帜，提倡以农立国的发展道路。他们认为，中国自古便以农立国，农业文明历来占据主导地位，"从基层上看，中国社会是乡土性的"。因此，对认识和解决中国问题的一切努力，都必须从认识和解决乡村问题开始，乡村是理解和认识中国的出发点和落脚点。否则，便会脱离乡土中国的社会实际。

20世纪二三十年代，一大批知识精英将目光聚焦在中国最广大的乡村社会，进行了颇有影响的乡村实践活动。他们普遍认为我国自教育现代化以来在制度构建上"仪型他国"的谬误，对于乡村教育而言带来的无疑是一种伤害。因而，他们试图建立一种适合中国农村实际的农村教育制度，而不是照搬西方的以城市为重心的现代教育模式。在乡村师范教育领域，以陶行知、黄质夫、金海观为代表的教育家，进行了卓有成效的乡村师范教育实践活动，掀起了一股乡村师范教育运动的热潮，从而引起了国民政府当局的关注，并从国家层面对乡村师范教育进行了积极的调整和制度上的构建，逐步将乡村师范教育纳入国民教育体系之中，并给予其独立的地位。可见，乡村师范教育制度的发展及其制度的变迁，无疑是建立在乡土中国的文化特质之上而形成的一种农本主义的尝试。因此，中国传统上以农为主的文化特质，为民国时期乡村师范教育制度的变迁提供了路径依赖。

五、民国乡村师范教育制度的个案考察

除了对民国时期乡村师范教育制度做全景式的扫描之外，为了更好地说明这一时期乡村师范教育制度的变迁，本部分通过案例分析的方法，通过引入具体的案例来对乡村师范教育制度做微观上的考察，通过对单一的乡村师范学校的深入分析，更好地认识和理解宏观层面的乡村师范教育制度的变迁。鉴于陶行知和黄质夫在乡村师范教育领域当中所进行的独具创造性和代表性的实践探索，本部分以他们所创办或主持的乡村师范学校为案例进行分析。

（一）南京晓庄试验乡村师范学校

中国的师范教育制度从产生之初，便带有鲜明的"仪型他国"的陋习，最初是师法日本建立现代师范教育制度，之后又转而借鉴美国的师范教育制度。对于国外师范教育制度的过分依赖，使现代师范教育制度这种异质文明与中国实际需要相去甚远，这种由抄袭和照搬而引致的严重的外国化倾向，

① 费孝通.乡土中国 生育制度 [M].北京：北京大学出版社，2007：1.

到了 20 世纪二三十年代达到了极端。五四运动之后，教育救国的呼声日益高涨。随着美国、丹麦和墨西哥等国家乡村教育思想和实践方面的成功经验传播到中国，教育界人士开始意识到一味模仿和照搬国外教育的中国教育走错了路。1926 年，陶行知开始关注乡村教育，积极投身乡村教育运动。他将师范教育摆在了极其重要的位置，认为"师范教育可以兴邦，也可以促国之亡"。[①]

1. 办学方针——"农夫的身手、科学的头脑、改造社会的精神"

晓庄试验乡村师范学校从建校伊始便和乡村社会的改造密切地联系在了一起。1927 年 3 月 15 日，北伐军吹响了向南京发起总攻的号角。"当时宁地战事[②]风云正急，三路交通，俱已断绝。而各同学冒危险，自上海、镇江、安徽、浙江、江西相继前来。"[③] 就在北伐军进攻的隆隆炮声中，在南京北郊的劳山脚下，晓庄试验乡村师范学校举行了隆重的开学典礼。在晓庄开学通知单上有着这样的一段话："农夫在炮火中要种田，与农夫同甘苦的学校也不能为战时而停止招考和开学。"[④] 陶行知在致辞中对晓庄学校做了这样的定位，他说："晓庄不同于平常的学校，一无校舍，二无教员。我们的校舍上面盖的是青天，下面踏的是土地，我们的精神要充溢于天地间。本校只有辅导员而无教师，我们相信没有专门能教的老师，只有经验稍深或学识较好的指导者。所以农夫、渔人、樵夫都可做我们的指导员。我们认清了这两点，才能在乡村教育的路上前进！""东南西北是他的围墙，大千世界是他的课室，万物变化是他的教科书，太阳月亮照耀他工作，一切人，老的、壮的、少的、幼的、男的、女的都是他的先生，也都是他的学生。"[⑤]

陶行知将晓庄学校的办学方针定位为"以农夫的身手、科学的头脑、改造社会的精神培养学生"，即培养"活的乡村教师"，以此实现改造中国乡村社会的根本目标。农民对晓庄学校的逐渐认可，在很大程度上是基于其与乡村改造之间的密切联系，当然这与晓庄的掌舵人——陶行知先生的生活教育思想是息息相关的。在陶行知的生活教育当中，所谓的教育实际上就是生活的改造，"我们一提及教育便含了改造的意义。教育好比是火，火到的地方，

---

① 陶行知. 师范教育之彻底改革——答石民佣等的信 [N]. 知行书信，1929-07.

② 宁地战事指当时北伐革命军分三路向盘踞南京之军阀发起总攻击。

③ 本篇是陶行知 1927 年 8 月 14 日在晓庄试验乡村师范的演讲，摘自《南京市教育局长及各校长参观本校记》。

④ 李楚材. 第一次开学礼记 [M] //李楚材. 破晓. 北京：商务印书馆，1931：55.

⑤ 陶行知. 晓庄三岁敬告同志书 [J]. 教学管理与教育研究，2020（12）：4-5.

必使这地方感受它们的热,热到极点,便要起火。'一星之火,可以燎原',教育有这样的力量"。① 陶行知对乡村社会改造的思想,其核心点就在于促成乡村教育与乡村建设的结合,其中乡村学校是作为这两者结合的中心存在的。在陶行知看来,晚清建立现代教育制度以来,中国乡村教育之所以逐步走向式微,主要原因就在于教育与乡村社会的疏离以及教育与农业的不相闻问。因此,陶行知将乡村师范学校及其建立的乡村小学视为改造乡村社会的中心。他说:"乡村学校是今日中国改造乡村生活之唯一可能的中心……乡村教育关系三万万四千万人民之幸福!办得好,能叫农民上天堂;办得不好,能叫农民下地狱。"② 为了办好乡村教育,陶行知呼吁:"要征集一百万个同志,创设一百万所学校,改造一百万个乡村。"③ 当然,教育的社会改造必须依靠人才的培养,对于乡村社会改造而言,乡村师资的培养无疑是其先决问题。

2. 教学方法——教学做合一

晓庄学校在教学方法上主张"教学做合一",陶行知认为,所谓"教学做合一",就是"教的法子根据学的法子,学的法子根据教的法子。我们的实际生活,就是我们全部的课程;我们的课程就是我们全部的生活"。晓庄学校"每天早晨五时有一个十分钟至十五分钟的寅会,④ 筹划每天应进行的工作……寅会毕,即武术。本校无体操课,即以武术代。上午大部分时间阅读。所阅之书,一为学校规定者;一为随各个人自己性之所好者,下午工作有农事即简单仪器制造、到民间去等。晚上有平民夜校及做笔记、日记等。这是本校全部大概的生活"。⑤

陶行知认为,"教学做合一"有两个含义:一是方法,二是生活的说明。"在方法方面,它主张教的法子根据学的法子,学的法子根据做的法子。不然,便要学非所用,用非所学了。在另一方面,它是生活的说明,在做上教的是先生,在做上学的是学生。从先生对学生的关系说,做便是教;从学生

---

① 陶行知. 地方教育与乡村改造 [J]. 教学管理与教育研究,2019(5):4-5.

② 刘光萍,马香莲. 陶行知乡村教师观及其新时代乡村教师培养的启示——读《中国乡村教育之根本改造》[J]. 生活教育,2022(5):4-10.

③ 陶行知. 试验乡村师范学校答客问 [J]. 教学管理与教育研究,2019(17):4-6.

④ 寅会:我国古代计时的方法采用"地支",又称"十二支",以此作为十二支的符号,寅时相当于早晨的五时。晓庄试验乡村师范学校规定每天早晨五时为寅会,取"一日之计在于寅"之意,寅会由师生轮流主持。

⑤ 陶行知:《晓庄试验乡村师范学校创校旨趣》。本篇是陶行知1927年8月14日在晓庄试验乡村师范的演讲,记录者:葛尚德。摘自《南京市教育局长及各校长参观本校记》。

对先生的关系说，做便是学."① 陶行知认为，如果归纳起来讲，"教学做合一"应该包含三个方面的内容："（一）要想获得人类全体的经验必须教学做合一方为最有效力；（二）生活教育就是教学做合一；（三）教学做合一不但不忽视精神上的自动，而且因为有了在劳力上劳心、脚踏实地的'做'为它的中心，精神便随'做'而愈加奋发."②

陶行知认为，"教学做"有一个公共的中心，那就是实际生活。"实际生活，说得明白些便是日常生活……实际生活便是人生的一切。分析开来，战胜实际的困难，求实际的衣食住行，回溯实际的既往，改造实际的现在，探测实际的未来."③ 陶行知认为，要改造乡村社会，乡村教育就必须踏进乡村的实际生活当中去。

陶行知要求晓庄的教师和学生的生活要农民化，使农民对其形成身份上的认同。因为晓庄在建立之初曾遭到了乡民一定程度上的抵制，普遍认为晓庄是一所洋学堂而已，因此不愿意送子女入学。为了能尽快地取得农民的认可，融入乡村生活便成为晓庄的当务之急。为此，陶行知率先脱去了西装革履，身穿粗布草鞋，带领晓庄师生与农民同吃、同住，上山割柴，下田插秧。在晓庄学校专门设有一项名为"会朋友"的活动，陶行知要求每个教师和学生都要结交几位农民朋友，以便了解他们的疾苦，向他们传授新的知识和新的观念。晓庄的这种理念也反映了其注意培养学生平民意识，意在避免学生形成一种居高临下的救世主精英意识。在这种理念的指引下，晓庄师生一致行动，学生没有统一的校服，教师均脱掉长衫，穿草鞋、打赤脚。整个学校充满乡村风情，如学校大礼堂被命名为"梨宫"，悬挂题为"和牛马羊鸡犬猪做朋友，对稻粱菽麦黍稷下功夫"的门题对联。

3. 教育内容——适应乡村生活

（1）课程设置——强调教学做合一

晓庄学校在课程设置上打破了当时普通师范学校先学后教，先教学生一些不相干的理论知识，以教学做合一的方法为指导思想，设置了五类课程，具体有甲类：内容包括国语、公民、历史地理、算术、自然、园艺农事、体育、游戏、艺术及其他学生活动教学做，实施范围为中心小学活动教学做；乙类：内容包括整理校舍、布置校景、卫生、教务、经济，实施范围为小学

---

① 陶行知. 陶行知全集（第1卷）[C]. 成都：四川教育出版社，1991：314.
② 陶行知. 答朱瑞琰之问 [J]. 乡教丛刊（第3卷），1929（1）：7—9.
③ 陶行知. 陶行知全集（第1卷）[C]. 成都：四川教育出版社，1991：329.

各科教学做和学校行政教学做；丙类：内容包括文牍、会计、庶务、烹饪、洒扫、善写、招待等，实施范围为分任院务教学做；丁类：内容包括科学的农业、卫生基本手工业等，实施范围为征服天然环境教学做；戊类：内容包括村自治、平民教育教学、合作组织、乡村生活调查、农民娱乐等，实施范围为改造社会环境教学做。

晓庄学校的课程设置强调教学做合一，注重培养学生融入乡村社会的能力，使学校成为乡村社会改造的中心。为了培养学生融入乡村生活的能力，晓庄学校特地在当地购买了两百亩土地，由学生租种，荒山数座，供学生造林。同时鼓励学生"自己扫地、抹桌、烧饭、洗碗"，和农民一样苦吃苦做。

（2）注重培养学生改造社会的能力

除了在课程设置上注重学生融入乡村社会生活之外，晓庄学校还通过建立乡村基层社区组织，通过民众教育训练合格的公民，指导乡民实行自治，以实现乡村社会的民主化。为此，晓庄学校创建了学生组织——"乡村教育先锋团"，组织了联村自卫队，旨在推行乡村自治。"乡村教育先锋团"的成立，在维持乡村社会治安、打击非法活动等方面收到了很好的效果。另外，为了推行乡村民主和自制，晓庄学校制定了自治实行条例，在学校附近九个村落试行。该自治条例规定了村民的资格，由村长和副村长组成村中组织，村长、副村长及村中组织其他成员由村民共同选举产生，任期为两个月，并规定每星期召开一次村务会。

陶行知主持下的晓庄学校，社会名流云集，师资力量雄厚。当时聘请名师来校任各科专任或兼任指导员，如东南大学教育科学教授赵叔愚，金陵大学教授邵仲香，生物学博士秉农山，医学博士陈志潜，教育界名流陈鹤琴、江问渔、吴研因、许士骐、杨效春、张宗麟等。晓庄的学生总共不过一百二十余人，但这些学生无疑是经历不凡而有抱负的时代先进者。如操震球原是清华大学二年级学生，弃名牌大学而入乡村师范；程本海原是上海中华书局图书馆主任，弃编辑所殿堂而入茅屋；方与严携女挈子，一门三人同学，成为晓庄美谈。

另外，晓庄师范学校还创设乡村小学师范院和乡村幼稚师范院，院长分别为赵叔愚和陈鹤琴。随着晓庄试验乡村师范学校影响力日盛，促使教育行政当局也开始注意推行乡村师范教育。1928 年 5 月召开的第一次全国教育会议通过《提倡乡村教育设立乡村师范案》；1929 年国民政府颁布的《中华民国教育宗旨及其实施方针》也把"尽量发展乡村师范教育"列入其中。晓庄的试验，在国际教育界也有积极反响，两名国际自由平等同盟会的来华代表到晓庄学校参观后，盛赞其"很适合现代潮流""将为新中国创造一种新的教育制度出来"。[①]

然而，晓庄学校后来的命运却是急转直下，最终于 1930 年 3 月 15 日被国民政府当局下令查封，晓庄学校的掌舵人陶行知先生也因遭到通缉而被迫流亡日本。究其原因，"核心问题不在于晓庄师范的教育，而与晓庄师范的最终旨归有关"。[②] 虽然从表面上来看，晓庄是一所乡村师范学校，但是从其所提供的教育内容和所秉持的教育理念来看，实质上是旨在改造中国传统乡村社会的社会组织。"晓庄师范学校的教育实践实际上是重建底层社会组织的一种尝试，晓庄提供的不仅是新的教育实践，而且是一种社会组织模式。"[③]

可见，晓庄学校的最终旨归不仅是推动乡村社会的改造，而且要组织和发动农民参与国家的政治活动。虽然同一时期的其他乡村建设试验也明确提出了乡村社会改造的宏愿，并且均得到了政府层面的有力支持，但陶行知和晓庄学校对乡村社会的改造却与它们截然不同。陶行知试图通过晓庄学校来培养乡村社会的改造家和精神领袖，最终建立一个民主自治的现代化的中国乡村。陶行知试图在中国的乡村试行西方民主社会的地方自治模式，去抗衡国民党的一党训政，这是国民党当局所无法容忍的。这也是日后国民政府当局将其视为眼中钉、肉中刺的主要原因。最后，国民政府以晓庄学校支持军阀冯玉祥反叛为由将其查封，并通缉校长陶行知。

（二）江苏省栖霞乡村师范学校

1923 年前后，在江苏省义务教育期成会的倡议下，江苏省 5 所省立师范学校相继在乡村设立分校，以便专门培养乡村师资，成为全国首批创建的乡村师范学校。1924 年，刚从东南大学毕业的黄质夫，受扬州第五师范学校之邀，担任了该校乡村分校——界首乡村师范学校的主任。1927 年，黄质夫又转任国立第四中山大学南京中学乡村师范科主任。1932 年，《师范教育法》颁布后，师范教育又重新获得了在学制中的独立地位，从而摆脱了其在综合中学中的附庸地位。南京中学乡村师范科遂改为江苏省栖霞乡村师范学校，是时，黄质夫依然任学校主任一职，主持栖霞乡村师范学校日常工作。在黄质夫主持南京栖霞乡村师范学校期间，以学校为中心，发起建设

① 程本海. 在晓庄 [C] // 郭笙. 为中国教育寻觅曙光——陶行知教育思想研究（上册）. 沈阳：辽宁教育出版社，1991：224.
② 蒋超群. 改造社会——晓庄试验乡村师范根本旨归 [J]. 生活教育，2014（19）.
③ 蒋超群. 改造社会——晓庄试验乡村师范根本旨归 [J]. 生活教育，2014（19）.

"栖霞新村"的乡村改造运动。在扫盲、生计、健康、村政、家事、休闲等诸多方面进行了乡村服务活动，使栖霞地区的乡村风气为之一新，成为远近闻名的"模范村"，成为"野无旷土，村无游民、人无不学、事无不举"[1]的理想家园，也使栖霞乡村师范学校成为除了晓庄试验乡村师范学校之外的另一所卓有成效的乡村师范学校。

1. "栖霞新村"的建设

栖霞山，位于南京市的东北郊区，与晓庄试验乡村师范学校创办时的时局相似，栖霞乡村师范学校也经历过北伐战争的洗礼。1927年，正值国民革命军北伐，战火波及中的栖霞山已是破败不堪。同年8月，黄质夫接任南京中学乡村师范科主任。黄质夫接手之时，"校中已驻兵日久，屋漏墙圻，尘封秽积，仅一类似之破庙耳"[2]。战事的不断升级，学校也一度沦为战区，黄质夫为维护校产，不顾个人安危，坚守学校，几乎以身殉校。随着北伐军的节节胜利，黄质夫也着手学校的战后恢复。1927年10月，学校如期开学，经过几年的努力恢复和建设，栖霞山脚下逐渐竖起了一座座宽敞明亮的教室、礼堂、科学馆、研究室、图书馆、宿舍等。

受陶行知生活教育思想的影响，在对待乡村教育的功能和作用上，黄质夫和陶行知的思想有许多相似的地方。黄质夫也主张将乡村学校视为乡村文化的中心，乡村学校不仅要以学生为对象，而且要以广大乡村民众为对象，促进整个乡村社会的改造。乡村师范生毕业后，黄质夫"不仅希望他们做一个良好的乡村教师，还希望他们去做灌输农民知识、改进农民生活的导师，发展乡村社会事业的领袖"[3]。黄质夫将乡村师范学校改造乡村社会的过程分为三个步骤："第一步须使乡村人民家给人足，富而后教，那就容易了。第二步是养成乡民具有适当的组织能力。其要点是使乡民的知识增进，道德高尚，然后聚集此等民众组织新村，兴办一切事业。第三步是指导乡民组织与建设，使乡村社会事业，日有进展，实现理想的新中国乡村。"[4]与陶行知一样，黄质夫也认为乡村师范学校应该是乡村社会改造的中心。在这种思

---

① 黄质夫.栖霞乡村师范服务社会之实况［C］//杨秀明，安永新，等选编.黄质夫教育文选.贵阳：贵州教育出版社，2001：35.

② 黄质夫.为南京中学栖霞乡村师范事告远近乡教同志书［C］//杨秀明，安永新，等选编.黄质夫教育文选.贵阳：贵州教育出版社，2001：35.

③ 黄质夫.中国乡村的现状和乡村师范生的责任［C］//杨秀明，安永新，等选编.黄质夫教育文选.贵阳：贵州教育出版社，2001：5.

④ 黄质夫.中国乡村的现状和乡村师范生的责任［C］//杨秀明，安永新，等选编.黄质夫教育文选.贵阳：贵州教育出版社，2001：4.

想的指引下，栖霞乡村师范学校建立了综合的、开放的、现代化的"乡师新村"，这便是后来闻名遐迩的"栖霞新村"。

2. 社会推广、服务事业

在栖霞乡村师范学校建立之前，栖霞山虽是一个山清水秀、风景宜人的地方，但是附近地瘠民穷，穷乡僻壤，文化未开，人民生活异常困苦。乡民文化水平较低，"识字者极少"；卫生习惯较差，"缺乏卫生常识，致使身体常罹疾病，损害健康"，并且缺医少药；缺少丰富的业余文化生活，图书馆、游艺室、公园等消闲设施与场所均付之阙如，"乡村人民，终日勤劳，毫无娱乐机会，故生活甚形枯燥"。有鉴于此，黄质夫抱定改造乡村社会，为广大民众造福的宗旨，以栖霞乡村师范学校为中心，筹划组织"栖霞新村"。栖霞乡师为适应乡村社会，特设推广部，目的是将栖霞乡师变成当地的文化、娱乐中心，承担文化传播、劝诫赌博、疾病医疗、破除迷信、调节争讼、指导村政、改进农事、救灾恤邻等20多项社会服务。

黄质夫在"栖霞新村"除了建立民众教育推广部之外，还专门设立了教育部、生活指导部。1930年，又设立了"友农社"，目的是向村民提供各种服务，"友农社"担负着"新村"的具体实施任务。在具体实施方面，则分配由栖霞乡师的学生负责各项事业。首先，让学生接近乡民，拉近与乡民之间的关系，增进彼此的了解；其次，通过调查、研究、辅导，使各项事业顺利进行。总之，学生可以"一面研究学术，一面结交农友，训练成一种接近农民的习惯，而恍然知民智之窳败，鼓起其改进之决心"。[1] 一言以蔽之，就是要通过这种社会服务，培养学生适应乡村、了解乡村、改造乡村的能力。

为了能够迅速改变乡村风貌，使缺学少教、愚昧落后的旧貌焕然一新，黄质夫在栖霞乡师的对门建起了一处民众茶园，提供时事报告、故事讲述、常识演讲、说书、看报、为村民代笔、农事指导等服务，以供在乡民前来休闲的同时，达到了使乡民开化的目的。同时，建起了民众学校，进行民众的扫盲教育，使附近乡民受益匪浅。据当时的史料记载，村民对这种识字教育"异常活跃，……教师亦颇能循循善诱"。[2] 为了缓解乡民在农忙时无暇顾及幼小子女的困境，栖霞乡师每年在农忙之时，都会举办农忙托儿所，代为教

① 古楳. 乡村师范概要［C］//栖霞新村，肖云慧. 黄质夫乡村教育思想研究. 贵阳：贵州民族出版社，2003：389.
② 张行，辛国俊. 陶行知乡村教育思想的实践者——黄质夫［C］//肖云慧. 黄质夫乡村教育思想研究. 贵阳：贵州民族出版社，2003：389.

养，为乡民提供了诸多便利。

"栖霞新村"最重要的任务则体现在对农业生产的指导方面，农业指导是"栖霞新村"建设的重中之重。这方面的主要服务项目有：举办农事展览会、推广改良品种会、举办艺徒班、组织合作社等。栖霞乡师每年都会举办一些农事展览会，比如，春季品种展览会、夏季蚕茧展览会、秋季稻作展览会、冬季农家副业展览会等。农事展览会的举办，使乡民对于农业生产的总体状况有了一个明晰的了解，也促使他们能够提高农业生产率。在这一方面，栖霞乡师发挥了重要的引领作用，在栖霞乡师校内，师生们建有小型试验农场、林场，以供学生实习和附近乡民参观，并向乡民无偿提供优质的苗木和蔬菜种子。同时，栖霞乡师也有校办工厂，招收附近乡民以作竹工、藤工艺徒各十人，在授予他们相关技能的同时，进行识字教育。

另外，黄质夫意识到乡民屡受资金的困扰和高利贷的盘剥，认为有必要设立农民信用合作社。他认为，组织信用合作社的"好处在减少农民受债主的压迫，又可养成社员的储蓄习惯，再可使乡村金融活动，不致集中都市"。[①] 有鉴于此，1928年后，黄质夫便着手筹设农民信用合作社，以缓解乡村"缺乏金融流通机关，又无适当典质场，偶有所需，借贷无门，周转乏术"[②] 的尴尬处境。到了1933年，栖霞乡师不仅组织了自己的信用合作社，还在附近的石乘乡、栖霞镇、赵家大圩、实贞庵、姚湾村、梅墓村等乡镇组建了信用合作社。1932年，栖霞乡师举办了抵押贷款，"农民前来押稻者，计有二十余乡镇，贷款达二万余元"。[③] 1933年，乡民遇到了生活困难，栖霞乡师"向上海商业储蓄银行南京分行接洽抵押贷款一万余元，救济栖霞附近二十余乡村。乡民欢声雷动，爱戴莫名"。[④]

3. 教育内容——生产劳动训练

在课程设置方面，栖霞乡师开设的课程有30门之多，除了文史地、数理化、英体美等基础课程以外，还设置了一些别具特色的课程，如在教育方面包括：教育概论、心理学、教学法。除此之外，有生物、生理、医药。在

---

① 黄质夫.我们友农社的设计 [C] //杨秀明，安永新，等选编.黄质夫教育文选.贵阳：贵州教育出版社，2001：47.

② 黄质夫.栖霞乡师服务社会之实况 [C] //杨秀明，安永新，等选编.黄质夫教育文选.贵阳：贵州教育出版社，2001：38.

③ 黄质夫.我们的主张与实施 [C] //杨秀明，安永新，等选编.黄质夫教育文选.贵阳：贵州教育出版社，2001：47.

④ 古楳.乡村师范概要 [C] //肖云慧.黄质夫乡村教育思想研究.贵阳：贵州民族出版社，2003：375.

农业知识方面，包括了土壤、肥料、园林、森林、养蜂等。这些内容使栖霞乡师别具特色，使"全国各地的教育界和社会名流、参观者、取经者络绎不绝。……梁漱溟、马演初、黄炎培、陶行知、郭秉文、陈立夫、张治中、竺可桢、徐悲鸿等先生都曾到乡师做过演讲。可以这么说，在 20 世纪 30 年代，把乡村师范办得这样虎虎有生气的，在中国还没有第二所。[①] 栖霞乡师的物质条件在得到极大改善的同时，黄质夫还为学校配置了许多蜚声于国内的师资队伍，如著名的词曲学家任中敏、著名学者鲍勤士、著名作家汪静之、音乐家熬克成、教育家胡宏模等人。

本章小结

对于民国时期乡村师范教育制度的变迁，我们可以从几个层面进行解读。

首先，民国乡村师范教育制度的变迁是这一时期师范教育发展的必然结果。按照新制度经济学的观点，制度的变迁往往是一个渐进的过程，并非不连续。因此，民国时期乡村师范教育制度的变迁，从根本上讲是这一时期师范教育发展的必然结果。晚清以来，我国通过照搬和移植的方式逐步确立了包括师范教育制度在内的现代教育制度，在"仪型他国"的现代教育制度构建过程中，忽略了中国社会所固有的特质以及基本国情，不可避免地爆发了新式教育与乡村社会之间激烈的矛盾和冲突。而师范教育制度严重的城市化倾向，造成了乡村师资的严重缺乏。1929 年国民政府教育部颁布《实施义务教育初步计划》，其中提出了"使全国学龄儿童得受初级小学四年之教育"的目标。如果按此目标计算，当时共需要教师数量为 140 万人，其中 85％的教师需要服务于乡村小学，大约为 120 万人。可见，师资的缺口相当之大，这在很大程度上催生了乡村师范教育制度的变迁。

其次，过去的制度会影响当前的制度变迁。考察民国时期乡村师范教育制度的变迁历程，必须和我国现代师范教育制度变迁紧密联系起来，因为乡村师范教育制度是作为民国时期现代师范教育制度的重要组成部分而存在的，虽然乡村师范教育制度的产生较师范教育制度要晚一些，但不能因此否认现代师范教育制度的输入和确立，是乡村师范教育制度变迁的源头这一事

---

① 秦羽如，葛庆文. 回忆栖霞乡师 ［C］∥肖云慧. 黄质夫乡村教育思想研究. 贵阳：贵州民族出版社，2003：245.

实。如果没有现代师范教育制度的确立，也就没有后期乡村师范教育制度的变迁。

最后，制度变迁也是社会中非正规制约嵌入的结果。尽管一个社会的规则或者制度会发生总的变迁，但它的许多方面会被保留下来。按照新制度经济学的观点，非正规制约来自社会所流传下来的信息以及我们称为文化的部分遗产。非正式约束在制度的变迁中起着重要的作用，被视为路径依赖的主要来源。影响民国乡村师范教育制度变迁的非正式制约便是中国漫长的农业文明。鸦片战争以来，受近代商业利益的驱使，城市由于其自身优越的地理位置和相对良好的基础设施而得以快速发展。然而，中国社会的性质并没有因为城市化进程的加剧而改变，中国依然是一个农业大国。基于这种认知，当时的很多学者从不同的理论体系对中国的乡村问题进行了研究，其中乡村师范教育便是诸多体系中的重要一支。

第四章 权力的博弈：民国乡村 师范教育制度的选择

新制度经济学的代表人物诺斯在其著作《制度、制度变迁与经济绩效》中认为，制度作为一个社会的博弈规则，制约着人们相互之间的关系。在实际的运行中，制度是如何发挥作用的？经典博弈论给出了答案，其认为制度往往借助一种博弈形式或机制的实施，使人们在此机制的均衡作用之下获得一些社会价值标准判断。民国时期乡村师范教育制度的产生，是很多因素综合作用的结果。这一过程包含着民国时期政府部门、教育团体和教育家群体之间权力博弈的过程。鉴于新制度经济学在研究制度方面的突出表现，为社会科学提供了一定的借鉴，本部分试图以新制度经济学中的权力博弈的视角，来分析民国时期乡村师范教育制度的产生过程。

一、制度变迁中的权力博弈

（一）新制度经济学关于权力博弈的解读

制度来源于权力主体之间的博弈，制度变迁就是一场权力主体维护其利益的博弈，即对既有制度的挑战。之所以会发生制度变迁，其原因在于交易中的一方为了获取额外收益而试图改变制度安排的行为。[1] 新制度经济学还关注了制度变迁的机制，该理论认为，关于制度的选择，冲突主要集中在（或者说来源于）权力的博弈。而所谓的权力，就是指交易方凭借其所掌控的资源形成对他人的影响力，是一个社会主体对其他主体所施加的影响力。这些资源包括两方面：一是依赖于个体而存在的元资源，诸如个体的体力、智力、经验和技能等；二是组织中所衍生出的一些资源，如产权等。对于交

---

① 张屹山，高丽媛. 制度变迁下交易费用变化的权力视角分析——对诺斯第二悖论的再认识 [J]. 东北师大学报（哲学社会科学版），2014（3）：87—92.

易方而言，这些资源的作用在于其可以运用这些资源影响他人，从而赢得他人对制度的认可。

新制度经济学以博弈论的视角探讨了制度及其起源，所谓博弈，是社会主体基于各自的动机所进行的相互作用的活动状态，制度是博弈的均衡，制度或制度体系的产生是人与人之间相互博弈的结果。在新制度经济学派看来，制度既是博弈的规则，也是博弈的结果。作为一种均衡现象，制度是各主体反复博弈而达到均衡的一种状态和结果。而对于博弈的参与者来说，忽略或忽视制度就意味着对于潜在利益的获取的失败，甚至无利可图。按照新制度经济学的供需理论，制度变迁产生于发展机制，可以将其描述为"制度均衡—制度非均衡—制度均衡"的过程。如果从本质上来看待制度的产生过程，可以发现，制度实际上是一种利益的重新分配，而围绕利益的分配而导致的冲突则构成了制度变迁的直接原因。从总体来看，导致制度变迁的因素有两个方面：一是外部因素，也称为外生变迁，指的是由于一些社会因素的变化所引起的具体制度的变迁。这些社会因素是由于长期的积累而成的，具体包括政治性的、军事性的、社会性的乃至观念性的。二是内部因素，指的是制度变迁往往是由于其内部的不协调所导致的，这种不协调主要存在于生活在该项制度中的各利益主体间的矛盾之中。格雷夫认为，一般来说，制度变迁可归因于由制度本身的运动所引发的变迁。其中，有效的组织是制度变迁的关键。

（二）权力博弈的主体

是谁最终推动了制度的变迁，这就需要对制度变迁的主体进行考察。新制度经济学认为，推动制度变迁的主体实际上就是这种推动力的载体或实施者，是制度变迁过程中的利益主体，由具有社会属性的个人和基于共同利益而组成的利益集团两个方面组成。

第一，人是制度变迁的最根本主体。首先，个人是利益主体的最小单位，因而也是制度变迁的最根本主体。新制度经济学家认为，制度的起源和发展都与人类行为密不可分。就像马克思所说："全部人类历史的第一个前提无疑是有生命的个人的存在。"[①] 在马克思看来，人不仅创造了物质财富，而且也创造了精神财富。尤其是人通过思想文化以及道德精神方面所进行的创造性活动，为制度的变迁创造思想文化条件提供了必需的智力基础。因

---

① 马克思，恩格斯．马克思恩格斯选集（第一卷）［M］．北京：人民出版社，1995：67.

此，人是制度变迁动力的承载者和推动制度变迁的动力主体。

第二，基于共同利益而组成的利益集团是制度变迁的行动主体。新制度经济学认为，制度变迁根源于人们对潜在利益的追求，是制度的需求和供给两方面的动态平衡。① 除了个人作为制度变迁的根本主体之外，随着社会经济的发展，产生了新的组织形式，在这些组织形式的种类日益增多的同时，人们在追求自身利益的过程中受各种一致性利益的驱使，从而组成了各种各样的利益集团，并最终取代个人，成为社会活动中的行为主体。

二、民国乡村师范教育制度变迁的权力博弈

在教育场域中存在着各种"权力"类型，它们相互嵌合与渗透在一起，共同编织成一张强大的教育权力结构之网，共同起到协调和推动教育发展的作用。民国时期，乡村师范教育获得了快速的发展，取得了一定的成就，其主要的原因就在于乡村师范教育制度的变迁，而乡村师范教育制度的变迁，最为根本的内涵就在于乡村师范教育领域不同主体之间的权力博弈关系的变迁。当然，在权力博弈背后的实质便是利益的博弈。民国时期，乡村师范教育制度之所以会发生变迁，主要是由于受到三种力量的共同推动所致，是知识精英、教育团体以及政府机构等权力主体反复博弈的结果。在乡村师范教育的权力场域中，民众的教育需求、教育家群体以及教育团体的具体实践和推动、国家层面的宏观定制，共同促成了乡村师范教育制度的产生。

（一）知识精英的呼吁与践行——民间教育权的自主实现

民国时期，在国家权力尚没有对乡村教育进行完全干预的时期，主要由教育家群体或教育团体来行使乡村教育权力，乡村教育家群体和教育团体在这一时期乡村师范教育的发展中，在教育权力的行使中，无疑居于主导地位。这一时期，在乡村师范教育领域涌现出了一大批知识精英，他们作为那个时代进步思想的传播者、乡村社会移风易俗的推动者和优秀的精神文化产品的生产者，用教育手段塑造了中华民族的现代形象，用他们的才华和汗水谱写着至今仍熠熠生辉的乡村师范教育发展史。他们很好地处理了上与下、古与今、中与西、表与里这四种关系。上与下是指如何处理政府与民间的问题；古与今是指如何处理革古与鼎新、继承与发展的问题；中与西是指如何

---

① 科斯.财产权利与制度变迁［M］.刘守英，译.上海：上海人民出版社，1994：253.

处理移植与创新的问题；表与里是指如何处理教育理论与实践、教育与文化、教育与社会、教育与人性等方面的问题。正是有了这样一个教育家群体的存在，民国时期的乡村师范教育才有了思想上的繁荣和制度上的勃兴。

之所以会涌现出一大批乡村教育家，与当时社会转型对教育提出的新要求以及国家民族危亡时期所赋予教育的新使命等因素有着千丝万缕的联系。但是，从本质上来看，还和这些乡村教育家们内在的人文学养、爱国情怀以及先进的教育理念分不开。教育家群体的崛起，对于推动乡村教育思潮和乡村教育运动，对于"中国教育在千年封建教育的大传统之外，形成了一个对中国近现代教育乃至当代教育产生持久和深远影响的小传统"[①] 起到了非常重要的作用。这些乡村教育家包括余家菊、陶行知、黄质夫、金海观等人。

教育家深入乡村社会，在实质上充当的是乡村社会中为数不多的掌握一定文化知识的人，他们可以对乡村师范教育的发展产生重大的影响，而这种影响分为两个方面：一方面是利用自己深厚的学识和威望，通过举办乡村师范学校，践行自己的乡村教育思想和理念，来促进乡村师范教育的发展；另一方面，通过亲自参与乡村民众的日常生活，成为乡村社会中的"文化精英"。他们与乡村民众一起联合构成了乡村教育权力的主体。

实际上，在近代之前，在广大的乡村社会中，民间教育权力一直占据着乡村教育（或乡村教化）的主导，国家层面对于乡村教育的影响力在很大程度上是通过乡绅这一群体而间接实现的，士绅阶层一直都处于国家行使乡村教育权力的末端。因此，在国家与乡村民众的关系上，士绅阶层往往具有举足轻重的作用，可谓"关键的少数"。这种乡村教育权力运作的模式在民国时期得到了延续，所不同的是，随着乡村社会权力结构的变迁，绅士阶层在乡村社会中的角色逐渐式微。近代以来，随着国家权力的逐步下沉，国家对乡村社会的控制得到了逐步强化，绅士阶层逐渐退出了历史的舞台。

然而，国家权力对于乡村教育的控制并不是一蹴而就的，虽然随着新式学堂向乡村社会的嵌入，国家开始了控制乡村教育的步伐，但由于代表西方现代教育制度的新式学堂与乡土社会的格格不入，构成了两者之间激烈的冲突。同时，在民国时期，始终缺乏一个相对稳定的国内政治经济环境，这在客观上导致了民国各个时期的政府对于乡村教育的无暇顾及，从而为民间力量进入乡村教育领地提供了广泛的权力空间。另外，在国家权力主导下所建立的现代师范教育制度，由于根本无法契合乡村教育发展对大量乡村师资的

---

① 杨文海．壬戌学制研究［D］．南京：南京大学，2011：29.

需求，终于在 20 世纪二三十年代掀起了一场轰轰烈烈、规模空前的乡村师范教育运动。

因此，围观乡村教育权力行使的过程，实际上也体现了国家与民众之间教育权力的博弈。揆诸史实，自清末新政以来，随着国家权力的下沉，国家层面对乡村教育的参与度明显提高，这在政府出台的相关文件中可以明显看到。这一时期，国家所推行的现代教育制度在乡村社会获得一定的发展，并且在很大程度上挤占了传统乡村教育的生存空间。然而，传统乡村教育并未就此立即退出历史舞台，并且得到了相当程度上的保留。这在很大程度上也促使了民间教育权的有限恢复，乡村教育虽然成为国家事业，但民间力量仍主动或被动地参与其中，在一定范围内保持着一定的权威，并试图争取教育权力的扩张和利益的最大化。在这样的背景下，乡村教育家通过呼吁"师范教育下乡"，或者深入乡村社会举办乡村师范学校，从根本上体现的是民间教育权力的自主实现过程。

（二）教育团体的推动——自下而上的权力"倒逼"

自中日甲午战争之后，中国社会出现了中央政治腐朽、地方主义抬头，教育领域出现了权力的真空，教育现代化进程在很大程度上是依靠教育社团的群体力量实施和进行的。这些教育团体的其中一部分，将促进乡村师范教育发展和乡村社会的改造作为其根本宗旨，对这一时期乡村师范教育制度的厘定，起到了推波助澜的作用。民国时期乡村师范教育制度的变迁，在一定程度上也体现为强制性的变迁，体现了国家（国民政府）依靠强大的权威和力量自上而下的制度推行过程。然而，国民政府之所以会"积极主动地"推动乡村师范教育制度的变迁，主要是由于教育团体自下而上的权力"倒逼"。这其中以中华教育改进社和江苏义务教育期成会为翘楚。

1. 中华教育改进社

五四新文化运动前后，教育团体犹如雨后春笋，迅速增加。从 1915 年到 1921 年的短短 7 年，共成立教育团体 47 个，平均每年成立 8 个。[①] 然而，这些教育团体尽管在功能、质量以及社会影响上，都较之前的教育团体有了很大改进，但从总体来看仍犹如一盘散沙，难以发挥其功效。有鉴于此，1921 年 12 月 15 日，国内教育家借实际教育调查社邀请孟禄博士讲学之机，于北京讨论联合新教育共进社、新教育杂志社、实际教育调查社改组为中华

---

① 金顺明. 近代中国教育团体的发展历程［J］. 华东师范大学学报（教科版），2002（3）：60－70，82.

教育改进社。通过三社代表的集体讨论通过了简章草案。1921 年 12 月 31 日，推举蔡元培、范源濂、郭秉文、黄炎培、汪精卫、熊秉三、张伯苓、李湘辰、袁希涛九人为董事；孟禄、梁任公、严范孙、张仲仁、李石曾五人为名誉董事，总事务所设于北京。由此，中华教育改进社正式合组成立。

中华教育改进社作为一个全国范围内的综合性教育学术研究团体，广泛地吸纳了各级各类教育机关和专家，其核心力量为留美学生。"中华教育改进社的成立，从一定意义上说，是中国新教育倡导者一次很重要的力量集结，教育界的先进人物几乎大部分被囊括在内了。"[①] 对于五四运动后，由国外输入的各种教育思潮，如农业教育、工业教育、女子教育、义务教育、职业教育等，均进行了深入研究。

中华教育改进社成立之后，在三个方面极大地促进了乡村师范教育的发展，对于乡村师范教育制度的厘定起到了极其重要的推波助澜的作用。第一，积极促成了《壬戌学制》的制定。1922 年 10 月 11 日，全国 21 个省区的代表及教育界专家齐集第八次全国教育会联合会，对"学制系统案"进行了共同修订，形成了《壬戌学制》。中华教育改进社全程参与了《壬戌学制》的起草、修订工作，并发挥了指导作用。如在"学制系统"草案出台后，改进社总干事陶行知便在《新教育》杂志第 4 卷第 2 期发表了《我们对新学制草案应持之态度》和《评学制草案标准》两篇文章。1922 年 7 月，中华教育改进社举行首届年会，参会代表积极发表了针对新学制草案的见解和主张，最终形成了"修正师范学制"等八项议案，提交教育部。

第二，陶行知就任中华教育改进社主任干事期间，先后主办了四次教育年会。值得一提的是 1925 年 8 月 17 日至 23 日于太原召开的第四次教育年会，在这次会议中，陶行知开始大力提倡乡村教育，作了题为《中国教育政策之商榷》的演讲，并首次提出了"应设试验乡村师范学校以实验之"。1926 年，陶行知连续发表了多篇文章，如《师范教育下乡运动》《改进全国乡村教育宣言书》和《中国乡村之根本改造》，等等。同时，又于 1925 年年底拟定了《中华教育改进社试验乡村师范学校第一院简章草案》，开始了创办乡村师范学校的步伐。

中华教育改进社成立以来，对于乡村教育给予了极大的关注，将乡村教育视为立国的根本大计。陶行知对于当时中国乡村社会缺学少教的状况予以准确的估计，"估计起来，中国有一百万个乡村，就须有一百万所学校，最

---

① 杨莲. 陶行知与中华教育改进社 [J]. 南京晓庄学院学报，2008 (1)：22—27.

少就须有一百万位教师"。[①] 正是中华教育改进社为陶行知提供了一个践行其乡村教育思想的平台和强有力的后盾，才有了后来陶行知乡村教育实践活动所收到的很好的实效，并产生了深远的影响。

第三，中华教育改进社对于南京晓庄学校的成立发挥了至关重要的作用。1927 年 11 月 21 日，中华教育改进社特约乡村学校教职员于明陵小学召开第一次联合研究会，全体通过了《我们的信条》（共十八条，多半成为后来晓庄学校的信条），并于 12 月 9 日经无锡开原第一小学教职员全体通过。同月，中华教育改进社发表《改造全国乡村教育宣言书》。在此期间，陶行知发表了《中国师范教育建设论》《中国乡村教育之根本改造》等文章。中华教育改进社又组织了一个乡村教育同志会。12 月底陶行知草成《试验乡村师范学校答客问》，1927 年 3 月 15 日，晓庄试验乡村师范学校成立。晓庄试验乡村师范学校的成立，产生了深远的社会影响，使国民政府当局开始注意乡村师范教育的发展，逐渐加强了对乡村师范学校的控制，将包括乡村师范教育在内的整个乡村教育纳入自己的管理范畴之内。1928 年，国民政府召开的第一次全国教育会议中，陶行知、程时煃、孟宪成等人对师范教育制度进行了集中讨论，最终通过了《整饬师范教育制度案》，后经国民政府大学院以第 539 号训令通饬实行。明确地将乡村师范学校列入师范教育制度中，由此，乡村师范学校获得了师范教育制度中的合法地位。

2. 江苏义务教育期成会

早在 1915 年，为了尽快地实施普及义务教育，北洋政府便开始在各省筹设义务教育期成会。但是，动荡的时局以及内忧外患的窘境使这一计划搁浅了下来。从 1912 年民国肇始到 1928 年南京国民政府成立，中央政权几经更迭，教育部部长犹如走马灯般，先后共有 40 人履职总长一职。[②] 这在很大程度上造成了中央政府根本无暇顾及教育，为地方政府和教育团体推动教育发展提供了充分的空间。

民国始倡义务教育普及以来，江苏省历来都是仅有的几个将之真正付诸实践的省份之一。尤其是江苏省义务教育期成会成立后，从经费筹集、师资培养、教学理念等方面对义务教育的发展起到了重要的推动作用。这一时期，中央权威较低、地方势力增强。自民国成立之后，地方士绅开始活跃于教育领域，对于地方教育的发展，尤其是义务教育的倡导，在一定程度上弥

---

① 陶行知. 试验乡村师范学校答客问 [J]. 教学管理与教育研究，2019（17）：4—6.

② 吴湘湘，刘绍唐. 第一次中国教育年鉴 [Z]. 台湾：传记文学出版社，1971：1895—1896.

补了行政力量不足的缺陷，从而保证了义务教育发展的相对稳步进行。值得一提的是，在义务教育期成会的积极推动下，江苏省首次在五所省立师范学校分设乡村师范分校，显示了其对乡村师范教育制度变迁的开拓性的作用。

早在民国元年（1912），江苏省便颁布了计划实施义务教育的法令法规，但并未取得实效。一直到了 1920 年，江苏省便计划开始实施义务教育，并颁布了义务教育的实施计划，即于 1923 年仿欧美成例试行义务教育。[①] 1924 年 7 月，江苏省召开了全省第五次教育行政会议，其中的一个重要议题便是决定组建一个永久的团体，这一团体就是于本月 28 日成立的江苏省义务教育期成会，[②] 总部设于南京，由袁希涛担任会长一职，副会长一职则由黄炎培和张若孝两人共同担任。会员必须符合以下标准："有学时资望者；有教育职务者；热血赞助义务教育者。"[③] 一时间，江苏义务教育期成会贤者云集，其成员囊括了教育界、政界、实业界的名流。这些人共同倾力于当地义务教育的发展，为江苏省义务教育的发展起到了推波助澜的作用。江苏义务教育期成会作为一个半官方性质的教育团体，可以成为行政力量的一种有力的补充和辅助，从而在最大限度上实施对义务教育的指导和推进。

成立江苏义务教育期成会的最初目的，便是要推动义务教育的普及，江苏省依据"省政府颁行计划，期于八年之间，现普及之势"。[④] 其主要职责在于：一是筹划义务教育的经费；二是研究义务教育的方法；三是监督义务教育的实践。[⑤] 出于义务教育发展的需要，江苏省义务教育期成会非常重视师资的培养，极力推动乡村师范学校的设立。在其会刊《义务教育》中，江苏义务教育期成会对乡村师资的培养极其关注，并极力鼓吹省立师范学校添设乡村分校，乡村分校设在乡村，招收乡村学生，以服务乡村教育。1922年至 1924 年，在教育期成会的推动下，江苏省五所省立师范学校分设乡村师范分校。由此，江苏省在全国最先开设了五所乡村师范学校，为全国乡村师范教育运动的发展起到了推动和引领的作用。随后，江苏省各市乡也相继计划或正式创办农村师范讲习所。

1923 年，江苏省义务教育期成会的袁观澜、顾述之二人发起每个师范学校在乡间设立一所分校的活动，以专门培养乡村教师，同时每所分校又附

---

① 舒新城. 中国新教育概况［M］. 上海：中华书局，1930：35.
② 江苏省义务教育期成会. 江苏义务教育期成会成立记［J］. 义务教育（创刊号），1921：11.
③ 江苏省义务教育期成会. 会长要录［J］. 义务教育（创刊号），1921：11.
④ 江苏省义务教育期成会. 江苏义务教育期成会成立记［J］. 义务教育（创刊号），1921：11.
⑤ 江苏省义务教育期成会. 江苏义务教育期成会成立记［J］. 义务教育（创刊号），1921：11.

设一所小学，以方便乡村师范学生的实习。同时，期成会特别组织了江苏省立师范分校联合会，就乡村师范分校的组织、乡村师范学校的发展以及课程等方面的问题进行了倡议和探讨。南京国民政府成立之后，加强了对教育事业的控制力度，压缩了教育领域当中原本比较独立和自由的空间。这在1931年之后国民党当局相继查封各种自主性较强的教育团体的举动中可见一斑。而义务教育期成会同样没能逃脱这种命运，后被义务教育研究所取代。

（三）政府组织的制度安排——国家权力向下的渗透

政府往往在资源配置中处于优势地位，这种优势地位更多地体现在其对于资源配置的优先权上，非政府主体在参与制度安排的博弈中，与政府相比显然显得势单力薄。"这种地位的差异形成往往取决于以往的政府集权程度、财力集中程度和权力威望等因素。"① 在我们国家，政府作为主要教育制度的供给者，是一条沿袭了很长时间的路径。原因在于：第一，国家有诸多功能，其中有一项最为基本的职能为教育制度的供给，政府作为推动制度变迁的主体，可以凭借其所具备的强制力和意识形态方面的优势，有效地阻止了"搭便车"② 现象，极大地消除了制度供给的外溢性。第二，作为一种公共产品，教育制度应该由政府来提供，这也与政府提供公共产品往往会比私人提供更加有效、风险更低有关。

然而，政府主导的制度变迁的主要侧重点在于正式制度的变迁，对于非正式制度的变迁往往很少考虑。基于不同习俗、意识形态、社会资本而形成的具有差异性的非正式制度，会对相似教育制度的运行产生深刻的影响。正式制度的推行必须借助其对非正式制度的兼容性。我国师范教育制度变迁过程中明显的"仪型他国"特性，使西方现代师范教育制度被引入中国时，不可避免地遭遇"水土不服"。

近代以来，西方列强用坚船利炮轰开了古老中国的大门，在西方现代文明的裹挟之下，中国被迫开启了现代化的进程。面对"数千年未有之变局"和"数千年未有之强敌"，古老的中国开启了现代化的历程，这种现代化进

---

① 杨秀芹.教育资源利用效率与教育制度安排［D］.武汉：华中师范大学，2006：126.

② 凡是正式教育制度的变迁，均需要创造者花时间、精力去组织，其中的成本要依靠变迁的收益来抵消，但是教育制度的创新不可能申请专利，因为教育制度安排是一种公共产品，这就会导致"搭便车"现象的产生，这种外部性或外溢性的后果就是，人们可以简单地模仿别人创造的教育制度安排，而无须支付费用，这样，提供教育制度创新的人就缺乏激励，这也是我国历来的教育制度变迁主要以由政府主导的强制性变迁为主的原因。

程是与民族主义的勃兴相伴而生的。美国学者芮玛丽将 20 世纪中国社会变迁中所出现的一系列新事物都归结为民族主义的复兴，认为民族主义是中国早期现代化进程的最强大推动力。[①] 美国历史学家杜赞奇（Prasenjit Duara）也持有同样的观点，他认为，20 世纪前期中国对于现代化的尝试和努力伴随着民族—国家政权建设以及对于社会全方位的控制和改造，并试图加强国家对于乡村社会的控制的过程。[②] 国家权力向乡村社会的嵌入，包括了现代警察、新式学校、法律制度等的建立。民国时期，政府组织对乡村师范教育的办理和乡村师范教育制度的制定，体现了国家权力的触角向乡村延伸的过程。乡村师范学校成为国家现代化发展和政府控制乡村社会的重要媒介。乡村师范学校是由政府主导的现代化的一项重要内容，在课程设计、教学内容上体现了强烈的国家意志和现代化诉求。因此，在一定程度上，乡村师范学校代表的是一种官方的话语体系，代表的是一种国家权力行为。

南京国民政府成立之后，试图通过乡村师范学校加强对乡村社会的控制，遂采取了支持包括乡村师范学校在内的乡村学校发展的措施。1928 年 7 月，国民政府大学院拟定颁布了《训政时期施政大纲》，提出了用三年时间促进乡村师范教育的计划。[③] 1929 年 4 月，在国民政府所颁布的新教育宗旨当中，有了"师范教育于可能范围内，使其独立设置，并尽量发展乡村师范教育"[④] 的规定。

在 20 世纪二三十年代的乡村教育和乡村建设运动中，国民政府扮演着重要角色。1931 年，南京国民政府颁布了《三民主义教育实施原则》，其中有两方面的规定：一是吸收部分知名知识分子，填充到国家所建立的各种教育团体当中，以便进行教育事业的推广、设计、实验等；二是允许甚至鼓励教育团体在不违背三民主义原则的前提下，按照自己的思想和理念独立从事乡村教育的实验和推广。1933 年 5 月，国民政府又专门设置了一个复兴农村委员会。同时，地方政府也不乏对乡村师范教育的支持和鼓励，其中江苏省比较有代表性。如江苏省教育厅于 1932 年 6 月公布了《改进全省师范教育计划大纲》，在其中的第九条有这样的规定："分年添办乡村师范学校，以

---

① 章开沅，马敏，朱英主编．中国近现代史上的官商绅学 [M]．武汉：湖北人民出版社，2000：334.

② 张济洲．文化视野中的村落——学校与国家——一个县教育变迁的历史人类学考察（1904—2006）[M]．上海：华东师范大学，2007：50.

③ 第一年择地试办乡村师范学校；第二年根据各地需要教师之人数，逐渐增添乡村师范学校；第三年继续上述关于师范教育之各种工作。

④ 古楳．乡村师范概要 [M]．北京：商务印书馆，1936：6.

谋乡村教育之平均发展。"① 之后，江苏省又于 1932 年颁布乡村师范学校独立案，改变了乡村师范学校附属于中学的地位，从此获得了独立。

本章小结

民国乡村师范教育制度的变迁，其根本动力来自乡村教育内部不同利益主体对潜在利益的追求，这种追求产生了乡村师范教育制度变迁的现实需求。科尔曼将"利益"看作推动社会发展的原动力，就教育制度而言，其产生往往基于适应教育利益的需要，其变革的根源也在于教育利益关系的变化与发展。

同时，教育利益的实现，也必须通过教育制度来保证。正如亨廷顿所说，制度作为一套调节、限制、疏导人们政治行动的机制，往往是"道德和谐和互惠互利原则的行为性表现"。②从实质上来讲，任何形式的教育制度变迁，都与利益主体的理性计算密不可分。制度变迁从根本上讲就是权利与利益的转移或再分配。新制度经济学从这个层面论述了制度变迁与"利益"的密切相关性。新制度经济学的代表人物诺斯认为，制度变迁或者制度创新是必然的，这种必然性源自个体或者组织为了获取在新制度安排下的潜在利润，同时预知制度变迁的收益将大于成本，他们便会主动承担制度变迁的成本，制度创新或者变迁便由此发生了。③

制度变迁的前提是制度变迁的主体能够意识到通过新的制度创新或安排所带来的收益将大于成本，才会促使其推动制度发生变迁。由此，民国时期乡村师范教育制度的变迁也可以被视为一种不同教育权力主体为实现自身利益而进行的权力博弈的过程，而在这种权力博弈过程的背后，实际上就是利益的博弈。无论是知识精英对乡村师范教育的呼吁与践行，还是教育团体自下而上的极力推动，抑或是政府组织自上而下的制度设计与安排，均处于乡村师范教育的权力场域中，共同推动了乡村师范教育制度的变迁。

而在这种变迁的过程中，各权力主体也获得了相应的利益。知识精英借此践行了自身的教育思想和理念，他们将乡村视为实践自身教育思想与理论的试验场，在这一过程中，民众的教育需求也获得了一定程度的满足。教育

---

① 江苏省教育厅撰. 改进江苏全省师范教育计划大纲 [J]. 江苏教育，1932 (7)：6—9.
② 亨廷顿. 变化社会中的政治秩序 [M]. 王冠华，译. 上海：上海三联书店，1996：9.
③ L. E. 戴维斯，D. C. 诺斯. 制度变迁的理论：概念与原因 [C] // 财产权利与制度变迁——产权学派与新制度学派译文集. 上海：上海三联书店，1994：274.

团体对于乡村师范教育的推动，体现的是一种自下而上的权力"倒逼"，很好地弥补了近代以来中国乡村社会中教育权力的真空，在很大程度上推动着乡村教育的现代化进程。国民政府时期，对乡村师范教育的办理和相关制度的厘定，体现了国家权力向乡村社会的渗透，这一举动体现了两种目的，一是义务教育的普及，二是通过这种途径试图加强国家对乡村社会的控制。

第五章　现实的反思：民国乡村师范教育制度的得失检视

教育史研究的重要价值之一便是对其现实意义所进行的探究，过往的事件和人物，虽然一去不复返，这一过程貌似不可逆转，历史也不能假设，然而，它的失败或成功却往往会给后人留下遗憾和启示。历史的真价值，往往在于其能为后世作楷模，作殷鉴。过往的历史事件与历史人物并非一去不返，在今后的历史发展中他们依然在发挥着影响。[①] 对于现实问题的关照，要有一定的历史维度，我们今天所面临的问题，在历史上可能曾经出现过，很多前辈也曾进行过思考，或者进行过有意义的实践，我们的思想和实践可能不比他们更好。从这个角度讲，研究民国时期的乡村师范教育必然与当前我国乡村教育的发展息息相关。事实上，民国时期对于乡村师范教育在制度上的积极探索，无疑为当前我国乡村教育的发展提供了重要的历史借鉴。本部分将从目标审视、原因检讨和当代启示三个维度来审视民国时期乡村师范教育制度的变迁。

一、民国乡村师范教育制度的目标审视

从现实目标的角度审视民国时期乡村师范教育制度的变迁，重点在于考察其是否达成了制度创新或制度变迁的初衷。基于这样的认识，我们应该从以下几个维度来审视民国时期乡村师范教育制度变迁的目标。

（一）是否纠正了师范教育的谬误

近代以来，世界各国在政治和文化方面对我国产生了不同程度的影响，我国的教育思想和教育制度在这种影响下不断变化和发展。而中国师范教育

---

① 何兆武. 历史与历史学 ［M］. 香港：香港牛津大学出版社，1995：5.

这一"迟到的婴儿"从其诞生之日起，便伴随着这些变化而发展。甲午战争之后，为了挽救国家危机、民族危亡，民族主义空前激发，以爱国主义为其出发点和归宿的教育救国论的骤起，引起巨大的社会波澜，我国师范教育制度便伴随着应付国难而产生。中国师范教育从一开始便建立在对国外师范教育制度及理念的借鉴的基础上，其制度的变迁过程充满"仪型他国"的特点。然而，对于国外师范教育制度的过分依赖，使现代师范教育制度这种异质文明与中国实际需要相去甚远。

1904 年，清政府仿日本教育制度设计并颁行了《癸卯学制》，标志着现代教育制度在中国的确立，值得注意的是，师范教育也被纳入《癸卯学制》当中，由此，也标志着现代师范教育制度在中国的确立。1912 年，中华民国临时政府建立，在师范教育制度上依然沿袭清末制度。所以，清末民初的师范教育制度依然体现着浓厚的模仿日本学制的色彩。20 世纪 20 年代前后，美国实用主义教育思想开始风靡中国，美国师范教育理念也随之被引入中国。对于师范教育的改革的呼声日盛，清末民初以来以日本为模板建立的师范教育制度彻底解体，中国师范教育制度开始体现出了明显的美国师范教育的影子。

晚清以降，我国师范教育由最初师法日本师范教育制度而后又转而学习和借鉴美国师范教育制度，虽然在短短几十年的时间内便迅速构建了现代意义上的师范教育制度，经历了从无到有、从小到大、从少到多的伟大历程。但是，我国师范教育制度在这种"仪型他国"的过程中，却有种种不尽如人意的地方，对于日本师范教育制度的完全借鉴走向了僵化，而对于美国师范教育制度的借鉴却出现了混乱。很多有识之士逐渐意识到单纯地照搬和移植国外教育制度的局限性，转而开始探索适合中国实际情况的师范教育制度，即开始了师范教育中国化的探索。

而在当时的历史语境中，很多有识之士将乡村视为新教育"中国化"的理想场所。自近代以来，西方文明在列强的坚船利炮的裹挟下打开了古老中国的大门，中国也被迫纳入世界资本主义体系，民族危机不断加重。而作为一个农业大国，广大乡村社会受到的侵害和破坏最为严重，乡村危机日盛，乡村问题凸显，乡村濒临破产的边缘。而在文化教育上，随着国家权力下沉而嵌入乡村的现代教育制度，在乡村推行的过程中遭遇困惑，一方面缺乏与新教育制度相符的师资，另一方面新教育的内容与乡村社会格格不入，这些因素造成了新教育制度与乡村社会的冲突不断加剧。新式教育是欧美工业化的产物，工业文明的观念和知识与乡土社会在本质上是疏离的。

自晚清建立新教育制度以来，政府主导的新教育在乡村遭遇挫折和失

败，学者庄泽宣对此做出了这样的解释：一是经费困难，二是不感需要，三
是家塾族塾，四是教师敷衍。[①] 同时，由于西方教育制度是建立在资本主义
工业文明基础之上的，对于这种教育制度的借鉴，使我国教育开始出现严重
的城市化倾向。城乡教育差距开始拉大，新式教育的勃兴加剧了城乡间的隔
阂和对立，造成了"今之学堂学生，近城镇者入之，僻远不与；有权势者入
之，寒微不与"。[②]

　　1904 年《癸卯学制》颁布，中国首次在全国确立了现代师范教育制度。
作为近代教育制度的组成部分，我国现代师范教育在构建之初，并未做城乡
的划分，师范教育在城市取得了迅速发展，而广大的乡村社会成为被忽略的
地方。师范学校大都设在城市，其毕业生由于深受城市优越生活的熏染和吸
引，并不愿意服务于乡村学校。在余家菊于 1920 年所做的一项针对师范生
是否愿意去农村教书的调查中几乎所有人都给予否定回答的结果就很好地说
明了这一点。古楳认为，"青年的不愿意服务乡村，必由于师范的训练不健
全""师范教育不改良，乡村教育将无从改进"。[③]

　　有鉴于此，一些有识之士开始呼吁新教育的中国化问题。而面对当时几
近崩溃的中国乡村社会以及日益严峻的乡村问题，必然导致如何拯救乡村、
改造乡村成为知识精英们念兹在兹的中心话题。而推行乡村教育，师资显然
是关键问题。当时中国所办的师范学校主要集中在城镇地区，所培养的学生
缺乏从事乡村教育的知识技能，更为重要的是鲜有愿意服务乡村者。基于这
种现实的需求，乡村师范教育应时而生。1921 年 10 月，陶行知发表《师范
教育之新趋势》一文，将现行师范教育所存在的问题公之于众，呼吁师范教
育改革。这些问题包括：

　　　"1. 现代的师范学校都设在城市，连教授方面，也是重城轻
　　乡；2. 现行师范学校大都是中学的变形，只是在学习中学教材的
　　基础上稍加些教育学和教学法罢了；3. 现在的人以为师范生要件
　　件都能，这却不对；4. 现在师范学校，平均每校二百人左右，教
　　育部规定至多不得过四百人，但在欧美诸国，大都每校在千人以
　　上，可见'大师范学校'是吾国很需要的……[④]"

① 庄泽宣. 乡村建设与乡村教育 [M]. 上海：中华书局，1939：4—5.
② 举人李蔚然请变通整顿学务呈 [G]. 清末筹备立宪档案史料（下册）. 转引自罗志田. 科举制废除在乡村中的社会后果 [J]. 中国社会科学，2006（1）：191—204，209.
③ 古楳. 中国乡村师范演进的鸟瞰 [J]. 中华教育界（第21卷），1934（12）.
④ 陶行知. 师范教育之新趋势 [N]. 时事新报，1921—10—22.

从 1919 年山西省首创国民师范学校开始，一大批以专门培养乡村小学教师，改造乡村社会的人才为宗旨的乡村师范学校横空出世。这些乡村师范学校地处乡村，专门培养乡村所需要的小学教师。应该说，从中国近代社会的演变看，这是一个值得注意的可喜的发展，是中国师范教育发展史上的一次重要变迁。不仅扩充了我国师范教育的渠道和类别，更重要的是，"它意味着师范教育的发展开始注意中国广大的乡村，切近了中国社会的现实和需要"。① 乡村师范教育的快速发展引起了国民政府当局的关注，加之这一时期共产党所领导的农民运动的蓬勃发展，促使国民政府加强了对乡村社会的控制，包括乡村师范教育在内的乡村教育是其主要手段。国民政府通过颁布教育政策和制定教育法令的形式，确立乡村师范教育制度，从客观上促进了乡村教育的发展，也在一定程度上推动了义务教育的普及。因此，从客观上讲，乡村师范教育发展以及制度的确立，是对清末民初以来师范教育"仪型他国"谬误的一种纠正，为师范教育本土化做出了重要贡献。

（二）是否培养了乡村教师

民国时期，乡村师范教育是以培养乡村小学教师、改造乡村社会为最终旨归的教育形式，对于当时的中国现实国情而言，其无疑具有重要意义。20 世纪 20 年代，陶行知基于当时中国的具体国情，认为当时中国乡村社会师资方面的缺口很大。按照陶行知的估算，当时中国的农村人口占据总人口的百分之八十五，大约有三亿四千万人，有学龄儿童约三千四百万人；如果以师生比为 1：40 的比例来计算，全国至少需要教师一百万人，乡村教师则需要八十万人；如果用九年时间培养这些数量的乡村教师，便需要二万八千名乡村师范教员；如果用三年时间培养这些乡村教师，则需要八万五千名乡村师范教员。② 那么，应时而生的乡村师范教育是否实现了陶行知所估算的目标呢？

揆诸史实，我们不难发现，乡村师范学校还是培养了一大批乡村小学的师资，但是要实现陶行知所估算的目标，在当时的历史环境之下是不太现实的。在此我们以当时的江苏省为例。民国时期的江苏省，通过以五所省立师范学校于乡村地区设立分校的方式，最早建立了乡村师范学校，从这些乡村师范分校的实际情况来看，"每所又只容有百余人，或不足百余人，或不足

① 崔运武. 中国师范教育史 [M]. 太原：山西教育出版社，2006：100.
② 陶行知. 介绍一件大事——给大学生的一封信 [C] // 陶行知文集（上册）. 南京：凤凰出版传媒集团，2008：309.

百人，而每年所训练成的人才，全江苏省亦不过一二百人而已，如此，而高呼扩充乡村小学，发展乡教，是何异不翼而飞"。[①] 事实上，一方面，从1919年山西省国民师范学校建立至1937年抗日战争的爆发，乡村师范教育经历了萌芽、发展、壮大、衰落的变化，从时间上来看，在这么短的时期之内承担着占全国小学教师80％的培养任务，显然是很难实现的。另一方面，从乡村师范教育本身的发展来看，虽然乡村师范教育经历了从无到有、从小到大的过程，但对中国这样一个农村人口占绝大多数的农业国家而言，乡村师范学校的数量依然是较少的。即使是乡村师范教育发展处于最高潮的1934年，尽管全国有17个省都建立了乡村师范学校，但全国共有乡村师范学校327所，占全国中等师范学校的一半左右，对中国广大的乡村社会而言，数量依然不足。

从实际看，乡村师范学校确实培养了一批乡村小学的教师，在一定程度上推动了义务教育的普及。首先，乡村师范学校毕业生服务乡村者居多。据国民政府教育部1933年的统计，当时全国乡村师范学校共有学生35654人，毕业生有6088人。当年全国师范学校毕业生总数为25729人，乡村师范学校毕业生占全国师范学校毕业生总数的36％。单纯从数量上来看，乡村师范毕业生无疑是对义务教育普及的有力补充。但从实际情况来看，乡村师范学校的毕业生毕业后服务乡村小学者，也占据大多数。1932年，江苏省教育厅对五所省立师范学校的乡村分校的调查发现，其毕业生大致有四个方向的出路，分别为小学校长、小学教员、升学以及另谋他就，其中选择服务乡村社会的毕业生占多数。比如，栖霞乡村师范学校1927年后的两届毕业生共有72人，他们毕业后，有十分之八的学生选择服务乡村小学[②]。可见，乡村师范学校毕业生中服务乡村社会者，占据大多数。

其次，乡村小学对于义务教育普及的推动。乡村师范学校在办理的过程中，不仅通过培养学生直接服务乡村社会，而且还附设了乡村小学，在将其作为乡村师范学校学生实习场所的同时，通过招收乡村儿童入学接受义务教育的方式，间接地推动着学校所在地区义务教育的普及工作。在陶行知、黄质夫、金海观等乡村教育家的办学理念当中，乡村小学不仅是乡村师范学校的中心，而且是乡村社会改造的中心。如在金海观主持的湘湖师范学校中，

---

① 许宝宏. 乡村教育是救国政策么 [J]. 江苏省乡师月刊，1931 (3)：7—10.

② 吴晓鹏，蒋超群. 民国时期的乡村师范教育——以江苏省为中心的考察 [J]. 南京晓庄学院学报，2010 (5)：110—113.

学校根据当地情况，在农村、渔村、山村和市镇建立了各具特色的小学，湘湖师范学校先后在东汪、定山、青山张、石岩、湘安、安养、徐家坞、塘下施、陈衬、闻堰、周家捕等地建立十余所乡村小学。[①]

江苏省栖霞乡村师范学校通过办理简易小学和短期小学的方式，推动当地的义务教育普及。1932 年，栖霞乡村师范学校厘定了《试办简易小学》十一条，在师范学校附近试办了 8 所简易小学，接受入学儿童 300 余人。1933 年，栖霞乡村师范学校又举办了义务教育试验区，将原来的简易小学改组为 7 所义务小学和 1 所短期小学，加上之前的 8 所简易小学，共有 16 所小学，接受入学儿童共计 800 余人，这些小学一时间弦歌四野，桃李迎门。[②] 由此可见，这些乡村师范学校在一定程度上推动了义务教育的普及工作。

（三）是否达到了改造乡村社会的目的

乡村师范教育以改造乡村社会、培养乡村社会领袖为旨归，其愿望是美好的，但是，从客观上讲，中国乡村在近代以来一步步地走向破败、崩溃的边缘，是很难在短时期内改变的。同时，20 世纪二三十年代的中国，战争频仍，教育的发展始终缺乏一个相对安定的大环境，在很大程度上导致了民国政府并不能给予乡村师范教育足够的精力和发展空间，这种由客观原因导致的主观支持力度偏弱，是乡村师范学校发展举步维艰的主要原因。如果说乡村师范教育取得了一些成绩的话，那么在很大程度上必须归功于乡村教育家的积极努力和探索。如晓庄学校建立后，其深入乡村的办学精神为其他的乡村师范学校提供了榜样的力量。乡村师范学校究竟培养了多少乡村小学师资，究竟在多大程度上改造了乡村社会，这是衡量其价值和效用的主要标准。乡村师范学校为我国乡村教育的发展做出了一定的贡献，为乡村社会培养了一大批比较优秀的乡村小学教师。灌云乡师学生茆燕宾谈及其曾经的母校时如是说："曾经为徐海地区农村教育事业起过积极的良好的作用，取得过一些成绩。"[③]

从乡村师范毕业生在乡村小学工作后的实际成效来看，除了少数人之

① 千家驹，李紫翔. 中国乡村建设批判［C］//民国丛书（第 4 编）. 福州：新知书店，1936：491-513.

② 古楳. 乡村师范概要［M］. 北京：商务印书馆，1936：191.

③ 茆燕宾. 我的母校——灌云乡师、运河乡师［C］//灌云文史资料（第二辑）. 政协灌云县委员会文史资料委员会编，1985：158.

外，"办乡村小学者，大都成绩平平"。[①] 乡村师范学校对学生给予了很高的乡村社会改良的期望，鼓励其毕业后能够通过乡村小学的办理最终达到改造乡村社会的目的。但是，从当时的实际情况来看，乡村师范学校的毕业生对乡村小学的办理，本就不能借此发财，这就造成了一部分毕业生对于乡村小学办理的不屑。因此，实际上走上乡师发展道路的学生，大都为贫寒的生活所迫。

因此，大多数乡村师范生均是处于不得已而选择就读乡村师范学校，毕业后又限于不能有更好的去向，而不得不服务于乡村小学。这势必造成其不能安心于乡村教育事业。这也在一定程度上造成了乡村师范毕业生并不能如教育家所希望的那样成为乡村社会的改造者。其根本原因在于，乡村社会的改造是一项巨大的系统工程，无法在短期内完成，也不能仅仅靠乡村教师来承担这个历史重任，事实证明乡村小学教师根本无力承担这样的历史重任。但是，乡村师范学校却成为部分进步分子和共产党人的避风港和力量发展的"温床"，其造就了一大批共产党的革命领袖和进步主义人士。

二、民国乡村师范教育制度失败原因检讨

（一）教育救国的时代局限性

"教育救国论"是中国步入近代社会之后在面临民族危亡的时代困境下出现的一种社会思潮，是特殊的历史时代的产物。最早提及"教育救国论"的应该追溯到鸦片战争之后，林则徐、魏源提出的"师夷长技以制夷"的思想，该思想可以被视为近代中国"教育救国论"之起源。

19世纪八九十年代，中国思想界开始对教育、人才、国运兴衰三者之间的关系有了新的认识和理解。晚清新知识分子的代表郑观应对这一问题的论述具有一定的代表性，在他看来，教育乃立国的根本，"国运之盛衰系之，国步之消长视之"。[②] 而人才则是强国的关键因素，所谓"人才者，国势所由强"。[③] 因此，欲增强国家、振兴民族必先培育人才。[④] 甲午战败，朝野震动，中国该何去何从？在这种民族危亡时刻，康有为等人主张推行维新变法

---

① 韩文庆. 乡村师范教育之新生命 [J]. 江苏教育，1932（7，8）.

② 郑观应. 致伍秩庸先生书 [C] // 夏东元. 郑观应集（下册）. 上海：上海人民出版社，1988：270.

③ 郑观应. 盛世危言. 西学 [C] // 郑观应集（下册）. 上海：上海人民出版社，1988：276.

④ 郑观应. 盛世危言. 学校上 [C] // 郑观应集（下册）. 上海：上海人民出版社，1988：261.

运动，主张改革教育，"兴学养才"，并将之视为变法诸事中最紧要的大事。[①] 变法运动的另一领袖梁启超更是疾呼："变法之本，在育人才；人才之兴，在开学校。"[②] 后来，陶行知同样将师范教育的重要性上升到亡国灭种的高度："师范教育可以兴邦，也可以促国之亡。"[③]

近代以来，中国乡村社会几近崩溃的边缘。到了五四运动时期，越来越多的人开始意识到中国农业的破产和中国乡村社会的破败，是中国进一步走向贫弱的关键因素，要挽救民族危亡，振兴国家，必须走乡村改造和建设的道路。20 世纪二三十年代，随着乡村教育思潮和乡村教育运动的高涨，乡村教育成为"教育救国"的一种途径，被很多有识之士提出。

而与此同时，一大批知识分子和教育团体将广大的乡村作为其教育救国思想的试验场。20 世纪二三十年代，全国农村教育实验区多达 193 处，乡村建设运动空前高涨。中国真正的乡村建设开始于河北省定县翟城村，该村人米迪刚是清末留日归国学生。他于 1904 年在本村提倡村制改革，开办村公所，创办纳税组合及会议办法，设小学、宣传所、图书馆、自治讲习所、乐贤会等，后又组织德育实践会，改良风俗会、储蓄会、爱国会。1915 年后定县其他村也开始着力效仿，定县遂有村治改革模范县之称。江苏武进县长沟村的村民朱稚竹于 1918 年创立农业改进会，致力于村治改革，1921 年因其离村停办，1927 年又回乡重办，并推及附近九村。浙江萧山县前村沈定一自 1924 年国民党改组后秘密回浙从事地下工作，1928 年浙江革命告成，乃以党部力量扶植自治，在东乡成立自治会，下设村民大会，产生执行委员，执行部分有教育、调查、统计三股，举办各种事业，并在三十余村中成立农民协会，沈定一不幸于 1928 年遇害，自治工作遂于 1929 年停止。

中华平民教育促进会本来由一些为参加欧战华工服务的留美学生如晏阳初、傅宝琛等人所创立，以扫除文盲为目标。中华平民教育促进会在成立初期，把开展城市平民识字作为主要工作。他们认为，中国人民有百分之八十以上全部识字，号为中华"民"国，而其"民"连起码的教育（识字）都受不到，怎能成为一个现代国家？在经历了几年的城市平民扫盲教育之后，从 1927 年 10 月开始，中华平民教育促进会将工作重心逐渐转移至乡村地区。

---

① 康有为. 请开学校折 [C] //康有为政论集（上册）. 北京：中华书局，1998：305－307.

② 梁启超. 变法通议·论变法不知本原之害 [M] //李华兴. 民国教育史. 上海：上海教育出版社，1997：815.

③ 陶行知. 师范教育之彻底改革——致石民佣、费锡胤等 [C] //华中师范学院教科所. 陶行知全集（5）. 长沙：湖南教育出版社，1985：161.

其核心成员晏阳初认为，要想使中国平民教育得以普及，必须深入广大的乡村社会，因为在他看来，"中国大部分的文盲不在都市而在农村。中国是以农立国，中国的大多数人民是农民"。[①] 在这种思想的指导下，晏阳初提出了"乡村建设"的理论和方法，并在河北定县进行了平民教育的实验活动。

与晏阳初一样，陶行知在进行了几年的城市平民教育之后，也开始将注意力转移至乡村。1927 年，陶行知为中华教育改进社起草了《改造全国乡村教育宣言书》，第一次论及他的乡村教育思想。次年，陶行知在其文章《中国乡村教育之根本改造》中，将乡村教育视为"立国之根本大计"，将乡村学校视为"改造乡村生活之唯一可能的中心"。[②]

1927 年，中华教育改进社于南京郊外筹设晓庄学校，次年以乡村师范为主体，在各附近乡村设立乡村小学及民教机关，后又创立民众茶园、自卫团、体育会、消防队、诊疗所等，不幸于 1930 年被政府封闭。学校创办人陶行知后又在上海郊外大场创办工学团及小先生制，对于乡村教育的贡献着实不小。

1927 年，中华职业教育社联合中华教育改进社、中华平教促进会、东南大学等，在江苏昆山县徐公桥镇和附近 27 村设乡村改进事业试验区。1928 年后，三个团体退出，专由职教社办理。1929 年在区内成立乡村改进会，以启发农民自动，扶植农民自主、自治、自立为鹄的，举办修路、造桥、合作、教育、卫生、消防等事业，以期实现土无旷荒、民无游荡、人无不学、事无不举的目标。1930 年添设农村服务部及改良农具委员会、新农具推行所等。1931 年在徐公桥开办乡村改进讲习所，收学生十人。此外，中华职业教育社还在江苏省吴县善人桥和沪郊农村举办了乡村改进实验区。从徐公桥实验区开始至抗日战争爆发这一段时期，中华职业教育改进社办理或参与办理的乡村试验共 30 多处。[③] 1928 年以前，四川嘉陵江三西地区也因匪患而添设了峡防局。1928 年之后，卢作孚始任峡防局局长，开始了以北碚区为中心历时五年的乡村改造事业。

1929 年，江苏省立教育学院在无锡创办黄巷实验区，1933 年后扩大为

---

① 源自晏阳初于 1934 年 10 月在河北定县召开的第二次乡村工作讨论会上的工作报告，题目为《中华平民教育促进会定县实验工作报告》，玄子《乡村建设实验》第二集，中华书局 1935 年 9 月版。

② 陶行知. 中国乡村教育之根本改造 [J]. 中国教育改造，1928（4）. 本篇是陶行知 1926 年 12 月 12 日邀集上海的中华教育改进社社员举行的乡村教育讨论会上的演讲词。

③ 熊明安. 中华民国教育史 [M]. 重庆：重庆教育出版社，1997：160.

惠北实验区，加设北夏实验区，主要以培养乡教、民教人才为主，协助当地农民进行各种改进工作。1932年，山东省乡村建设研究院开创邹平实验区，分研究、训练二部，研究部收大学毕业生或同等学历者，以二年为修业期；训练部收初中毕业生或同等学历者，以一年为修业期。邹平实验区由院中师生试验社会调查、乡村自治、合作事业、教育推广等工作。

1933年，广西壮族自治区政府开办广西垦殖水利实验区，从垦殖入手，寻求新农村建设道路，以此促进农村的改造，主要内容包括：移民垦殖、水利及农产品加工、创设金库、办理存款、放款、信用合作社等。1933年，国民政府行政院农村复兴委员会创立实业部，除参加集会协助农村各服务机关外，进行大规模的农村调查，促进实业部设立中央农业试验所、稻麦及棉业改进所等机关，发起全国合作会议，推进农业推广，废除苛捐杂税。1936年，实业部又设立农本局，运用六千万元资本推进合作事业向农民放款。

1935年，山东省政府建立了菏泽县政建设实验区，在菏泽附近十县推广实验县政，后扩充为十四县，称为县政建设实验区。同时，华北各大学中清华、燕大、南开及协和医学校感到研究乡村改进工作及训练乡村服务人才的必要性，联合河北定县县政建设研究院及山东县政建设实验区，成立华北农村建设协进会，并设乡政实习所，该所分七部，分别为农业、工业、卫生、教育、经济、社会、工作，地方行政以山东济宁及河北定县为试验区，成立不久后，因抗战爆发所址移至贵州定番，改称乡政学院。

以上所列均是国内比较著名的乡村建设团体。据1935年国民政府实业部的调查，是年全国已有三百六十余个团体从事农村工作，有一千多处实验区。这些实验区试图以改进乡村的方式，最终解决中国民族危亡的问题，达到民族再造和复兴的目的，这种美好的愿望和实践的精神，是值得赞扬和钦佩的。然而，这些乡村改进和建设运动，并没有取得"救国"的预期结果。究其原因，在于"教育救国"功能的发挥受到很多条件制约，单纯依靠教育的力量去拯救国家民族的危亡，事实证明是不现实的。虽然，民国时期乡村师范教育在思想、实践和制度方面进行了有益的尝试，并取得了一定的成果，但依然不能摆脱消亡的命运，这种结局实质上是近代以来一大批知识分子"教育救国"美梦破碎的一个缩影。那么，"教育救国"功用的发挥，究竟受制于哪些因素呢？

首先，教育可救国，也可误国，救国必须先救教育。近代以来，中国面临日益深重的民族危机，救亡图存成为历史主题之一。而面对这种"数千年未有之变局"，中国的一大批知识分子选择了通过教育解救民族危亡的改良主义道路，"教育救国"的思想应时而生。从根本上讲，"教育救国"思想的产生，是对当时中国社会所面临的民族危机的一种路径选择。然而，自清末颁布新学制，建立现代教育制度之后，我国教育便走上一条对西方现代教育制度的照搬和移植的道路，最先移植的是日本教育制度，所谓日本式的教育，就是那些商店式的速成师范和速成法政的教育，后来，又转而移植美国教育制度。从实际情况来看，"这样的教育，我们的国家是绝对不需要的"。[①]建立在对国外教育制度的照搬和移植基础上的新教育制度严重脱离了中国的实际国情，依靠这种教育显然无法达到挽救国家危机和民族危亡的目的，不仅不能救国，而且还会亡国。

因此，自晚清以来建立的现代教育制度，不仅没达到救亡图存的目的，在一定程度上甚至可以说沦为了"误国"的教育。在新教育制度实行了数十年之后，"还不见收到几成的救国成效，而却累人们大声呼吁'救救教育'"。[②]就师范教育而言，我国师范教育制度这一"迟到的婴儿"，从诞生之日起所遵循的是一条完全照搬和移植国外师范教育制度的路径，这一路径被一些学者称为"仪型他国"的制度构建过程。事实上，我们不难发现从一开始模仿日本首次建立中国现代师范教育制度，到后来转而照搬和移植美国师范教育制度，这种"仪型他国"的特色一以贯之。然而，在对国外师范教育制度进行单纯的、机械的照搬和移植的过程中，忽略与中国本土社会的契合，更忽视了中国作为一个传统的农业大国的乡土特质。这种完全借鉴而来的异域文明制度在中国的确立，并没有从根本上推动基础教育的发展，对广大的乡村来说甚至带来伤害。在这种历史境遇下，一大批有识之士开始呼吁"新教育中国化"或"新教育乡村化"，从根本上讲，这是对晚清以来"教育救国"思想的一次修正，是对"仪型他国"的现代教育制度构建过程的一次"解救"。

其次，"教育救国"功能的发挥有赖于稳定的教育生态环境。教育对于一个国家的存亡具有决定性的作用，正是基于这一点的深刻认知，近代以来的很多有识之士才纷纷鼓吹"教育救国"。然而，"教育救国"功能的发挥，是必须建立在一个基本条件之上，这个基本条件便是稳定的教育生态环境。近代以来，"教育救国"没有能取得预期的效果，归根结底是由于始终缺乏

---

① 罗家伦. 救国的教育现状［C］// 罗家伦先生文存. 演讲（上）（第五册）. 中国国民党中央委员会党史委员会，1988：302.

② 林砺儒. 从"教育救国"说到"救救教育"［C］// 北京师范大学. 林砺儒文集（上篇）. 广州：广东教育出版社，1994：805.

一个稳定的教育生态环境。

民国建立以来，国内政局动荡不安、政权更迭频仍、战乱不断，在这种情况下，教育显然已经失去了一个安静的环境。1912 年，中华民国临时政府成立，民国肇始，在教育方面制定了各项法令和措施，显示了对教育的重视。1912 年 8 月 25 日，国民党政策宣言第八条明确提出："主张振兴教育。教育为立国之本，振兴之道不可稍缓。其今日所宜振兴者；一曰政法教育，一曰工商教育，一曰中等教育，一曰小学师范教育，一曰女子教育。"然而，辛亥革命的胜利果实很快被袁世凯所窃取，1912 年 4 月 1 日，袁世凯接替了孙中山就任临时大总统，并于该年 10 月组成了北洋政府。袁世凯就任大总统后，意欲恢复封建帝制，于是便在 1915 年 12 月宣布取消共和，实行帝制。袁世凯的倒行逆施，很快激起了全国人民的强烈声讨。1916 年 6 月 6 日，袁世凯便在全国人民的声讨中忧惧而死。袁世凯死后，北洋政府分崩离析，中国由此陷入军阀割据、群雄混战的局面。直至 1927 年国民政府建立的这一段时间，控制中央政府的军阀头目，犹如走马灯一样，时有变更。时局的动荡，根本无法为教育提供一个安定的环境。自民国建立至南京国民政府成立的短短 15 年之内，更迭非常频繁，教育部长先后有 44 人担任过教育总长一职，时局的动荡对教育的影响可见一斑。

1927 年南京国民政府建立之后，基本上形成了一个比较稳定的国内环境，掀起了一场轰轰烈烈的乡村教育改革和建设运动，这一时期的教育发展取得了长足的进步。然而，这种良好的发展态势随着 1937 年日本全面侵华战争的爆发戛然而止。在抗日战争中，战火连年，以致生灵涂炭，"华北之大，竟容不下一张安静的书桌"。这样，教育的发展无疑失去了赖以存在的一种安定的客观环境。正如舒新城所说的那样，教育"必得在这风雨飘摇的国难中与政治、经济通力合作，共谋民族的出路"。[①]政治和经济尚且自顾不暇，又怎能奢谈教育救国呢？政治环境的混乱，导致了乡村教育的发展缺乏政治力量一以贯之的支持。

教育改革离不开三种力量的支持，即群众的改革运动、专家学者的改革研究、政府（或政治势力）的改革政策或承诺。三者相互关联，缺一不可。乡村教育家必须依托政治力量开展教育实验，比如，晏阳初与北洋政府总理熊希龄的夫人朱其慧联手发起贫民教育运动；梁漱溟在山东、河南从事乡建

---

① 舒新城. 中国教育之出路 [C] // 吕达，刘立德. 舒新城教育论著选（下）. 北京：人民教育出版社，2004：805.

运动时，得到了时任省政府主席韩复榘的支持；王拱璧在西华创办"新村教育"，陶行知在南京创办晓庄师范学校，均有冯玉祥做后盾；雷沛鸿在广西进行的国民基础教育运动，也得到了桂系李宗仁、白崇禧、黄旭初的长期支持。"有成绩的几处乡建事业，都是人民与专家携手，从最下层做起，再借重一点政治力量。在这三位一体的形态下，如一个三足之鼎，相互依赖着，共同支撑着，然后乡建事业才有成功的希望。""我觉得乡建的成功必须有三种力量：（一）学术力量，（二）政治力量，（三）社会力量。没有学术力量，乡建不能发动，不能进行；没有政治力量，乡建不能普遍，不能彻底；没有社会力量，乡建不能巩固，不能持久。学术力量由专家负责，政治力量由政府负责，社会力量由人民负责。"①

　　除了政治经济因素之外，缺乏一个良好的人文环境，也是限制乡村教育发展的主要因素。原因何在？在于地方政府和民众普遍对教育普及不予重视。朱有瓛认为，"义务教育实行前唯一要点是要引起社会的信仰，如果要全靠政府和法令，是没有用的"②。而农民不重视子弟上学，除了认识上的误区之外，连年的灾祸和战乱所导致的艰难生活，也是其难以顾及教育的客观原因。江苏省义务教育期成会在推动江苏省义务教育发展过程中所面临的困境和挑战，在一定程度上也是对当时国内整个教育状况的一种反映。

（二）城市化进程对乡村教育的侵蚀

　　鸦片战争之后，西方资本主义在其坚船利炮的裹挟下，冲击着中国自给自足的自然经济结构，并使其逐步解体，取而代之的是近代工商业的发展和近代城市的迅速崛起。近代以来工商业在城市的扩展，使中国原有城市的规模不断扩大。而城市的崛起，也吸引了大量的农村人口。据1935年的调查统计，全家离乡进城的农民占移民总量的59.1%，1949年，上海市总人口中，外地籍人口占79%，本地籍人口只占20.7%，临近上海的黄渡村，几乎每家都有一二人进上海。③

　　而近代化以来，以城市为中心的西方现代教育制度的引入，构成了我国乡村教育变迁的主要内容。伴随着国家权力下沉而来的乡村教育的国家化，促使着清政府对传统教育形式予以取缔或改造，主要包括私塾的取缔、塾师的改造以及义学与地方设学的废除，新式学堂由此得以在乡村地区设置。而

① 陈侠，傅启群. 傅宝琛教育论著选 [C]. 北京：人民教育出版社，1994：408.
② 朱有瓛. 义务教育ABC [M]. 上海：ABC丛书社，1931：59.
③ 胡福明. 中国现代化的历史进程 [M]. 合肥：安徽人民出版社，1994：284.

乡村教育的国家化，带有明显的城市化倾向，这在政府所颁布的一系列教育制度中可见一斑。

新式学堂的设立，也主要集中在都市，在广大的乡村地区，仅有少数质量较低的小学堂。在《癸卯学制》当中对此有这样的规定：大县城内至少设三所初等小学堂、小县城内设立二所，各县著名的大镇须设初等小学堂一所。① 从实际情况来看，新式学堂的运行与乡村社会之间爆发了激烈的冲突和矛盾，这种冲突和矛盾源自新式学堂中鲜明的城市化倾向。相关统计显示，在乡村兴学之初，各乡村地区出现的父母拒送子女入学或入学儿童逃学的现象屡见不鲜，村民发起的抗学毁捐事件不下 150 起。②

1912 年，中华民国临时政府成立，中国近代史由此翻开了新的一页。自清末新政中构建的现代教育制度仍旧被继续沿用。到了 20 世纪 30 年代中期，新式学堂已遍及中国广大的乡村地区。这种代表着西方现代工业文明的制度形式，在与中国传统自然经济结构发生遭遇的时候，对乡村社会传统形成了巨大的冲击。费孝通曾说，"从基层上看，中国社会是乡土性的"。③ 然而，代表西方现代工业文明的新式学校，所灌输的却是一种以城市为中心的价值观念，这无疑是对中国传统乡土社会的一种背离。而这种以现代化为标榜的城市化进程，不可避免地促使耕读之间与士农之间的断裂。20 世纪是一个科学进步的新时代，机械的发明和工商业的迅速发展，使都市很快地繁荣起来，人们为都市中的繁华和轻快的生活所吸引，农民离乡问题，便是这种情况的现实反映。

虽然，就发展的情形来看，民国时期的乡村师范教育方兴未艾，犹如旭日东升，似乎有着无限光明的前途。但是，如果对其加以详细考究，也有不少的困难和隐忧。第一，正如陶行知所说，"我们不要以为把师范学校搬下乡去就算变成了乡村师范，我们应当时刻顾虑到，不能改造眼前的乡村生活，不能算是真正的乡村师范"。因此，师范教育应该如何下乡运动，便成了一个关键问题。第二，假如乡村师范毕业生不能改变眼前的乡村生活，那么其出路何在？事实上，当时已经有很多乡村师范的毕业生是没有出路的。造成这种状况的原因有三：一是各地小学已被不合格的教师所把持，挤占了乡师毕业生的空间；二是地方行政人员往往敷衍了事，不肯从严甄别；三是

---

① 毛礼锐，沈灌群. 中国教育通史（第四卷）［M］. 济南：山东教育出版社，1985：23.

② 田正平，肖郎. 世纪之理想——中国近代义务教育研究［M］. 杭州：浙江教育出版社，2000：72.

③ 费孝通. 乡土中国 生育制度［M］. 北京：北京大学出版社，2007：6.

小学教师的待遇太差，使乡师毕业生往往不肯应聘。[①]

我国乡村学校之所以不能请到优良的乡村教师，有能力的乡村教师之所以不能安于其位，师范毕业生之所以不愿意到乡间服务，其中最为重要的原因就在于城市化进程所带来的人们价值观念和社会心理的变化。现代教育具有强烈的城本主义价值取向，城市成为国家现代化发展的中心，在公共政策和制度安排上成为有限被考虑的对象，农村逐渐处于政策设计与制度安排中受忽略的地位。在城本主义价值取向之下，农村教育逐渐演变为一种"离农"的教育，在教育目的上逐渐被窄化为"跳农门"或培养"新市民"。由此，农村教育不可避免地沦为城市教育的"附庸"和"翻版"。在这种城本主义价值取向之下，乡村教育被严重忽略了。

这种教育价值取向导致了严重的城乡教育差距，主要表现在以下几个方面：首先，乡村教师的待遇太差，不足以满足他们的物质生活方面的追求。乡村教师待遇的低下，导致乡村地区很难招聘到优秀的乡村教师。1921年，陶行知发表《关于师范教育的意见》一文，其中提出："现在的师范多设在城市，因之乡村受益少。因乡下学生入师范后，都不愿在乡下做事而愿在城市做事。"[②]

其次，乡村师范学校的经费不足。与同时期中等学校和省立师范学校等相比较而言，乡村师范学校在经费支持上与其有着不小的差距。我们以江苏省的数据为例进行说明，1932年，江苏省省立中等学校当中，经费最高者为省立南京中学，为121224元；最低者为江苏省立宿迁中学，为27740元。而几所省立乡村师范学校的经费情况为：省立灌云乡为29405元，省立洛社乡师、省立吴江乡师、省立栖霞山乡师、省立黄渡乡师、省立界首乡师均为34906元。除了省立宿迁中学经费略低于几所乡村师范学校之外，江苏省其他25所省立中等学校的经费均高于几所乡村师范学校。其中的省立南京中学，其经费甚至是几所省立乡师的4倍。而江苏省省立师范学校的经费在6万元到8万元，也是几所乡师经费的1.5倍到2倍。[③]

（三）农业破产危机的影响

近代以来，中国的农村在帝国主义、封建主义及土豪劣绅的共同盘剥

---

① 李海云，梁文正. 古槜乡村教育思想研究及其启示 [J]. 重庆工商大学学报（社会科学版），2014（2）：150－155.

② 华中师范大学教育科学研究所. 陶行知全集（第1卷）[M]. 长沙：湖南教育出版社，1984：172.

③ 数据来源于赵如珩. 江苏省鉴 [Z]. 上海：成文出版社优先公司，1936：453.

下，呈现出一片衰败的景象。晚清以降，国家权力向乡村社会不断嵌入，直接的结果便是乡镇机构人员的日益膨胀，公共权力不断扩张。但是，随着国家权力的不断扩张，中央政府加紧了对乡村地区的财政盘剥，财政权力却逐步向中央集中，乡村财政日益陷于入不敷出的境地，这也导致了地方苛政繁兴，摊派横行。名目繁多的苛捐杂税，使在工业化过程中本已显露出颓势的乡村社会，日益陷入崩溃的边缘。1933 年，时任国民政府财政部部长的孔祥熙鉴于当时中国农村经济已经濒临破产边缘，发表了题为《财政会议与救济农村》的演讲。他认为，产生这种情况的原因在于三个方面：

> "一是农产品价格下降，其他产品价格上涨，导致农民生活贫
> 困；二是大量资金由农村流入城市，使农村缺乏经费无从发展，故
> 而农村经济崩溃；三是繁重的苛捐杂税加重了农民的负担。"[①]

据当时的统计，农民所承担的附加税有 3000 余种，即使是在丰收之年，"也因税捐重重，不克安身"。[②] 国民政府成立以后，曾经制定了一些农业政策，中国农业也出现了短暂的复苏。但随着 1929 年世界经济危机的爆发，帝国主义加快了向中国倾销农产品的步伐，使本已有所恢复的中国农业遭遇了沉重打击，使之陷入进一步的衰败中。国民政府对此也有客观的认识，"中国农业危机日趋严重化，实已使整个国民经济濒于总崩溃的前夜，怎样挽救农业危机以奠定国本，这是当前最迫切最重大的问题"。[③] 然而，民国政府并没有遏制农村衰败、农业危机的加重，反而激化了自晚清以来的乡村社会中所凸显的矛盾，终于酿成了 20 世纪二三十年代乡村社会空前的危机和动荡。正是在这样的一个历史背景下，很多知识分子将目光投向中国的乡村，意图通过乡村的改造达到中国社会的改造的目的，在教育家群体、教育团体的推动下和国民政府的参与下，掀起了一场规模浩大的乡村教育运动。

在抗日战争中，我国农村遭遇了极大的破坏和侵袭，造成一片土地荒芜、房屋尽毁、农具损失、灾民遍野的悲凉景象。据 1946 年报纸报道：赣西、甘南 50 里至 100 里间渺无人烟之地，已经触目皆是；河南省的一个村庄里，已经几乎找不到几匹牲口；安徽省舒城河乡的荒田已增到该村耕地的 1/3；广东省潮汕地区，"海水倒流，河塘龟裂，耕地已告绝望"。[④]

20 世纪以来，随着国家权力的逐步下沉，城乡社会逐渐走向分离，乡

---

① 刘振东 . 孔庸之（祥熙）先生演讲集 [C]. 台北：台湾文海出版社，1972：445.

② 张霞 . 民国时期"三农"思想研究 [M]. 武汉：武汉大学出版社，2010：114.

③ 中国文化建设协会 . 抗战十年前之中国 [M]. 北京：文海出版社，1974：207.

④ 许涤新 . 论当前的中国经济危机（第 11 卷）[J]. 群众，1946（7）.

村在经济、政治、文化上，几乎达到了崩溃的边缘。梁漱溟认为，"中国近百年史，也可以说是一部乡村破坏史"。[①] 新式教育的勃兴，使城乡差距不断加大，"自中国教育界发起智识阶级名称以后，隐然有城市乡村之分"。[②] 梁启超就曾经评论过城乡教育的分离，他认为，19 世纪末 20 年代以来所办理的新式教育，结果使全民不识字。新式教育的重心在城市，乡村在教育重心转移的过程中被迅速边缘化了，"我们现在的教育，无论原理实施，无论教材教法，无论中央行政，无论学校教育社会教育，哪一种不是城市的教育！哪一种不是为全国 1/4 人民而设的教育！"。[③] 在 1936 年出版的《乡村建设大意》中，梁漱溟这样说道："因为近几十年的乡村破坏，中国文化不得不有一大转变，而有今日的乡村建设运动。"[④] "那么，乡村破坏又怎么讲呢？这有两层：①天灾人祸的破坏乡村。②风气改变的破坏乡村。"[⑤] 但是，梁漱溟认为，天灾和人祸均是政治问题，责任均在政府，他说："总的说来，中国乡村之破坏完全在政治。"[⑥]

　　乡村教育领袖们缺乏对农民的全面认识，所办教育似是而非，脱离了农民的实际生活需要，缺乏针对性，农民对此并不积极。晏阳初在河北定县的教育实验便遭遇了这种尴尬，农民不仅不赏识，而且还与其作对。1935 年 10 月，梁漱溟在山东乡村建设研究院演讲时便承认，乡村运动有两大难点："头一点是高谈社会改革而依附政权；第二点是号称乡村运动而乡村不动。"[⑦] 乡村教育在乡村遭遇冷遇甚至抵制，与农民对乡村教育缺乏自觉意识和自觉参与是有很大关联的。农民缺乏乡村教育的自觉意识和自觉参与的动机，究其原因，恐怕与当时中国农村的贫穷不无关系。试想一下，在中国农村普遍存在一种衰败气象，农民生活尚且不能保证的情况下，如何去奢谈

---

① 梁漱溟 . 乡村建设理论 [M]. 上海：上海世纪出版社，2006：11.

② 章太炎于 1925 年 10 月在长沙晨光学校的演讲 [M] // 汤志钧 . 章太炎谱长编（下册）. 北京：中华书局，1979：823.

③ 佚名 . 1/4 和 3/4 的教育 [J]. 儿童教育（第 6 卷），1935（1）. 苏珊娜 . 佩珀认为，"中华民国教育发生更加严重的分化：新型的西式教育仅限于城市中的国家的精英分子这一级水平上，而乡村地区依然保留传统的价值观念和教育，其程度远远超过西式教育"。见 [美] 麦克法夸尔著，费正清主编 . 剑桥中华人民共和国史（上卷）[M]. 谢亮生，等译 . 北京：中国社会科学出版社，1990：201.

④ 梁漱溟 . 乡村建设理论 [C] // 梁漱溟全集（第一卷）. 济南：山东人民出版社，1992：611.

⑤ 梁漱溟 . 乡村建设理论 [C] // 梁漱溟全集（第一卷）. 济南：山东人民出版社，1992：604.

⑥ 梁漱溟 . 乡村建设大意 [C] // 梁漱溟全集（第一卷）. 济南：山东人民出版社，1992：604—605.

⑦ 梁漱溟 . 我们的两大难处 [C] // 梁漱溟全集（第二卷）. 济南：山东人民出版社，2005：573.

教育？当然，除了经济上的贫困之外，乡村教育家所办之乡村教育与乡村社会生活的隔离也是主要原因。对此，雷沛鸿认为，乡村教育最为关键的问题，就在于要让农民知道，教育同水和空气一样，须臾不能离开。

三、民国乡村师范教育制度的现代借鉴

（一）对于教育本土化实践的借鉴价值

自 1840 年鸦片战争爆发之后，列强用坚船利炮将国人从天朝大国的迷梦中惊醒了，古老文明的中国遭遇日益深重的民族危机，被迫开始了向西方学习的征程。学术界一般将向西方学习的过程称为"西化"或者"国际化"。"西化"的概念须拆开解释，所谓"化"，义为变化、仿效的意思；[①]"西"即指"西方"，在一般意义上而言，"西方"代表着一个笼统的范围。

在学者布莱克看来，"西化"应该这样界定，即"其他社会可以忘掉自己的历史传统，而采纳西方和欧洲式的现代价值标准和制度，就像他们把牛羊换成汽车或把土耳其帽换成大英帽一样"。[②] 我国晚清时期的一部分知识分子对于"西化"的理解与布莱克有相似之处。如当时有学者认为，"欧化云者，谓文明创自欧洲，欲己国进于文明，必先去其国界，纯然以欧洲为师。极端之论，至谓人种之强，必与欧洲互相通种，至于制度文物等类无论矣"。[③] "西化"与"现代化"之间有着密切的关联，但又有所区别。"西化"是"现代化"的一种主要途径，但并非必由之路。因此，以"西化"的方式来达到"现代化"，抛弃传统当中有价值的因素，这样的现代化是比较危险的。

1840 年鸦片战争以来，随着坚船利炮而进入中国的西方现代物质文明（如电灯、电话、电报、蒸汽机）、制度文明（如政治制度、教育制度）乃至科学技术，给了国人强烈的心理震撼，迫切需要走上现代化之路的中国，误将"西化"理解为"现代化"，试图以"西化"来达到现代化建设的目的。这种"西化"反映在教育制度的构建上，体现得非常明显。自 1904 年《癸卯学制》颁布后，我国开始通过模仿和移植国外现代教育制度来构建现代教育体系，这种模仿和移植也是建立在对中国传统教育制度的完全摒弃的基础

---

① 《玉篇》："化，易也。"《吕氏春秋·大乐》高诱注："化，犹随也。"
② 布莱克．日本和俄国的现代化 [M]．北京：商务印书馆，1984：12—13.
③ 佚名．日本国粹主义与欧化主义之消长 [J]．译书汇编，1902 (5).

上的。

然而，"仪型他国"的教育制度，是西方现代工业文明的产物，根本不适合中国的实际国情。20 世纪二三十年代兴起的乡村教育运动，实际上是一部分有识之士面对"西化"的弊端而有针对性地提出的关于教育"本土化"的一次积极探索和实践，这次探索和实践将中国"国情"的因素纳入现代化进程的整体考察之中，无疑是中国思想界的一次进步，这不仅意味着中国自身教育现代化理论的探索，而且也意味着对"仪型他国"的教育现代化之路的一次反思。

而在师范教育中，自清末新政期间仿日本教育制度建立近代中国师范教育制度始，我国师范教育在制度构建上也体现了明显的"仪型他国"的特色，这种制度构建的结果便使我国教育出现了严重的城市化倾向。学者张济州认为，从 1905 年废科举、兴学堂开始，历次教育改革，对乡村教育而言，体现的是对已有的代表城市文明和现代工业文明的教育制度的照搬和移植，其制度的构建过程从一开始便有着忽略乡村教育发展的取向，城市成为教育现代化发展的中心。乡村教育的这种发展取向"实际上是意味着在国家与城市工业发展与发达之后再用城市的资金、按城市的模式将乡村复制成新的城市。这在本质上是一种移植思路"。①

将这种由外国移植而来的师范教育制度"削足适履"，用都市教育的范式去办理乡村教育，其结果必然会适得其反。这种"外向型的教育设置代表了城市化、国家化的色彩，这对于乡村生活中的教育受众来说，更多的是来自'他者'世界中的强势价值预设"。②"从这方面说，现在这种教育不但没有做到把中国现代化的任务。反而发生了一种副作用，成了吸引乡间人才外出的机构，有一点像'采矿'，损蚀了乡土社会。"③

20 世纪二三十年代的乡村师范教育制度的变迁过程，是一次极有价值的教育本土化实践，对当前我国农村教育改革和发展具有重要的借鉴价值。从根本上讲，是对中国本土文化的继承和延续，是对中国作为一个农业大国的应然认知。所谓本土化，是与"西化"相对应的一个概念，是对"西化"的一种反思和批判。这一时期，面对教育中严重的"西化"问题，一大批有识之士提出了"本土化"的概念。在教育领域，"本土化"也可以被理解为

① 李书磊. 村落中的国家：文化变迁中的乡村学校 [M]. 杭州：浙江人民出版社，1991：161.

② 张济洲. 文化视野中的村落——学校与国家——一个县教育变迁的历史人类学考察 (1904—2006) [D]. 上海：华东师范大学，2007：244.

③ 费孝通. 乡土重建 [C] // 费孝通文集（第四卷）. 北京：群言出版社，1990：359.

"中国化"或"乡村化"。

从根本上讲，近代以来中国所面临的问题，就是中西文化之间冲突和矛盾的问题。在西方文化的不断冲击下，传统文化逐渐式微，"中国问题并不是什么旁的问题，就是文化失调；……极严重的文化失调"。[①] "近百年来，中华民族之不振，是文化上之失败。"[②] 解决的办法便是如何在中西文化之间找到一个平衡点，使失去协调的文化得以恢复和谐。梁漱溟认为，法国著名法学家狄骥（Léon Duguit）的"社会连带关系说"、美国杜威的"社会交通作用说"符合中国伦理思想，"以中国固有精神为主吸收西洋人的长处"，[③] 以解决中西文化的冲突。在这方面，20世纪二三十年代的一大批知识分子进行了很好的尝试。他们以宽广的国际视野、强烈的时代精神和本土意识，从中国的具体国情出发，从乡土中国的文化特质出发，面对时代难题，深入基层，试图从传统文化中寻求救国之道，进行教育本土化的实践，在中西文化之间找到了一个很好的平衡点。这种本土化的意识是基于其对中国基本国情的认识。

从这个意义上说，对于当下我国农村教育的审视，不能仅仅停留在对工业化和城市化的认识逻辑和背景当中，更重要的是要尊重"乡土中国"的传统特质。20世纪40年代，学者费孝通曾经将当时中国社会的基本形态概括为"乡土中国"。这一概括对于当下的中国依然适用，"乡土中国"依然是中国社会最为基本的内涵，中国的教育依然不能回避"乡土中国"的文化特质。

（二）对于教育家办学的借鉴价值

甲午战败之后，中国面临"数千年未有之强敌"，面对民族的危亡，一大部分教育家抱定"教育救国"之志，或兴办学堂，或培养专门人才，或执教讲堂，或推动教育改革，或进行思想传播，如盛宣怀、张謇、余家菊、陶行知、黄质夫、金海观等人，极大地推动了中国乡村师范教育的发展。教育家们都根植于中国传统文化，同时又接受了西学的洗礼，可谓中西合璧的"产物"，他们不仅具有深厚的传统文化底蕴，而且具有宽广的国际视野。在"救亡图存"的历史大潮中，投身教育事业改革和发展中，形成了一种很好的教育家办学机制。这对于今天的教育界无疑有着值得借鉴的地方。

---

① 梁漱溟.乡村建设理论［M］.上海：上海人民出版社，2006：22.
② 梁漱溟.由乡村建设以复兴民族案［C］//马秋帆编.梁漱溟教育论著选.北京：人民教育出版社，1994：117.
③ 梁漱溟.乡村建设理论［M］.上海：上海人民出版社，2006：146.

在当代中国，在文化界和思想界掀起了一股研究民国教育家群体的热潮，学者们对于民国时期的教育家产生了浓厚的研究兴趣，通过研究民国教育家群体所折射出的不仅仅是对那个时代教育家的缅怀和崇敬，更多的应该是指向今天的教育者，乃至为中国的文化界和思想界灌输一种"隔代的养分"。

民国时期教育家对乡村师范教育改革和发展的重要推动作用，使我们认识到教育改革需要教育家的推动。而反观今日，教育家的阙如已经成为限制我国教育改革和发展的阻碍力量。正如前耶鲁大学校长施密德特（B. C. Schmid）所说："新中国成立以来，中国没有一位教育家，而民国时期的教育家灿若星海。"反观我国农村，更是缺乏大量落地生根的乡村教育家和实干家。如陶行知、梁漱溟、黄炎培、雷沛鸿、王拱璧、俞庆棠、黄质夫、金海观等教育家，放在今天的乡村教育领域中可谓凤毛麟角。中国乡村教育需要一大批这样的实干家，中国的乡村教育改革也需要这样的推动者。

2003年的教师节，温家宝同志在人民大会堂接见教师代表时发出"教育家办学"的呼声，此后，温家宝同志又在多种场合谈到"教育家办学"的话题，尤其是在2006年的《政府工作报告》中提出，要"培养一支德才兼备的教师队伍，造就一批杰出的教育家"。2009年1月4日，温家宝同志在"百年大计，教育为本"的讲话中提出："要造就一批教育家，倡导教育家办学。我们有许多优秀的科学家，受到社会的尊重。我们更需要大批的教育家，他们同样应该受到社会的尊重。"① 2010年，中共中央、国务院下发的《国家中长期教育改革和发展规划纲要（2010—2020年）》，同样明确提出，要造就一批教育家，倡导教育家办学。② 那么，在当前的时代背景下，教育家从何而来？

民国时期教育家群体的崛起，与这一时期宽松的政治环境不无关系。"在中国历史上，任何一次学术思想的涌动，都与宽松的政治环境有着密切的关系。只有在宽松的政治环境里，知识分子才能无拘无束，进行真正意义上的学术争鸣。"③ 民国时期，政局的动荡不安，各种军事力量的倾轧，使政府无暇顾及乡村教育的发展，这为新的教育力量和团体的崛起提供了广阔的机遇，在客观上为教育家举办乡村教育提供了很广的空间和特定的环境。

---

① 温家宝在国家科教领导小组会议上的讲话 [EB/OL]. 2009—01—04 [2023—04—12]. http://www.moe.gov.cn/jyb_xwfb/s6052/moe_838/tnull_29548.html.

② 国家中长期教育改革和发展规划纲要（2010—2020年）[EB/OL]. 2010—07—29 [2023—04—12]. http://www.moe.gov.cn/srcsite/A01/s7048/201007/t20100729_171904.html.

③ 尹继佐，周山. 中国学术思想兴衰论 [M]. 上海：上海社会科学院出版社，2001：17.

学者周洪宇提出，教育家的产生，需要一个特定的环境，"第一个需要社会环境，这里面特别是政策环境"，"第二个需要学术环境"，"第三个需要管理的环境"。① 社会环境至关重要，据统计，《教育大辞典》中的 398 位教育家中，仅江浙上海的人数就达 35％，近代庚款留学英美的学生仅江浙两省就有 205 人，占总数 684 人的 45％。② 江浙一带历史积淀的学术环境使其发展成为全国人文的渊薮，这样的学术环境无疑具有潜移默化的效应。学术环境的营造包括社会性环境和个体性环境，前者指教育家成长的物质条件和人文机制，后者指教育家自身的"立志""立功""立德"和"立言"等。③ 民国时期，正是有了上述宽松的社会环境，才产生了那样一支教育家群体队伍。

而反观今日，我国教育体制具有高度集权化的特性，在这种体制框架之下的行政管理体制中，政府居于绝对的主导地位，其不仅是办学者，也是管理者、监督者、仲裁者，是多种角色的集合体。在这种体制之下，学校成了政府的附属机构，这严重制约了学校办学的自主性和积极性。而在这样一种管理体制之中，是难以培养出具有独立思想和理念的教育家的，教育家办学也只能是一句空话。而学校内部管理体制的僵化也阻碍了教育家的成长，校长的职能也出现了异化，沦为纯粹的管理者和监督者。④

因此，在这种学校内部管理体制下，学校的运转完全由校长控制，"一个好校长就是一所好学校"越来越成为教育家办学的另类解读。对这种现象，有学者提出"控制"已成为中国教育的一种意义系统。⑤ 然而，一个好校长就是一个教育家吗？校长代表的是"行政长官"式的管理体制，主要任务是对学校进行家长式的管理，这与有活力、有思想、有生命力的教育家不可同日而语。因此，政府必须创造宽松的改革环境，才能为教育家的成长提供适宜的土壤。

（三）对当前农村师资培养的借鉴价值

民国时期，在我国兴起了一股轰轰烈烈的乡村师范教育运动，在乡村教育家和相关教育团体的推动下，国民政府也开始关注乡村师范教育的发展，对乡村师范教育进行了积极的办理，制定了乡村师范教育的制度、法规、法

---

① 周洪宇．一流教育家的四个标准 [J]．师道，2004（10）：17.
② 缪进鸿．长江三角洲与其他地区人才的比较研究 [J]．教育研究，1991（1）：27—32.
③ 周洪宇．一流教育家的四个标准 [J]．师道，2004（10）：17.
④ 张建雷．现代教育制度视角下"教育家办学"实现条件分析 [J]．河北师范大学学报（哲学社会科学版），2011（8）：240—243.
⑤ 柯政．学校变革困难的新制度主义解释 [J]．北京大学教育评论，2007（1）：42—54，189.

案；颁布了学制，赋予乡村师范教育在国民教育体系的独立地位；创办了一定数量的乡村师范学校，这些学校设置在广大的乡村社会中，以专门培养乡村小学教师为旨归。这不仅推动了乡村师范教育的发展，而且也有力地推动了乡村教育的变革和发展。虽然从其产生、发展到最后走向消亡经历了很短的时间，但在中国师范教育和农村教育发展史上无疑是熠熠生辉的，对当前我国农村师资的培养也有很好的借鉴价值。

1. 新中国成立后我国农村教师教育政策回顾

新中国成立之后，党和国家对农村教育予以极大重视，始终坚持把为农村服务作为农村教育的根本宗旨，培养能够从思想和技能上服务农村经济社会发展的人。然而，与民国时期相比，新中国成立后我国在乡村教师教育的制度构建方面始终是缺失的，这也是造成我国农村师资严重匮乏的主要原因之一。当然，国家也制定了一些相关政策，以加强农村师资队伍的建设，但始终没能够建立起乡村师资培养的专门制度。

新中国成立后，师范教育一度秉持面向工农、服务工农的目标，至"文化大革命"之前，大部分师范院校都将服务农村作为既定办学方向，为农村地区培养了一大批合格教师。新中国成立后的第一次全国教育工作者会议提出了一项比较宏伟的目标，而为了顺利地实现这一目标，会议要求每一个大的行政区设立师范院校一所，以专门培养高中教师；于各省、市设立一所师范专科学校，以专门培养中学教师。

除此之外，还提出了中等师范学校要面向农村、服务工农的要求。[①]1952年，教育部下发《关于大量短期初等教育教师的决定》，提出要加强师范教育，举办短期培训班，吸收和动员城乡失业知识分子和家庭知识妇女接受培训，以补充教师队伍。据相关统计显示，1952年全国师范学校共招生26.2万人，其中短期训练班学员达17万人，占总数的65%；[②]还鼓励内地教师和师范院校的毕业生到少数民族地区、边疆地区和农村地区从事教育工作。此后，中等师范学校一直承担着为我国农村地区培养师资的任务。

1952年之后的几年中，经过"整顿巩固、重点发展、提高质量、稳步前进"方针的综合指导，我国师范教育进入了稳步、快速发展的时期。1958年，教育领域的大跃进也不可避免地波及师范教育的发展，使其出现了膨胀的趋势。针对这种情况，中央政府又适度调整了教育方针，并于1961年提

---

① 何东昌.中华人民共和国重要教育文献[M].海口：海南出版社，1997：115.
② 金长泽，张贵新.师范教育史[M].海口：海南人民出版社，2000：115.

出了"整顿、巩固、充实、提高"的八字方针。师范教育也进行了适当的调整，在当年教育部所召开的全国师范教育工作会议中，提出师范教育要兼顾农村的特点，要能适应农村的发展。1963年，教育部颁布了《关于改进中等专业学校招生工作和毕业分配的意见》，其中规定：师范学校除招收初中毕业生之外，可通过保送和考试相结合的方式，招收经过生产劳动锻炼的"初中毕业生和具有同等学历的青年，毕业后回到原公社任教"，即"社来社去"。此后，在"文化大革命"爆发之前，大多数师范院校均坚定了向农村地区培养、输送师资，为农村教育（生产劳动）服务的既定方向。

"文化大革命"结束之后，我国师范教育进入恢复发展期，与之前相比，中等师范教育进入快速发展期。1978年，教育部颁布了《关于加强和发展师范教育的意见》，其中提出了要通过大力发展中等师范学校和高等师范专科学校为全国中小学尤其是农村中学培养教师。1980年，教育部召开了全国师范教育工作会议，会议提出，中等师范学校要面向农村、面向小学，培养合格师资。

1983年，教育部颁布了《中共中央、国务院关于加强和改革农村学校教育若干问题的通知》，其中明确要求，高等学校要注重向农村培养合格师资，为农村经济社会发展输送各类专门人才。另外，通过荣誉鼓励和增加生活待遇的方式，鼓励教师到农村特别是到老、少、山、边、穷地区任教。有条件的地区还要建立民办教师的福利基金，解决其后顾之忧。同年，教育部总结了师范专科学校为普及九年义务教育服务以及师资培养方面的经验，更加明确和坚定了师范专科学校为农村中小学培养合格师资的办学方向。1989年，教育部在河北石家庄召开了全国师范专科学校工作会议，提出了适应"三教统筹""农科教结合"的农村教育新形势，努力为农村初中培养合格师资，应当成为师范专科学校首要任务。

20世纪90年代末是我国师范教育的重要转折期。伴随着我国社会开始发生的转型以及教育体制改革的继续推进，我国师范教育掀起了一场重大的改革。1999年，教育部下发了《关于师范学院布局结构调整的几点思考》，拉开了师范教育改革的大幕，这次改革的核心点在于改变过去封闭独立的三级师范教育体制，逐步转向开放式二级教师教育体制。同时，原来向农村教育延伸得最深入、辐射得最广泛、与农村教育联系得最密切的中等师范教育，在短短的几年内，被逐步取消了。这场师范教育变革带有鲜明的"城市倾向"，这点从师范院校的布局以县城、地市为主，迅速向地市及以上的中心城市集中可窥见一斑，我国师范教育由此开始呈现"去农村化"的倾向。

进入 21 世纪以来，教育均衡发展成为我国城乡教育发展的主要发展背景，围绕这一背景，国家设计了一系列关涉农村教师队伍建设的支持性政策。（详见表 5-1）

表 5-1　21 世纪以来国家实施的农村教师援助政策一览表

年份	政策名称	内容
2003	《关于进一步加强农村教育工作的决定》	城乡均衡发展下的农村教师支持政策
2003	三支一扶	高校毕业生到基层从事支教、支农、支医和扶贫工作
2003	大学生志愿服务西部计划	按照公开招募、自愿报名、组织选拔、集中派遣的方式，每年招募一定数量的普通高等学校应届毕业生或在读研究生，到西部基层开展为期 1—3 年的教育、卫生、农技、扶贫等志愿服务
2004	农村学校教育硕士师资培养计划	通过实行推荐免试攻读教育硕士研究生等优惠政策，吸引和鼓励优秀的大学应届本科毕业生到国家和省级贫困县的农村学校任教
2006	农村义务教育阶段学校教师特设岗位计划	通过中央财政予以特殊支持，在西部"两基"攻坚县农村学校设立教师岗位，公开招聘高校毕业生到校任教
2006	《教育部关于大力推进城镇教师支援农村教育工作的意见》	城镇中小学教师晋升高级教师职务以及参评优秀教师和特级教师应有到农村任教一年以上的经历
2007	义务教育学校岗位设置改革	原人事部和教育部联合印发的《关于义务教育学校岗位设置的指导意见文件》规定，"优秀教师在薄弱学校或农村学校聘任到高一级岗位的机会相对更多一些，以及对农村教师适当放宽评审条件"
2007	《教育部直属师范大学师范生免费教育实施办法（试行）》	在北京师范大学、华东师范大学等六所部属师范大学实行师范生免费教育
2007	《关于义务教育学校岗位设置的指导性意见文件》	"优秀教师在薄弱学校或农村学校聘任到高一级岗位的机会相对更多一些，以及对农村教师适当放宽评审条件"
2008	关于义务教育学校绩效工资的指导意见	强调"依法保障和改善义务教育教师特别是中西部地区农村义务教育教师的工资待遇，提高教师地位，吸引和鼓励各类优秀人才长期从教、终身从教"
2009	《关于进一步落实国务院办公厅转发中央编办、教育部、财政部关于制定中小学教职工编制标准意见的通知》	中小学教职工编制标准： 初中：城市、县镇、农村的教职工与学生比分别为 1∶13.5、1∶16 和 1∶18； 小学：城市、县镇、农村的教职工与学生比分别为 1∶19、1∶21 和 1∶23

年份	政策名称	内容
2009	《关于进一步做好中小学教师补充工作的通知》	参照县镇标准核定农村中小学教职工编制，对农村寄宿制学校及山区、湖区、海岛、牧区、教学点较多地区的中小学，适当增加编制
2010	"国培计划"：包括"中小学教师示范性培训项目"和"中西部农村骨干教师培训项目"两项内容	通过创新培训机制，采取脱产研修、集中培训和大规模的教师远程培训等方式，对中西部农村义务教育骨干教师有针对性地进行专业培训
2012	《关于加强教师队伍建设的意见》	"要以农村教师为重点，采取倾斜政策，切实增强农村教师职业吸引力，激励更多优秀人才到农村从教"
2013	《关于落实2013年中央1号文件要求对在连片特困地区工作的乡村教师给予生活补助的通知》	从该年起，广东省对非山区县农村边远地区和山区县义务教育学校实施教师岗位津贴制度，其中经济欠发达地区71个县（市、区）由省级财政给予财政补助。统计表明，全省有33万多名教职工享受岗位津贴，月人均岗位津贴565元，2015年有望将补助标准提高至人均700元/月
2015	《乡村教师支持计划（2015—2020年）》	针对乡村教师"下不去""留不住""教不好"等突出问题，提出了8个方面的具体举措，主要包括：全面提高乡村教师政治思想素质和师德水平、拓宽乡村教师补充渠道、提高乡村教师生活待遇、统一城乡教职工编制标准、职称（职务）聘任向乡村学校倾斜、推动城市优秀教师向乡村学校流动、全面提升乡村教师能力素质、建立乡村教师荣誉制度

资料来源：根据国家相关部委颁行政策文件整理。

综观这些政策，我们可以清晰地发现这样的特征：针对长期以来农村教师队伍数量不足、质量不高的一种补偿性、支持性政策。这些政策的实施，不仅表明了国家积极缩小城乡教育差距的一种尝试，也是对国家弥补和校正以往教育政策过失的积极姿态的彰显。虽然新中国成立后我国师范教育一度秉持面向工农、服务工农的目标，至"文化大革命"之前，大多数师范学校均以服务农村为办学方向，为农村地区培养了一大批合格的教师。但是，国家长期以来所实施的农村教师政策，带有明显的"不公正"色彩。而对于农村教师政策上的"不公平"，正是源自已有教师政策对于城市教师的"保护性"。在回顾和反思新中国成立后我国教师政策的发展，我们不难发现存在于城乡教师政策当中的巨大差距。具体体现为民办教师长期占据农村教师的主体地位、农村教师工资长期拖欠、"同工不同酬"政策等，这些问题导致了农村教师队伍出现了长期数量不足、质量不高的现实问题。

2. 当前我国农村教师教育政策的困境

如前所述，国家颁布的支持性和补偿性政策的实施，有效地缓解了农村教师队伍数量不足、质量不高的现实问题。但是，从长远来看，这些补偿性政策只能作为一种临时性的政策设计，很难成为长期性的制度安排，也无法从根本上解决农村师资薄弱的现实困境。

（1）核心政策的缺失

现有的农村教师支持性政策有很大的局限性，这就决定了这些支持性政策无法从根本上解决农村教师队伍薄弱的现实问题。新中国成立后，在我国大力推进工业化和城镇化的宏观背景下，"城市化"成为我国现代化建设的主要导向。在以"城市化"为导向的现代化建设中，政府在制定制度或者"公共政策"的选择上"城乡两策，重城抑乡"。表现在教育政策上，先城市后农村成为国家既定路线。在这种路线指引下的教育政策，不可避免地造成了当前我国农村教师的数量不足、质量不高的现实问题。虽然，国家于近年来针对农村教师队伍薄弱的现状，实施了一系列补偿性和支持性政策，但实施效果有限，与广大农村地区对优质师资的需求尚有很大差距。以 2006 年开始实施的"特岗计划"为例，在设岗规模最大的 2009 年，也不过 5 万人。[①] 这远远不能满足农村地区对优质教师的巨大需求。可见，这一政策的运行结果与政策设计的初衷严重不符。

（2）缺乏长效机制

当前，我国农村教师政策以"工程""项目"形式为主的支持性政策居多，缺乏促进农村教师队伍发展和提高的长效机制。这些以各种"工程""项目"等形式运行的政策通常都规定了时间表、年度任务和规模、实施进度、人员安排、资金配套等。这样的方式不乏优点，如它具有较强的政策针对性。但是，缺点也很突出，如具有临时性、变动性和缺乏预期性。综观近年来实施的"特岗计划""硕士师资计划""城镇教师支援农村教育计划""高校毕业生到农村服务项目"等，实际上是在通过补偿的方式为农村地区补充"临时教师"而已。从其实施效果来看，这种"临时教师"的输入，有效地补充了农村优质师资，在当前我国城镇化日益加剧的今天，这种方式有一定的可取之处。但是，从长远来看，一方面，这种"短期的""临时性"的政策设计，势必造成一部分农村教师的临时思想和短期行为，使他们不能

---

① 课题组．"特岗计划"与打造优质教师队伍探析 [J]．河北师范大学学报（教育科学版），2009（12）：61—64．

安心从事农村教育工作，不利于农村教育的长远发展；另一方面，这种以"输血"为主的农村教师政策设计，不利于农村教师队伍建设内生机制的形成。目前实施的一系列针对农村教师队伍建设的支持性、补偿性政策，实质上是通过向农村地区输入骨干教师的方式，达到补充农村教师队伍、改善农村教师质量的目的。在我国农村教师队伍建设问题突出、积重难返的今天，这种方式无异于"雪中送炭"。但是，从我国农村教师队伍建设的长远目标来审视，这种援助性的政策设计并不利于农村教师队伍建设的可持续发展。

（3）农村地区"缺师资"与"进不去"的矛盾突出

新中国成立之后，由于我国农村教育投入主体逐渐上移，农村教育改革体现了明显的集权倾向。这种改革不可避免地造成了农村教育的衰落，甚至造成了"村落学校的终结"。农村教育的发展限于自身财力的匮乏，逐渐失去了自身特有的活力和特性，成为城市教育的"翻版"。2001 年，我国开始实施农村义务教育"以县为主"的投入体制，农村教育的发展开始陷入"财力危机"。财力的薄弱导致了很多农村地区出现了普遍拖欠教师工资的现象，受此影响，教师的入编通道也遭遇关闭。到了 2005 年，随着我国义务教育投入体制改革的深入发展，义务教育投入的重心上移至省级财政甚至中央财政，建立了义务教育的经费保障机制。但即使如此，农村义务教育经费薄弱的现状依然没能得到彻底的改变。尤其是在一些经济欠发达的地区，为了缩减财政支出，在农村教师的补充上往往有编不补，通过低薪聘用代课教师的方式补充师资的不足，师范院校的毕业生便被阻隔在编制之外，无法从教。这便造成了农村地区"缺教师"与"进不去"的矛盾日益突出。

（4）师范毕业生不愿意去农村任教

目前，在农村教师队伍建设上，除了存在"缺教师"与"进不去"的矛盾之外，还普遍存在着师范毕业生"不愿去"的现实，这与农村教师的自身利益长期得不到应有的保障密切相关。新中国成立后，我国农村教师队伍建设遇到了很多问题，这与我国农村教育的境遇不无关系。至 20 世纪 90 年代末，随着我国义务教育投入体制的改革，人民教育人民办的经费投入体制被抛弃，乡镇政府由于缺乏足够的资金办教育，出现了拖欠农村教师工资、农村学校举债"普九"的情况。进入 21 世纪以来，尤其是 2001 年"以县为主"体制的确立，农村教育的发展陷入经费不足的"囹圄"。虽然国家在之后陆续实施了"两基攻坚"项目（2004 年）、农村义务教育经费保障机制（2005 年）、农村义务教育免费师范生（2006 年）等政策，但农村教师待遇低下、晋级困难、难以落编、素质偏低的状况依然没有得到好的解决。在这种状况下，师范生到农村任教的积极性便大打折扣。另外，师范毕业生不愿去农村地区任教也与城乡二元结构导致的城乡差距过大有着莫大的关联。农村教师工资待遇低、工作负担重，与城市教师"同工不同酬"，保障水平低，都是造成师范毕业生不愿到农村任教的主要原因。

（5）师范院校"去师范化"趋向日益明显

20世纪90年代末，是新中国成立后我国师范教育体制改革的重要时期。由此，我国师范教育体制开始了转型，由封闭的三级师范教育体制逐渐过渡到开放式的二级师范教育体制；由过去面向行政区域办学过渡到面向市场办学。市场导向从此成为我国师范院校的主要办学方向，各师范院校纷纷改办一些经济效益好、就业出路宽的学科和专业，而对那些公益性较强、面向农村且经济效益较低的专业和学科进行了压缩，使其逐步边缘化。我国师范教育的这场重大变革，导致了师范教育所固有的"师范性"日益颓衰，"去师范化"的取向日益明显。师范院校与非师范院校甚至综合性大学之间的界限日益模糊。非师范院校甚至综合性大学也开始开设一些师范类专科和学科，师范院校被置于与其他非师范院校甚至综合性大学的竞争环境当中。由此，师范教育的独立地位消失了，师范院校培养教师的垄断地位被剥夺了。最重要的是，原来为农村地区培养和输送教师的一系列保护性政策相继取消。

而造成师范院校"去师范化"趋向日益明显的根本原因在于竞争环境。据统计，各个层次的师范院校的经费来源不尽相同，同样是师范院校，教育部直属大学的经费主要来自国家财政拨款，学费收入仅占17.4％；而反观一些地方师范大学、一般本科师范学校、师专的办学经费，国家财政拨款的比重较低，更多的是来自学费的收入，这一比重分别占到了43.59％、50.26％、49.06％。[①] 另外，师范教育体制改革也将师范院校置于与非师范院校共同争夺社会资源、学术资源的竞争环境之中，师范院校必须淡化自身的"师范性"，才能使自身的办学层次和竞争力得以提升。"这种'大学偏好'与培养农村教师需要面向基层、面向实践、注重应用之间的冲突，导致很多师范院校在发展定位、资源配置和人才培养上表现出'去师范化'的倾向。"[②]

[①] 朱旭东. 教师教育质量与教育均衡 ［EB/OL］.（2007－11－13）http：//www.cnier.ac.cn/ztxx/fltbg/z.

[②] 阮成武. 健全农村教师培养制度 ［J］. 求实杂志，2010（5）：54－55.

（6）师范教育"去农村化"倾向严重

20世纪90年代末开始的师范教育改革，使师范教育不仅带有明显的"去师范化"倾向，而且存在明显的"去农村化"倾向。这场改革，使原来的三级师范向二级师范过渡，曾经为农村教育的发展输送过大量优秀师资、与农村教育联系得最为紧密的中等师范学校在新的体制下逐渐淡出农村教师培养的体制。在"城市偏好"的价值引领下，我国师范院校也发生了布局上的变化。由以前的以县城、地市、面向农村为主逐步向中心城市集中，农村地区逐渐远离师范教育的视野。除了布局上远离农村地区之外，更重要的是，师范院校在内涵发展上也带有明显的"去农村化"倾向，具体包括基础设施、校园文化建设、课程设置、价值观念、就业目标等方面。

3. 我国农村教师教育政策的应然走向

（1）在城乡一体化发展的框架之下制定农村教师教育政策

由于城乡二元结构，造成了城乡教育发展的不均衡，城乡教师的"同工不同酬"，严重降低了农村教师的工作积极性和热情，也造成了农村教师的专业水平与专业素质长期得不到提升，从而出现了大量农村教师向城市的"逆向流动"，直接造成了农村教师队伍的数量不足与质量不高。因此，当前我国农村教师教育政策的构建，需要在城乡一体化发展的框架之下进行。城乡一体化框架下的农村教师教育政策应该顾及各类地区，关注不同层次、不同类型、不同人群的教师，包括大中小城市、中小乡镇和最偏远的村庄。[①]

（2）农村教师教育政策需要"量身定制"

农村教师教育政策的制定，要体现与乡村社会的有机联系和良性互动。要以培养真正能够扎根农村、愿意扎根农村的师资为目标。而要达到这一目标，就应该做到以下几点。

首先，农村教师队伍建设内生机制的生成，仅仅依靠以外部援助或"输血"为主的农村教师政策，只能起到辅助作用，无法从根本上解决农村教师数量不足、质量不高的问题，这些援助性的政策设计和制度安排，是对农村地区实施的一种教育补偿行为，并且在政策设计上体现了临时性和短期性的特点，无法使农村教师教育达到可持续发展。

其次，坚持"农村"取向，强化"务农"意识。当前，师范院校的毕业生不愿意投身农村教育。一方面与农村的贫困落后有关，他们更愿意去经济文化更加繁华的大都市工作。另一方面也和我国教师教育课程的设置不无关

---

① 柯春辉. 城乡统筹发展中的教育政策取向和政策制定 [J]. 教育研究，2011（4）：15—19.

系，现有的教师教育课程设置具有明显的"离农"倾向，导致师范生缺乏对"农村""农民"的了解。那么如何增强教师教育政策中的"务农"意识，培养真正愿意扎根农村的师资呢？在这一点上，民国时期的乡村师范教育实践无疑为我们提供了借鉴。陶行知当年也曾经面临着师范生不愿意服务乡村的问题，他秉持以乡村为中心的教育理念，于1927年创办了晓庄试验乡村师范学校。晓庄学校的创办，在很大程度上是基于其与乡村社会之间的密切联系。晓庄学校非常重视学生的乡村生存能力，作为乡村师范学校培养的未来乡村教师，在对乡村生活有一个必要的认同的同时，必须具备在乡村生活的能力。否则，学生就不能持久地居于乡村、服务乡村，更谈不上改造乡村。

（3）需要形成长效机制

以"项目""工程"形式为主的农村教师政策，无法从根本上解决农村优质师资短缺的问题。从实施方式看，这类政策均制定了明确的时间表和实施步骤，规定了每年的工作进度和实施规模以及人员资金支持等细则，界定了权责范围和主管部门。这种政策安排不乏优点，如具有明确的针对性，但缺点依然明显，如政策本身缺少稳定性和预期性，充满"临时性"的特点。这种"临时性"的政策安排，结果必然是为农村学校补充"临时教师"。我们不能否认这种政策形势对农村教育发展的积极意义，尤其是在当前我国农村地区优秀师资匮乏的困境中。但这种输入"临时教师"的政策安排也容易导致教师的临时思想和短期行为，不利于农村教师队伍建设长效机制的形成。农村教师政策不仅需要"雪中送炭"，更需要建立长效机制，如是，才能促进农村教师的真正的可持续发展。

那么，应该怎么建立这种长效机制呢？一是要出台专门的农村教师培养政策，要通过定向培养的方式，为农村地区输送大量师资；二是要提高农村教师工资待遇，在确保城乡教师同等工资待遇标准的情况下，加大针对农村教师的专项补助，要针对农村教师尤其是边远农村地区的教师发放津贴或额外补贴，以此来提升农村教师的吸引力；三是要进一步加大"特岗计划""免费师范生"等"补偿性"政策的实施力度和范围，要努力规避这些政策实施过程中的"失范"行为，确保这些政策能够发挥其应有的作用。

（4）利用"利益驱动"调动师范院校毕业生服务农村教育事业的积极性

师范毕业生之所以对服务农村教育缺乏积极性，一个重要原因在于，与城市教师相比较而言，农村教师的工资待遇水平比较低。据《国家教育督导报告2008》披露，全国农村小学、初中教职工人均年工资收入分别相当于城市教职工的68.8%和69.2%。抽样调查显示的结果为，67.3%的农村学校校长反映本校教师尚未纳入社会基本医疗保险。因此，要想调动师范毕业生服务农村教育事业的积极性，就应该在保障和改善农村教师的工资待遇和工作环境上下功夫，努力使农村教师成为各种惠农政策和促进教育公平政策的利益主体。

（5）构建合理的不合格教师退出、交流机制

首先，要进行必要的编制改革。目前，农村教师不能及时得到补充，很大一部分原因是受编制所限，即农村中小学并没有多余的编制可用。学者袁桂林于2015年在河北的调研中发现，有的地方还在执行2001年的编制标准，城市、县镇和乡村的教师编制标准存在较大差距。因此，未来编制改革的方向应该是构建城乡统一的编制标准，必要时可适当地向农村学校倾斜。其次，要合理地清退不合格的农村教师。可以通过考试的方式甄别不合格的农村教师，采取令其提前退休的方式，扩充师范毕业生服务农村的编制空间。最后，要加大城乡教师的交流力度，改变农村教师单纯的"向城性"流动和城市教师"支教式"流动模式，并对交流教师规定服务年限，提供优厚待遇并进行绩效考核。

（四）对于教育制度构建的借鉴意义

正如前文所述，民国时期乡村师范教育制度的变迁过程是多重因素综合作用的结果，从制度的产生过程来看，先有教育家鉴于晚清以来师范教育发展上的谬误而在思想层面呼吁"师范教育下乡"，进而有一些教育家和教育团体开始深入乡村社会从事乡村师范教育实践，从而掀起了一场乡村师范教育运动，这场运动所掀起的波澜引起了国民政府的关注，开始对乡村师范教育进行了积极的办理，并制定了一系列有关乡村师范教育的制度。从这样一个制度构建的过程来看，既是一个由民间力量自下而上的推动过程，也是一个政府层面自上而下的治理过程，这一过程在本质上体现了以下几点。

首先，教育制度变迁需要一定的实践基础。制度在本质上源于人的实践需要和实践创造，制度源于实践。因此，教育制度与教育实践紧密相连，教育制度变迁往往基于教育实践活动的变化，教育制度的变革需要甚至完全依靠教育实践。而教育实践也离不开教育制度。民国时期乡村师范教育制度的变迁完全是建立在乡村师范教育实践的基础上的。以陶行知、黄质夫、金海观等为代表的教育家通过深入乡村社会，或创办或主持乡村师范学校，旨在为乡村社会培养小学师资和改造人才，并建立了附属小学，试图以此作为乡村社会的文化中心，产生了良好的社会效应，这不能不引起国民政府当局的重视和支持，遂产生了一系列有关乡村师范教育的制度。

因此，从这个意义上说，是这一时期教育家所从事的乡村师范教育实践活动推动了乡村师范教育制度的变迁。在变迁过程中所体现出的民间推动（包括学校、社团和个人）、政府积极参与的上下结合模式，于今天的教育改革无疑具有一定的启示意义。有学者曾经提出，近代以来的新教育改革之所以在一定程度上取得了成功，就是因为其形成了"有限政府有限管理，有权学校有效管理，有识社团有力参与，有志之士有为创造的'四方八有'新格局"。[①]

其次，教育家在教育制度变迁过程中具有举足轻重的作用。教育家"是具有高尚人格，在教育思想、教育理论、教育政策、教育实践、教育事业以及教育科技等方面做出杰出贡献，对社会进步产生积极影响的人。简要地说是三条：人格、贡献、影响"。[②]近代以来的新教育改革之所以取得了成功，和这一时期涌现了100多位高素质的教育家的工作是分不开的。他们具有以下鲜明的特征：

> "一、有知识、有能力、有深邃的目光。既有扎实的专业知识，又懂得教育规律，理解人性追求的是自由和解放；知悉民族出路在发展教育，洞烛通过教育提高民族素质的现实路径。二、有共同的追求和理想。改革中西传统教育，建立现代化的教育体系，既培养出时代需要的各类人才，又实现中华民族传统教育和文化的整体转型，完成时代赋予的启蒙和救亡的双重任务。三、有果敢的行动策略和有效的科学方法。教育改革是社会大变迁中的一项具体变革，要从战略上做到统筹兼顾，有胆略，有智慧；对内处理好上下关系和与其他各界之间的关系，整合多方资源，斗争合作并举，强硬妥协同行；对外处理好国家化和本土化的关系，有移植和创新，也有输出和展示。四、有高尚的人格，有赴汤蹈火的牺牲精神，敢为天下先的创新精神和重估一切的批判精神，对改革都抱有极大的热情、勇气、执着、理性和智慧。"[③]

民国时期，在乡村师范教育领域涌现出了一大批知识精英，他们作为那个时代进步思想的传播者、乡村社会移风易俗的推动者和优秀的精神文化产品的生产者，用教育手段塑造了中华民族的现代形象，用他们的才华和汗水

---

① 周洪宇. 政府、学校、社会和个人该做什么——从二十世纪上半叶中国高等教育的发展谈起 [N]. 光明日报，2003—12—18.

② 孙孔懿. 论教育家 [M]. 北京：人民教育出版社，2006：349.

③ 周洪宇. 乐为教育鼓与呼——周洪宇教育访谈录 [C]. 北京：中国人民大学出版社，2007：287—288.

谱写着至今仍熠熠生辉的乡村师范教育发展史。正是有了这样一个教育家群体的存在，民国时期的乡村师范教育才有了思想上的繁荣和制度上的勃兴。

我国乡村（师范）教育的发展壮大，需要乡村（师范）教育制度的不断创新或变迁，好的制度创新或变迁可以实现教育资源的有效利用。民国时期乡村师范教育在其制度变迁过程中虽然打破或者说改造了旧有的制度框架，但由于国内政治经济环境的动荡不安，乡村师范教育制度最终消逝。1949年新中国成立后，新的乡村师范教育制度或者相关配套制度并没有及时地跟进，这一问题迄今为止依然延续，造成制度缺失成为我国乡村师范教育发展过程中普遍存在的问题。另外，制度变迁或制度创新的成本和外部性的存在，使我国乡村师范教育中诱致性制度变迁的动力严重不足，而由政府主导的强制性制度变迁却并不能很好地满足乡村师范教育的发展。因此，如何有效地提高政府、教育组织、教育个体的制度创新能力和积极性，已然成为我国当前农村教师教育发展中亟待解决的问题。

最后，农村教育制度的制定需要农民的"在场"。民国时期乡村师范教育制度的构建过程，先有教育家在思想层面上对"师范教育下乡"进行的呼吁，进而出现了一批教育家和教育团体深入乡村开展乡村师范教育实践活动，从而产生了良好的社会效应，促使国民政府当局予以关注，开始了政府层面对乡村师范教育的办理。从其产生的过程来看，既是一个由民间力量自下而上的推动过程，也是一个政府层面自上而下的治理过程。而反观目前我国农村教育制度的制定过程，往往体现为政府层面的一言堂、一边倒。农村和农民的缺位，使农村教育制度缺乏对民众教育需求的积极回应。这种模式被称为单向度的农村教育政策模式，在这种模式下，农民往往没有表达利益诉求和影响决策生成的能力和渠道，缺乏主体意识，对政策的理解与执行处于被动地位，因而对政策的认同度不高。

有鉴于此，我国农村教师教育制度的制定过程要加强对农民教育需求和利益的表达。在当前我国大力提倡"办好人民满意教育"的时代背景下，政府必须转换教育职能，农村教育制度的制定必须建立在充分尊重乡村民意的基础上，突破以往以政府为主导的农村教育制度构建模式以及广大农村"受益者缺席"的决策机制，实现真正的"问政于民"与"还政于民"。

本章小结

民国时期，乡村师范教育应时而生，在20世纪二三十年代得到快速发展，这种发展不仅体现在思想理念层面，最重要的是有了制度层面的不断构建和相对完善。民国时期乡村师范教育的发展，是对清末民初以来我国师范教育发展中所出现的严重的"仪型他国"的谬误的一种纠正，对于这种谬误的纠正是建立在乡土中国这一文化特质的基础上。因此，也可以视为农本主义的一种道路回归。民国乡村师范教育制度的构建和不断完善，作为师范教育制度本土化的实践成果，有力地丰富和发展了我国的现代师范教育体系。然而，从现实目标的角度来审视，尽管民国时期的乡村师范教育得到了快速发展，也确立了相对完善的制度。但是，乡村师范教育无论从数量上还是质量上，均无法满足乡村教育发展的实际需要，中国乡村社会中缺学少教的状况并没有从根本上得到解决。究其原因，这种以社会道德和责任感为支撑点的运动，只能是少数人的运动，在残酷的现实中往往会遭遇失败的命运。但其作为近代以来中国教育的一次颇具时代意义的本土化实践，对于当代中国的农村教育改革，无疑具有深刻的历史借鉴意味。

如果以历史的眼光看待当前我国乡村教育的发展，便很容易得出这样的结论，那就是当前乡村教育中所面临的诸多问题大都是由于相应的教育制度的缺失所造成的。新制度经济学将整个社会进程视为一个制度变迁的过程，所谓制度缺失就是制度变迁中供不应求的一种现象。而制度缺失分为两类：一类是一般配套制度的缺失，这种缺失必然会造成效率的损失，但并不影响制度供给量，只是与应该达到的效率存在一定的差距；另一类是核心制度的缺失，这种缺失会从根本上影响制度运行的效率和资源利用的效率。反观今日的中国，党和国家虽然将农村教育的发展提升至国家战略高度，针对农村师资缺乏的问题推行了一系列的政策，如农村教师"特岗计划""城乡教师交流轮岗政策"等。然而，这些政策的实施不可能从根本上解决我国农村教师缺乏的问题。究其根本原因，就在于农村教师培养方面核心制度设计与安排的缺乏，已有的制度设计与安排均是建立在城乡一体化的制度框架之下。乡村教师的培养依靠"一刀切"式的培养模式，忽略了城乡在经济、地域和文化上的差距，进而造成了城乡教师在工资待遇水平等方面的巨大差别。在这种体制框架之下，很难培养扎根农村、服务农村，具有改造农村精神的农村教师。因此，必须从制度的创新入手，通过相应的制度安排与设计，构建农村教师培养的核心制度，通过专项和定向培养的方式，建立一支合格的农村教师队伍。

结　语

对于我国农村教育问题的关注，要有历史的维度。因为历史的维度对于中华民族的当下情境尤为重要，一切传统就是经验。有些难题，我们的先辈已经给出了答案，我们甚至不能找到比它更好的答案。历史发展到今天，我们不断地在遇到新问题和新情况，也一直在寻找着解决问题的答案，但最后都可能发现那依然是一个老问题和老情况。历史无法割断，教育的发展具有传承性，溯观来路，民国时期乡村教育的变革和发展与当前我国农村教育改革与发展既有区别，又有联系。21 世纪以来，国人对农村教育的质疑和指责与民国时期又是何其相似。历史的车轮在碾过了 80 多年的岁月之后，中国农村教育何以依然无法摆脱落后的面貌，不禁令人深思。历史不仅是集体记忆，而且是集体智慧，是人类数千年改造自然并改造自己的集体记忆，是智慧的丰厚积累。①

本书以民国时期乡村师范教育制度变迁为研究主题，在研究的过程中，笔者极力避免使这一研究陷入"就制度来谈制度"的囹圄，试图通过对民国时期乡村师范教育制度的分析和研究，从深层次上发掘乡村师范教育制度变迁的文化意蕴、内在机理以及权力博弈，最终探讨这一时期乡村的社会变迁和教育变迁。在研究的过程中，笔者逐渐有了一些关于乡村教育发展的些许思考和感悟，权且当作本书的结束语吧。

一、本土化抑或国家化——乡村教育的道路选择

近代乡村教育运动和乡村教育思潮，是中国教育史上浓墨重彩的一笔，具有很高的学理探讨价值和借鉴意义。然而，我国乡村教育的发展也由此徘徊在本土化抑或国家化的藩篱之中，犹如钟摆的两极，对我国农村教育的发

---

① 苗春德. 中国近代乡村教育史 [M]. 北京：人民教育出版社，2002：1.

展产生消极的影响。过激的国家化必然会使本土教育"反受其殃",而过分的教育本土化也必然会阻碍教育现代化的进程。因此,如何保持两者之间的平衡是农村教育的主要课题之一。

清末新政至今,基本可以用教育现代化来概括中国对教育的追寻。有学者认为,中日甲午战争后,在追求国富民强的迫切心情下,一切似乎都向着西方式的"现代"转型,我国开始了"在传统外变"的现代化进程,这种取向的现代化并非基于中国传统教育进行现代化转型,而是通过西方现代教育制度的嵌入以及对传统教育的现代化改造来完成的。

伴随着国家权力下沉而嵌入乡村社会的现代教育制度,从构建之初便体现了鲜明的国家化特色。1905 年,晚清政府通过废科举、兴学堂等举措来解决国家所遭遇的危机,体现了国家的自我觉醒。而作为主要内容的新式学堂,无疑成为为国家培养现代化所急需人才的国家机器。这在新式学堂本身所带有的符号系统——如统一的校服、肃穆的校园、严谨的校礼、激昂的校歌中可见一斑,新式学堂成为国家意志和形象的展现。民国时期的兴学运动均是出于国家意识,是一种自觉不自觉的国家行为。

民国至今,教育中的国家意识可谓一以贯之。置于村落中的现代新式学校作为一种超地方的"国家事业",所追求的是新式"国民"的培养,掌握世界性的"高层文化",致力于现代民族—国家建设。[①] 随着国家权力的下沉,乡村新式学堂作为国家意志的体现嵌入乡村社会,广大乡村社会开始实行"国民教育",政府试图以"新学"取代"旧学",以现代教育体制取代传统教育体制,地方性知识被迫退出乡村社会。

这一过程必然伴随着乡村教师身份的国家构建而来。伴随国家权力的下沉,政府逐渐加强了对乡村教师的资格鉴定、管理。从近代以来对传统塾师予以近代化改造到当代的民师整顿、学历达标,都体现的是国家权力下沉所伴随的乡村教师身份的国家构建过程。然而,这一过程导致了乡村教师逐渐疏远了乡村社会。乡村教师逐渐摆脱了乡土社会的滋养而被纳入国家体制之内,具备了国家身份,逐渐从"乡野"迈向"庙堂",与乡村生活的隔膜越来越深。因此,现代教育制度嵌入乡村社会之后,很快便遭遇到了乡民的强烈的抵制,20 世纪初,全国各地掀起的"抗学毁捐"事件便很好地说明了这一点。在国家化和现代化的冲击下,"乡土本色"以及与之相关联的地方性知识逐渐从乡村文化背景中剥离,严重地伤害了乡村教育。实践证明,异

---

① 张纪中. 文化视野中的村落:学校与国家 [D]. 上海:华东师范大学,2007:3.

质文化要被地方社会所认同和接纳，必须寻找与本土文化衔接的融合点，仅靠国家强力推行，必然会适得其反。

民国时期，在乡村师范教育实践方面所进行的积极探索，从根本上讲是对师范教育制度本土化的一次尝试，不仅是对晚清以来师范教育制度构建过程中"仪型他国"谬误的一次纠正，更重要的是有力地丰富和发展了我国师范教育体系。这一时期，乡村教育家在乡村地区所进行的乡村师范教育的实践活动，使教育的国家化和本土化这两者之间保持了相对的平衡，为如何将现代教育制度融入中国实际国情提供了一个很好的范例。

从文化的角度来看，教育的国家化与本土化问题可以被理解为现代文化与传统文化之间的关系问题。每个国家和民族在向现代化迈进的过程中，都必然面临如何处理现代化与传统文化间关系的问题。因为，一方面，现代化是历史大势，是每个国家和民族追求发展的必由之路；另一方面，在追求现代化的过程中，又不能抛弃本民族优秀的历史文化传统，更应该保持本民族的特性。因此，传统与现代之间并非简单地对立地存在，传统文化中也存在着适应现代化变迁的因素，可以通过重构实现其现代化适应。保留传统也并非面面俱到，而是在保持其核心价值观的基础上所进行的调整。现代化的过程中也应该保持自己优秀的传统文化，丧失现代化意味着民族的贫困，丧失传统文化则意味着民族的消亡。①

二、城本主义抑或农本主义——乡村教育的价值定位

清末新政之后，我国教育步入了现代化进程。在乡村教育现代化的过程中，我国农村教育出现了两种路径的发展，一个是城本主义，另一个是农本主义，我国农村教育面临着两种价值取向的艰难选择。

首先，我国教育现代化以来，经历着这样的主流趋势，那就是对以城市为中心的西方现代教育制度的借鉴和移植。清末新政之后，西方现代学校制度随着乡村教育国家化的脚步而嵌入中国的乡村地区。到了 20 世纪二三十年代，代表现代学校制度的新式学堂已经遍及中国的广大乡村。然而，这种对于西方教育制度的照搬和移植，忽略了中国社会的基本形态。正如学者费孝通所说："从基层上看，中国社会是乡土性的。"② 20 世纪 40 年代，费孝通

---

① 哈经雄，腾星. 民族教育学通论 [M]. 北京：教育科学出版社，2001：558.
② 费孝通. 乡土中国 生育制度 [M]. 北京：北京大学出版社，2007：6.

更是将中国社会的基本形态概括为"乡土中国"。而反观新式学堂，其灌输的往往是西方社会的科技与人文知识，而对于中国传统乡土知识则有意无意地忽略了。另外，与现代化同步进行的城市化，更是深刻地影响着乡村社会及乡村教育的发展。

反观当前我国的农村教育仍然充斥着城本主义的价值取向，农村教育具有浓厚的"离农"色彩。陶行知当年所批判过的"中国农村教育走错了路！它教人离开乡下往城里跑"的现状不仅依旧，而且大有愈演愈烈之势。在"城本主义"的价值取向中，城市成为一切制度安排和政策设计中首先要考虑的对象。"城本主义"的教育发展趋向，对农村教育来说意味着一种伤害。农村教育在这种价值取向的指引下出现了教育目的的异化，农村教育的工具化日益明显。农村教育沦为城市教育的翻版和附庸，"跳农门"或许可以成为"新市民"的一种途径，"离农"成为其唯一目标。

另外，"城本主义"价值取向会导致乡村文化的衰落。乡村社会在向现代化迈进的过程中，从文化层面来讲，经历着前喻文化向后喻文化的过渡，前者以年长者为主导，而后者则以年轻人为主导。这种文化类型上的转变，实际上对传统乡村文化格局带来了一定的冲击，传统社会中长幼有序的长老权力格局逐渐走向式微，取而代之的则是年轻人在乡村文化秩序中的迅速崛起。[①] 然而，现代化进程中带有明显的城市化趋向，城市优越的物质文化生活，对于乡村年轻人来说具有一种天然的吸引力，这种吸引力促使着他们远离了乡村生活。

新中国成立之后，工业和城市成为国家优先发展的对象，为此，国家从广大的农村地区抽取了大量的青壮年劳动力，农村人口开始不断地流入城市。进入 21 世纪之后，农村剩余劳动力不断增多，使很多农民为了获取更好的生存空间，纷纷走出农村，掀起了农民工进城的浪潮。更重要的是，从农村走出来的以大学生和创业者为代表的精英人才，离乡之后便不愿再重回故土。他们的离乡，对于农村社会来说，不仅意味着优势劳动力的流失，更意味着乡村文化传统的断裂，乡村文化的衰落便由此而来。

其次，晚清以来，随着国家内忧外患的加剧，极大地破坏了乡村社会的发展。在清末民初的社会巨变中，乡村问题日益凸显。乡村问题及乡村教育问题的凸显，使一大批知识精英开始关注并研究乡村及乡村教育问题。他们

---

① 刘铁芳. 乡村教育的人文重建——乡土的逃离与回归 [M]. 福州：福建教育出版社，2011：30.

对于乡村教育的积极探索，实际上体现的是一种以农村为中心的价值追求，他们的目的在于纠正教育现代化以来对于西方教育制度的照搬和移植的谬误，并基于中国固有国情构建适合的农村教育制度。在乡村教育领域掀起了一场声势浩大的"师范教育下乡"运动，以陶行知、黄质夫和金海观等人为代表的乡村教育家深入乡村地区，或创办或主持乡村师范学校，以培养乡村小学师资为旨归，以乡村社会改造为最终目标。这一教育实践活动，实际上是一种农本主义的乡村教育发展观。

农本主义价值取向，对于农村教育来说也是一种伤害，农村教育若一味地追求农本主义，以"为农"为最终旨归，势必会造成农村孩子对中国社会主流文化的疏离，农村教育会由此陷入低社会生产力再生产的矛盾之中。除此之外，若一味地强调农村教育要为农村经济建设服务，"这种自说自话的教育观，实际上是预设了农村可以远离城市而发展的虚幻前提"。[①] 然而，我们又不可否认，在国家不遗余力地追求现代化建设的当下，让农村教育漠视奔涌而来的现代化浪潮，也是不现实和不理性的。在现代化的背景下，仅仅将农村教育窄化为为农村经济社会发展培养人才的做法，显然是漠视了现代化发展的必然趋势，从根本上来讲，也是不利于农村教育现代化的健康发展的。

因此，我们既不能以城市的发展作为教育制度安排和政策选择的根本出发点，从而使农村教育成为城市教育的翻版和附庸，更不能将农村教育限制为一种单纯的"为农"的教育，如此，城乡教育差距将不断被拉大。我们应该遵循这样的农村教育价值取向。第一，构建有差别的城乡统一的教育体系。城乡教育要在同一目的、统一标准的规定之下，在工业化、城市化的宏大背景中，寻求城乡教育共同的发展，要极力缩小城乡差距。除此之外，还应该充分认识和理解"乡土中国"的特质，体现农村教育的独特性。

第二，教育本体功能的回归。从功能上来讲，教育有本体性和工具性两大功能。教育的本体性功能应该要高于工具性功能，因为，教育从根本上讲是培养人的一种社会活动。因此，人的培养是一切教育活动的根本出发点。而教育为政治、经济、文化等服务的工具性功能要通过人的培养这一本体性功能来实现。无论是城市教育，还是农村教育，都是国民教育体系的重要组成部分，两者并不存在孰轻孰重的矛盾。教育的目的，就是要让每个受教育的人获得全面进步和成长。因此，城乡教育并不存在高下之分，应该得到地

---

① 葛新斌. 农村教育：现代化的弃儿及其前景 [J]. 教育理论与实践，2003（12）：37—40.

位的互认，在此基础上有一个共同的目标，那就是要培养有社会主义觉悟的有文化的劳动者以及"合格公民"，两者都要立足于人的全面发展，为社会主义现代化建设服务。而并非仅仅局限在狭隘的空间之内，造就"新型市民"和"新型农民"。

三、自上而下抑或自下而上——乡村教师教育制度变迁的路径

运用新制度经济学当中的制度变迁理论的分析框架，研究民国时期乡村师范教育制度的发展及其变迁过程是很有意义的。按照新制度经济学的理论，制度变迁有诱致性制度变迁和强制性制度变迁两类。不可否认，强制性制度变迁对于民国师范教育制度的发展起到了积极的推动作用，但也有一定的不利因素。晚清以来，我国师范教育制度变迁过程中鲜明的"仪型他国"特色，不利于我国师范教育的健康发展。我国师范教育制度变迁到了 20 世纪二三十年代，制度供给严重忽略乡村社会的后果已显露无疑，乡村社会缺学少教的现实，对这一时期乡村师范教育的发展提出了强烈的制度诉求。

值得注意的是，这种制度变迁的诉求首先是来自民间社会中的教育团体和教育家群体，教育团体和教育家群体对乡村师范教育的积极实践以及由此所引起的巨大的社会效应，引起了民国政府当局的注意，从而通过颁布促进发展乡村师范教育的法律、法规、学制、课程标准等，对乡村师范教育进行了有计划的定制。按照新制度经济学中的制度变迁理论，制度变迁既需要一定的历史背景积淀，也需要制度主体基于利益层面的推动。因此，在路径选择上，民国时期乡村师范教育制度变迁遵循的是一条强制性变迁和诱致性变迁相结合的道路。前者属于非正式教育制度，体现的是诱致性制度变迁的方式；后者则属于强制性教育制度变迁的方式，是国家和政府层面自上而下的教育制度变迁方式。

实际上，我国历来的教育制度变迁，均是以由政府主导的强制性变迁为主。而民国时期乡村师范教育制度的变迁方式则打破了这一陈式，这无疑为我国教育制度变迁方式提供了一种全新的路径，即通过强制性制度变迁和诱致性制度变迁相结合的方式，实现乡村教师教育制度的需求与供给的动态平衡。反观当前我国农村教师教育制度，在供给上的不足使其难以适应乡村师资的现实需求，已有的农村教师教育制度变迁更多的是一种由政府主导的强

制性制度变迁，其实效性很低。原因在于农村教师教育制度的设计，明显滞后于农村教育实践的发展，强制性制度变迁中的制度供给，往往是根据经验而非当前现实的需要。这就造成了制度供给的实效性往往很低，造成制度供给和实践失范之间的矛盾和偏差。

新制度经济学认为，制度变迁之制度主体基于一定的潜在利益，为了实现一定的目标而进行的制度创新或制度结构的重新调整，是新制度对旧制度的替代、转换，或者是制度经历从无到有的创新过程。可见，创新主体在制度变迁过程中的作用是不可忽视的。民国时期乡村师范教育制度变迁的创新主体包括政府、教育团体和教育家群体。

反观当前我国农村教师教育制度变迁的创新主体，教育团体和教育家在其中扮演的角色微乎其微，教育制度的创新更多的是依靠国家层面自上而下的强力推动进行的。有鉴于此，当前我国农村教师教育制度变迁应该走强制性制度变迁和诱致性制度变迁相结合的道路。这是由这两种制度变迁方式相互间的密切关系决定的，诱致性制度变迁离不开强制性制度变迁，需要由强制性制度变迁完成后期任务。同样，强制性制度变迁也离不开诱致性制度变迁，需要由诱致性制度变迁提供前期探索和经验积累。任何一种制度的变迁都是这两者共同作用的结果，当前我国农村教育制度的变迁，必须注重发挥强制性制度变迁和诱致性制度变迁各自的优越性，共同促进我国农村教师教育制度的发展和完善。

参考文献

[著作类]

[1] 阿夫纳·格雷夫. 大裂变：中世纪贸易制度比较和西方的兴起 [M]. 郑江淮，等译. 北京：中信出版社，2008.

[2] 艾森斯塔特. 反思现代性 [M]. 上海：上海三联书店，2006.

[3] 爱德华·格莱泽. 城市的胜利 [M]. 刘润泉，译. 上海：上海社会科学院出版社，2012.

[4] 北京大学中国经济研究中心. 经济学与中国经济改革 [M]. 上海：上海人民出版社，1995.

[5] 布莱克. 日本和俄国的现代化 [M]. 北京：商务印书馆，1984.

[6] 巴林顿·摩尔. 民主与专制的社会起源 [M]. 北京：华夏出版社，1987.

[7] 蔡宏进. 乡村社会学 [M]. 台北：三民书店，1989.

[8] 陈启天. 最近三十年中国教育史 [M]. 台北：台北文星书店，1962.

[9] 陈平原. 中国大学十讲 [M]. 上海：复旦大学出版社，2002.

[10] 陈青之. 中国教育史 [M]. 北京：商务印书馆，1936.

[11] 曹锦清. 如何研究中国——三农研究立场、观点和方法 [M]. 上海：上海人民出版社，2010.

[12] 陈卫平主编. 反思：传统与价值 [M]. 上海：上海文艺出版社，1991.

[13] 陈侠，傅启群. 傅葆琛教育论著选 [M]. 北京：人民教育出版社，1994.

[14] 陈旭麓. 近代中国社会的新陈代谢 [M]. 上海：上海人民出版社，1992.

[15] 陈翊林. 最近三十年中国教育史 [M]. 上海：上海太平洋书店，1932.

[16] 陈元晖，璩鑫圭，唐良炎. 中国近代教育史资料汇编 [G]. 上海：上海教育出版社，2007.

[17] 陈元晖主编，汤志钧，陈祖恩，汤仁泽. 中国近代教育史资料汇编. 戊戌时期教育 [G]. 上海：上海教育出版社，2007.

[18] 储劲. 乡村教育 [M]. 北京：商务印书馆，1932.

[19] 崔运武．中国师范教育史［M］．太原：山西教育出版社，2006.

[20] 曹诗弟．文化县：从山东邹平乡村学校看21世纪中国［M］．泥安儒，译．济南：山东大学出版社，2005.

[21] 董宝良，熊贤君．从湖北看中国教育近代化［M］．广州：广东教育出版社，1996.

[22] 董宝良，周洪宇．近代中国教育思潮与流派［M］．武汉：华中师范大学出版社，1997.

[23] 董雅华．知识、信仰、现代化：中国政治社会中的高等教育［M］．上海：复旦大学出版社，2005.

[24] 杜维涛．战时技术人员训练［M］．上海：独立出版社，1941.

[25] 杜赞奇．文化、权力与国家［M］．王福明，译．南京：江苏人民出版社，2010.

[26] 杜维运．史学方法论［M］．北京：北京大学出版社，2006.

[27] 道格拉斯·C.诺斯．制度、制度变迁与经济绩效［M］．上海：上海三联书店，1994.

[28] 道格拉斯·C.诺斯．经济史中的结构和变迁［M］．陈郁，等译．上海：上海三联书店，1994.

[29] 多贺秋五郎．近代中国教育史资料（清末编）［G］．东京：日本学术振兴会，1972.

[30] E.A.罗斯．变化中的中国人［M］．李上，译．北京：时事出版社，2006.

[31] 凡勃伦．有闲阶级论——关于制度的经济研究［M］．李华夏，译．北京：商务印书馆，2002.

[32] 费正清．美国和中国［M］．张理京，译．北京：世界知识出版社，2000.

[33] 费孝通．费孝通文集（第4卷）［C］．北京：群言出版社，1990.

[34] 费孝通．费孝通文集（第5卷）［C］．北京：群言出版社，1990.

[35] 费孝通．乡土中国 生育制度［M］．北京：北京大学出版社，2007.

[36] 费孝通．费孝通论文化与文化自觉［M］．北京：群言出版社，2007.

[37] 冯和法．农村社会学大纲［M］．上海：黎明书局，1934.

[38] 弗里曼．中国乡村，社会主义国家［M］．陶鹤山，译．北京：社会科学文献出版社，2002.

[39] 顾明远主编．教育大辞典（第二卷）［Z］．上海：上海教育出版社，1990.

[40] 郭笙．为中国教育寻觅曙光——陶行知教育思想研究（上册）［M］.

沈阳：辽宁教育出版社，1991.

[41] 顾廷龙，叶亚廉．李鸿章全集［C］．长春：时代文艺出版社，1998.

[42] 故宫博物院明清档案部汇编．清末筹备立宪档案史料（下册）［G］．北京：中华书局，1979.

[43] 胡晓风．陶行知文集（第一卷）［C］．成都：四川教育出版社，2007.

[44] 哈经雄，腾星．民族教育学通论［M］．北京：教育科学出版社，2001.

[45] 哈贝马斯．后形而上学思想［M］．曹卫东，付德根，译．南京：译林出版社，2001.

[46] 华中师范大学教育科学研究所．陶行知全集（第1卷）［C］．长沙：湖南教育出版社，1984.

[47] 教育部教育年鉴编纂委员会．第二次中国教育年鉴［Z］．上海：商务印书馆，1948.

[48] 江苏省陶行知研究会，南京晓庄师范学校．陶行知文集（上册）［C］．南京：凤凰出版传媒集团，2008.

[49] 蒋致远．第一次中国教育年鉴［Z］．台北：台北宗青图书公司，1991.

[50] 金海观．金海观教育文选［C］．杭州：浙江教育出版社，1990.

[51] 琚鑫奎．中国近代教育史资料汇编．师范教育［G］．上海：上海教育出版社，1994.

[52] 康有为．康有为政论集（上册）［C］．北京：中华书局，1998.

[53] 康芒斯．制度经济学（上册）［M］．赵睿，译．北京：商务印书馆，1962.

[54] 李经野．续修曲阜县志（卷四）［G］．台北：成文出版社，1935.

[55] 李定开．为中国教育寻觅曙光（下）［G］．成都：四川教育出版社，1991.

[56] 李培林．村落的故事：羊成村的故事［M］．北京：商务印书馆，2004.

[57] 梁启超．梁启超史学论著四种［C］．长沙：岳麓书社，1985.

[58] 梁启超．饮冰室合集．文集之一［C］．北京：中华书局，1989.

[59] 梁漱溟．梁漱溟教育文集［C］．南京：江苏教育出版社，1987.

[60] 梁漱溟．梁漱溟全集（第1卷）［C］．济南：山东人民出版社，1989.

[61] 梁漱溟．梁漱溟全集（第4卷）［C］．济南：山东人民出版社，1991.

[62] 林砺儒．北京师范大学．林砺儒文集（上篇）［C］．广州：广东教育出版社，1994.

[63] 刘振东．孔庸之（祥熙）先生演讲集［G］．台北：台湾文海出版社，1972.

[64] 罗家伦．罗家伦先生文存．演讲（上）（第五册）［C］．中国国民党中

央委员会党史委员会，1988.

[65] 凌兴珍. 清末新政与教育转型 [M]. 北京：人民出版社，2008.

[66] 马秋帆. 梁漱溟教育论著选 [C]. 北京：人民教育出版社，1994.

[67] 莫里斯·迪韦尔热. 政治社会学 [M]. 北京：华夏出版社，1987.

[68] 毛泽东. 毛泽东选集（第1卷）[C]. 北京：人民出版社，1991.

[69] 茅仲英，唐孝纯. 俞庆棠教育论著选 [C]. 北京：人民教育出版社，1992.

[70] 孟宪成编. 中国古代教育文选 [C]. 北京：人民教育出版社，1979.

[71] 马克斯·韦伯. 儒教与道教 [M]. 洪天富，译. 南京：江苏人民出版社，1995.

[72] 马克斯·韦伯. 经济与社会 [M]. 阎克文，译. 北京：商务印书馆，1997.

[73] 米·瓦·阿列克谢耶夫.1907年中国记行 [M]. 阎国栋，译. 昆明：云南人民出版社，2001.

[74] S.N. 艾森斯塔特. 反思现代性 [M]. 旷新年，王爱松，译. 北京：三联书店，2006.

[75] 维克多·埃尔. 文化概念 [M]. 康新文，等译. 上海：上海人民出版社，1988.

[76] 加布里埃尔·A. 阿尔蒙德，西蒙德·维巴. 公民文化：五国的政治态度与民主 [M]. 徐湘林，译. 杭州：浙江人民出版社，1989.

[77] 葛兆光. 中国思想史（第2卷）[M]. 上海：复旦大学出版社，2001.

[78] 古楳. 现代中国及其教育（上册）[M]. 上海：中华书局，1936.

[79] 古楳. 乡村师范概要 [M]. 北京：商务印书馆，1936.

[80] 顾明远. 教育大辞典（第1卷）[M]. 上海：上海教育出版社，1990.

[81] 顾明远. 中国教育大系（历代教育名人志）[M]. 武汉：湖北教育出版社，1994.

[82] 顾复. 农村教育 [M]. 北京：商务印书馆，1923.

[83] 顾晓欧. 现代人寻求丢失的草帽 [M]. 上沙：湖南文艺出版社，1987.

[84] 郭人全. 黎明乡村教育书. 农村教育（第三版）[M]. 上海：黎明书局，1933.

[85] 郭人全. 乡村小学行政 [M]. 上海：黎明书局，1934.

[86] 郭书田，刘纯彬. 失衡的中国——农村城市化的过去、现在与未来 [M]. 石家庄：河北人民出版社，1990.

［87］国联教育考察团．中国教育之改进［M］．南京：国立编译馆，1932.

［88］郝锦花．新旧学制更易与乡村社会变迁［M］．北京：人民教育出版社，2009.

［89］何兆武．历史与历史学［M］．香港：香港牛津大学出版社，1995.

［90］黑格尔．精神现象学（上卷）［M］．贺麟，王玖兴，译．北京：商务印书馆，1962.

［91］塞缪尔·亨廷顿．变化社会中的政治秩序［M］．王冠华，等译．北京：三联书店，1989.

［92］胡福明．中国现代化的历史进程［M］．合肥：安徽人民出版社，1994.

［93］黄少安．产权经济学导论［M］．济南：山东人民出版社，1995.

［94］黄济，王策三．现代教育论［M］．北京：人民教育出版社，1996.

［95］黄坤明．城乡一体化路径演进研究［M］．北京：科学出版社，2009.

［96］胡适．胡适日记［M］．北京：中华书局，1985.

［97］黄宗旨．华北小农经济与社会变迁［M］．北京：中华书局，2000.

［98］吉尔伯特·罗慈曼．中国的现代化［M］．国家社会科学基金"比较现代化"课题组，译．南京：江苏人民出版社，2003.

［99］蒋维乔．江苏教育行政概况［M］．上海：商务印书馆，1924.

［100］蒋致远．第一次中国教育年鉴［M］．台北：台北宗青图书公司，1991.

［101］金观涛，刘青峰．开放中的变迁：再论中国社会超稳定结构［M］．香港：香港中文大学出版社，2000.

［102］金耀基．从传统到现代［M］．北京：中国人民大学出版社，1999.

［103］金鼎一．乡村小学实际问题［M］．上海：黎明书局，1933.

［104］景海峰，黎业明．梁漱溟评传［M］．北京：人民出版社，1999.

［105］金观涛，刘青峰．开放中的变迁：再论中国社会超稳定结构［M］．香港：香港中文大学出社，1993.

［106］雷国鼎．欧美教育制度［M］．台北：教育文物出版社有限公司，1979.

［107］李楚材．破晓［M］．上海：商务印书馆，1931.

［108］李大钊．青年与农村［C］//李大钊选集．北京：人民出版社，1959.

［109］李猛．韦伯——法律与价值［M］．上海：上海人民出版社，2001.

［110］李少元．农村教育论［M］．南京：江苏教育出版社，2000.

［111］李书磊．村落中的国家：文化变迁中的乡村学校［M］．杭州：浙江人民出版社，1991.

［112］龙发甲．乡村教育概论［M］．上海：商务印书馆，1937.

[113] 栗洪武 . 西学东渐与中国近代教育思潮 [M]. 北京：高等教育出版社，2002.

[114] 梁启超 . 饮冰室合集（第一册）[C]. 北京：中华书局，1989.

[115] 梁漱溟 . 梁漱溟教育论著选 [M]. 北京：人民教育出版社，1990.

[116] 梁漱溟 . 梁漱溟全集（第 2 卷）[M]. 济南：山东人民出版社，1990.

[117] 梁漱溟 . 梁漱溟全集（第 4 卷）[M]. 济南：山东人民出版社，1991.

[118] 梁漱溟 . 乡村建设理论 [M]. 上海：上海人民出版社，2006.

[119] 廖泰初 . 动变中的中国农村教育——山东省汶上县教育研究 [M]. 北京：燕京大学社会学系，1936.

[120] 刘大鹏 . 退想斋日记 [M]. 太原：山西人民出版社，1990.

[121] 刘捷，谢维和 . 栅栏内外——中国高等师范教育百年省思 [M]. 北京：北京师范大学出版社，2002.

[122] 刘铁芳 . 乡村教育的人文重建——乡土的逃离与回归 [M]. 福州：福建教育出版社，2011.

[123] 刘文岫 . 中国师范教育简史 [M]. 北京：人民教育出版社，1984.

[124] 柳海民 . 教育原理 [M]. 长春：东北师范大学出版社，2006.

[125] 龙冠海 . 社会学 [M]. 台北：台湾三民书店，1985.

[126] 卢绍稽 . 乡村教育概论 [M]. 上海：大东书局，1932.

[127] 卢现祥 . 西方新制度经济学 [M]. 北京：中国发展出版社，1996.

[128] 罗伯特·达尔 . 现代政治分析 [M]. 吴勇，译 . 上海：上海译文出版社，1987.

[129] 罗纳德·H. 奇尔科特 . 比较政治学理论——新范式的探索 [M]. 潘世强，译 . 北京：社会科学文献出版社，1998.

[130] 马和民 . 新编教育社会学 [M]. 上海：华东师范大学出版社，2002.

[131] 马克思，恩格斯 . 马克思恩格斯选集（第 1 卷）[M]. 北京：人民出版社，1995.

[132] 马克斯·韦伯 . 新教伦理与资本主义精神 [M]. 龙婧，译 . 成都：四川人民出版社，1986.

[133] 马秋帆 . 梁漱溟教育论著选 [M]. 北京：人民教育出版社，1994.

[134] 马啸风 . 中国师范教育史（1897－2000）[M]. 北京：首都师范大学出版社，2003.

[135] 迈克·富兰 . 变革的力量——透视教育改革 [M]. 北京：教育科学出版社，2000.

[136] 毛礼锐，沈灌群．中国教育通史（第四卷）[M]．济南：山东教育出版社，1985.

[137] 苗春德．中国近代乡村教育史 [M]．北京：人民教育出版社，2002.

[138] 米切尔．新社会学词典 [M]．蔡振扬，等译．上海：上海译文出版社，1987.

[139] 毛泽东．毛泽东选集（第一卷）[C]．北京：人民出版社，1991.

[140] 麦克法夸尔著，费正清主编．剑桥中华人民共和国史（上卷）[M]．谢亮生，等译．北京：中国社会科学出版社，1990：201.

[141] 彭德琳．新制度经济学 [M]．武汉：湖北人民出版社，2002.

[142] 秦志华．中国乡村社会组织建设 [M]．北京：人民出版社，1995.

[143] 潘公展，祝其乐．乡村教育研究及研究法 [M]．北京：商务印书馆，1925.

[144] 陈景磐，陈学恂．清代后期教育论著选（下册）[C]．北京：人民教育出版社，1997.

[145] 阮元．十三经注疏 [M]．北京：中华书局，1980.

[146] 塞缪尔·亨廷顿．变动社会的政治秩序 [M]．张岱云，等译．上海：上海译文出版社，1989.

[147] 斯蒂芬·R. 麦金农．晚清之权力与政治——袁世凯在北京与天津（1901—1908）[M]．张学继，审校．天津：天津人民出版社，2006.

[148] 塞缪尔·亨廷顿，劳伦斯·哈里森．文化的重要作用 [M]．程克雄，译．北京：新华出版社，2002.

[149] 史靖．绅权的继替 [M] // 费孝通，吴晗．皇权与绅权．天津：天津人民出版社，1983.

[150] S. N. 艾森斯塔德．现代化：抗拒与变迁 [M]．张旅平，译．北京：中国人民大学出版社，1998.

[151] 舒尔茨．制度与人的经济价值的不断提高 [M] // 财产权利与制度变迁．刘守英，译．上海：上海三联书店，1994.

[152] 舒新城．舒新城教育论著选（下）[C]．北京：人民教育出版社，2004.

[153] 舒新城．我和教育——三十五年来的教育生活史 [M]．北京：中华书局，1945.

[154] 舒新城．中国教育建设方针 [M]．上海：中华书局，1931.

[155] 舒新城．中国新教育概况 [M]．上海：中华书局，1928.

[156] 舒新城．中国近代教育史资料（第 2 卷）[G]．北京：人民教育出版

社，1965.

[157] 孙达人. 中国农民变迁——试探我国历史发展周期 [M]. 北京：中央编译出版社，1996.

[158] 孙孔懿. 论教育家 [M]. 北京：人民教育出版社，2006.

[159] 宋恩荣，章咸. 中华民国教育法规选编（1912—1949）[G]. 南京：江苏教育出版社，1990.

[160] 宋恩荣. 晏阳初文集 [C]. 北京：教育科学出版社，1989.

[161] 孙常炜. 蔡元培先生全集 [G]. 北京：商务印书馆，1977.

[162] 唐钺，朱经农，高觉敷. 教育大辞书 [Z]. 上海：商务印书馆，1930.

[163] 童富勇，胡国枢. 陶行知传 [M]. 北京：教育科学出版社，1991.

[164] 田正平，肖朗. 世纪之理想——中国近代义务教育研究 [M]. 杭州：浙江教育出版社，2000.

[165] 田正平，周谷平，徐小洲. 教育交流与教育现代化 [M]. 杭州：浙江大学出版社，2005.

[166] 田正平. 中国教育史研究（近代卷）[M]. 上海：华东师范大学出版社，2000.

[167] 陶行知. 陶行知全集（第1卷）[M]. 成都：四川教育出版社，1991.

[168] 王炳照，阎国华. 中国教育思想通史（第7卷）[M]. 长沙：湖南教育出版社，1994.

[169] 王铭铭. 村落视野中的文化与权力 [M]. 上海：上海三联书店，1997.

[170] 王锡彤，郑永福. 抑斋自述 [M]. 吕美颐，点注. 郑州：河南大学出版社，2001.

[171] 王先明，郭卫明. 乡村社会权力与文化结构的变迁 [M]. 北京：人民教育出版社，2002.

[172] 王一心. 劳谦君子陶行知 [M]. 南京：南京师范大学出版社，2004.

[173] 王栻. 严复集 [C]. 北京：中华书局（第一册），1986.

[174] 王炳照，阎国华. 中国教育思想通史（第7卷）[M]. 长沙：湖南教育出版社，1994.

[175] 吴文藻. 吴文藻人类学社会学研究文集 [Z]. 北京：民族出版社，1990.

[176] 吴湘湘，刘绍唐. 第一次中国教育年鉴 [G]. 台湾：传记文学出版社，1971.

[177] 维克多·埃尔. 文化概念 [M]. 晓文，译. 上海：上海人民出版社，1988.

[178] 邬志辉．中国教育现代化新视野［M］．长春：东北师范大学出版社，2000.

[179] 吴式颖，阎国华．中外教育比较史纲（近代卷）［M］．济南：山东教育出版社，1997.

[180] W. 理查德·斯格特．组织理论［M］．黄洋，李霞，等译．北京：华夏出版社，2002.

[181] 肖朗，田正平．世纪之理想：中国近代义务教育研究［M］．杭州：浙江教育出版社，2000.

[182] 肖云慧．黄质夫乡村教育思想研究［C］．贵阳：贵州民族出版社，2003.

[183] 熊明安．中华民国教育史［M］．重庆：重庆出版社，1997.

[184] 许纪霖，陈达凯．中国现代史——1800－1949（第一卷）［M］．上海：学林出版社，2006.

[185] 许慎．说文解字［M］．杭州：浙江古籍出版社，1998.

[186] 言心哲．农村社会学概论［M］．上海：中华书局，1934.

[187] 亚历克斯·英克尔斯．社会学是什么［M］．陈观胜，李培林，译．北京：中国社会科学院出版社，1981.

[188] 约翰·罗尔斯．正义论［M］．何怀宏，等译．北京：中国社会科学出版社，1988.

[189] 杨东平．艰难的日出：中国现代教育的 20 世纪［M］．上海：文汇出版社，2003.

[190] 杨秀明，安永新．黄质夫教育文选［C］．贵阳：贵州教育出版社，2001.

[191] 衣俊卿．文化哲学十五讲［M］．北京：北京大学出版社，2004.

[192] 尹继佐，周山．中国学术思想兴衰论［M］．上海：上海社会科学院出版社，2001.

[193] 余家菊．乡村教育通论［M］．上海：中华书局，1934.

[194] 余家菊．余家菊景陶先生回忆录［C］．台北：慧炬出版社，1994.

[195] 余家菊．余家菊景陶先生教育论文集（上册）［C］．台北：慧炬出版社，1997.

[196] 余英时．中国思想传统的现代诠释［M］．台北：台湾联经出版事业公司，1987.

[197] 袁希涛．义务教育［M］．上海：商务印书馆，1929.

[198] 张锐编．市制新论［M］．梁启超，校阅．上海：商务印书馆，1926.

[199] 张霞．民国时期"三农"思想研究［M］．武汉：武汉大学出版社，2010.

[200] 张之洞. 张文襄公全集（一）[M]. 北京：中国书店，1990.

[201] 张仲礼. 中国绅士研究 [M]. 北京：人民教育出版社，1991.

[202] 张鸣. 乡土心路八十年：中国近代化过程中农民意识的变迁 [M].
上海：上海三联书店，1997.

[203] 章开沅，马敏，朱英. 中国近现代史上的官商绅学 [M]. 武汉：湖
北人民出版社，2000.

[204] 章开沅，马敏，朱英. 中国近代史上的官商绅学 [M]. 武汉：湖北
人民出版社，2000.

[205] 赵俪生. 篱槿堂自叙 [M]. 上海：上海古籍出版社，1999.

[206] 郑金洲. 教育文化学 [M]. 北京：人民教育出版社，2001.

[207] 中共中央马克思恩格斯列宁斯大林著作编译局编译. 马克思恩格斯选
集（第1卷）[M]. 北京：人民出版社，1995.

[208] 中国大百科全书出版社编辑部. 中国大百科全书（社会学）[M]. 北
京：中国大百科全书出版社，1991.

[209] 中国社科院. 孙中山全集（第二卷）[M]. 上海：中华书局，1981.

[210] 中国文化建设协会编. 抗战十年前之中国 [M]. 新北：文海出版社
有限公司，1974.

[211] 中央教科所编. 林砺儒教育文选 [C]. 北京：北京师范大学出版
社，1984.

[212] 朱有瓛. 义务教育 ABC [M]. 上海：ABC 丛书社，1931.

[213] 朱汉国. 梁漱溟乡村建设研究 [M]. 太原：山西教育出版社，1996.

[214] 周予同. 中国现代教育史 [M]. 上海：上海良友图书印刷有限公
司，1934.

[215] 庄泽宣. 乡村建设与乡村教育 [M]. 上海：中华书局，1939.

[216] 庄泽宣. 如何使新教育中国化 [M]. 上海：中华书局，1938.

[217] 庄锡昌. 多维视野中的文化理论 [M]. 杭州：浙江人民出版社，1987.

[218] 筑波大学教育学研究会. 现代教育学基础 [M]. 钟启全，译. 上海：
上海教育出版社，2003.

[219] 张斌. 经亨颐教育论著选 [M]. 北京：人民教育出版社，1993.

[220] 赵如珩. 江苏省鉴 [Z]. 上海：成文出版社有限公司，1936.

[221] 浙江省立湘湖师范编. 金海观教育文选 [G]. 杭州：浙江教育出版
社，1990.

[222] 中国第二历史档案馆编. 中华民国档案资料汇编（第5辑第1编·教

育）［G］. 南京：江苏古籍出版社，1994.

［223］中国第二历史档案馆编. 中华民国档案资料汇编（第3辑"教育"）［G］. 南京：江苏古籍出版社，1994.

［224］中共中央党校科学社会主义教研室编译. 文明与文化——国外百科辞书条目选译［Z］. 北京：求实出版社，1982.

［225］中国国民党四届三中全会重要议决案. 关于教育之决议案［G］//中华民国史档案资料汇编（第5辑第1编）. 南京：江苏古籍出版社，1991.

［226］中国科学院国情分析研究小组. 国情研究第3号报告：城市与乡村（中国城乡矛盾与协调发展研究）［R］. 北京：科学出版社，1996.

［227］中国社会科学院语言研究所词典编辑室编. 现代汉语词典（第5版）［Z］. 北京：商务印书馆，2005.

［228］中国文化书院学术委员会. 梁漱溟全集（第2卷）［C］. 济南：山东人民出版社，1990.

［229］张謇. 张季子九录"教育录"（卷一）［C］. 台北：文海出版社，1983.

［230］周洪宇. 乐为教育鼓与呼——周洪宇教育访谈录［C］. 北京：中国人民大学出版社，2007.

［231］朱有瓛. 中国近代学制史料（第三辑·下册）［G］. 上海：华东师范大学出版社，1992.

［232］中华民国大学院. 全国教育会议报告［R］. 上海：商务印书馆，1928.

［233］张宗麟. 乡村小学教材研究［M］. 上海：黎明书局，1933.

［论文类］

［234］班红娟. 国家意识与地域文化——文化变迁中的河南乡土教材研究［D］. 北京：中央民族大学，2010.

［235］毕树棠. 中国的杂志界［J］. 独立评论（第64号），1933.

［236］边理庭. 我国师范教育之改造［J］. 教育学（第2卷），1937（10）.

［237］常宝宁，崔岐恩. 农村中小学教师生存状态变革：2000－2007［J］. 教育科学，2010（3）.

［238］常导之. 现行学制需要改善的几点［J］. 中华教育界（第22卷），1934（9）.

［239］常导之. 师范教育之趋势［J］. 教育丛刊（第3卷），1935（1）.

［240］常乃德. 师范教育改造问题［J］. 教育杂志（第4卷），1922.

［241］陈德征. 三民主义教育与教育者（续）［J］. 上海教育，1930（17）.

[242] 陈独秀．近代西洋教育——在南开学校的演讲 [J]．新青年，1917 (5).

[243] 陈敬朴．农村教育概念的探讨 [J]．教育理论与实践，1999 (11).

[244] 陈启天．本志的教育 [J]．中华教育界（第 14 卷），1924 (1).

[245] 陈启天．中国新教育思潮之小史 [J]．中华教育界，1923 (2).

[246] 陈醉云．复兴农村对策 [J]．东方杂志（第 30 卷），1933 (13).

[247] 陈祥龙．"教育家办学"的内涵及启示 [J]．基础教育，2012 (1).

[248] 陈冷．时事评论 [N]．申报，1905-09-06.

[249] 陈友端．我国现行乡村师范课程的检讨 [J]．中华教育界，1936 (2).

[250] 陈胜．尴尬的转变——清末民初乡村教育变革的困境 [J]．华南师范大学学报（社会科学版），2011 (2).

[251] 陈言贵．农村中小学骨干教师流失现象思考 [J]．当代教育科学，2003 (11).

[252] 陈光春．制度生成与实践失范——民国时期中学教师管理制度研究（1912—1949）[D]．武汉：华中师范大学，2014.

[253] 褚朝辉．全球视野中的中国乡村教育边缘化问题研究 [J]．清华大学教育研究，2002 (5).

[254] 程湘帆．新制中师范学校课程编制之意见 [J]．新教育，1922 (1, 2).

[255] 丛小平．社区学校与基层社会组织的重建——二三十年代的乡村教育运动与乡村师范 [J/OL]．二十一世纪，2002：11.

[256] 曹汝军，叶泽滨．我国新时期的农村教师政策评析 [J]．教学与管理，2007 (7).

[257] 董汝舟．中国农民离村问题之检讨 [J]．新中华，1933 (7).

[258] 戴军，戴淑艳．试论我国"教育本土化"研究演进的话语谱系 [J]．东北师范大学学报（社会科学版），2011 (4).

[259] 道格拉斯·C. 诺斯．新制度经济学及其发展 [J]．路平，何玮，编译．经济社会体制比较，2002 (5).

[260] 方建华．嬗越与创新：中国百年师范教育传统及其现代意蕴——基于江苏省百年师范发展史的思考 [J]．教育发展研究，2014 (6).

[261] 傅斯年．教育崩溃之原因 [J]．独立评论，1932 (9).

[262] 范云龙．今日研究教育者应有的觉悟与认识 [J]．中华教育界（第 19 卷），1931 (2).

[263] 樊涛．民国时期农村学校教育制度变迁研究 [D]．长春：东北师范大学，2014.

[264] 胡伶．义务教育均衡发展背景下农村教师政策的问题与改进［J］．教育发展研究，2009（22）．

[265] 高中师范科课程审查会［N］．申报，1930-02-08．

[266] 葛春．中国农村教师社会地位演进概述［J］．江苏社会科学，2010（1）．

[267] 关晓红．科举停废与近代乡村士子——以刘大鹏、朱峙三日记为视角的比较考察［J］．历史研究，2005（5）．

[268] 古楳．十五年来致力于乡村运动的自检［J］．中华教育界，1934（4）．

[269] 古楳．中国乡村师范演进的鸟瞰（第21卷）［J］．中华教育界，1934（12）．

[270] 顾明远．教育的国际化与本土化［J］．华中师范大学学报，2011（6）．

[271] 顾明远．师范教育的传统与变迁［J］．高等师范教育研究，2003（3）．

[272] 顾瑶圃．乡师难［J］．苏省乡师月刊，1931（1）．

[273] 郭跃．教育政策分析——以农村学校教师"特岗计划"为例［J］．教育理论与实践，2010（1）．

[274] 高践四．师范教育之过去现在及未来（第1卷）［J］．江苏教育，1932（7-8）．

[275] 葛新斌．农村教育·现代化的弃儿及其前景［J］．教育理论与实践，2003（12）．

[276] 郭步陶．新农村的建设与乡村师范［J］．教育季刊，1931（2）．

[277] 过探先．办理农村师范学校的商榷［J］．义务教育，1923（12）．

[278] 韩文庆．乡村师范教育之新生命［J］．江苏教育，1932（7，8）．

[279] 郝锦华，王先明．论20世纪初叶中国乡间私塾的文化地位［J］．浙江大学学报（人文社会科学版），2005（1）．

[280] 郝锦花．清末民初乡村民众视野中的新式学校［J］．福建论坛，2010（3）．

[281] 郝锦花．新旧之间——学制转轨与近代乡村社会［D］．太原：山西大学，2004．

[282] 黄同义．服务乡教八年之自省［J］．江苏教育（第1卷），1932（7-8）．

[283] 胡胜强．民国时期的农业问题与近代化探析［J］．商业时代，2007（7）．

[284] 胡家健．乡村学校教师问题（第20卷）［J］．教育杂志，1928（4）．

[285] 黄敬思．四年来中国之乡村教育［J］．教育杂志（第23卷），1931（7）．

[286] 江苏省教育厅撰．改进江苏全省师范教育计划大纲［J］．江苏教育，1932（7，8）．

[287] 江苏省义务教育期成会. 会长要录 [J]. 义务教育（创刊号），1921（11）.

[288] 江苏省义务教育期成会. 江苏义务教育期成会成立记 [J]. 义务教育（创刊号），1921（11）.

[289] 姜琦. 何谓新教育 [J]. 新教育，1919（4）.

[290] 姜琦. 中国师范教育制度之过去现在与将来 [J]. 教育通讯，1938（27）.

[291] 贾国静. 私塾与学堂：清末民初教育的二元结构 [J]. 四川师范大学学报（社会科学版），2002（1）.

[292] 蒋纯焦. 晚清士子的生活与教育——以塾师王锡彤为例 [J]. 华东师范大学学报（教育科学版），2006（2）.

[293] 蒋纯焦. 一个阶层的消失——晚清以降塾师研究 [D]. 上海：华东师范大学，2008.

[294] 蒋超群，唐玲. 陶行知先生的同行者——黄质夫乡村教育思想之研究 [J]. 南京晓庄学院学报，2010（1）.

[295] 金海观. 实施部定乡村师范及简易乡师课程之困难及改进意见 [J]. 中华教育界，1937（1）.

[296] 金生鈜. 中国教育制度变革滞后带来的三个问题 [J]. 中国教育学刊，2008（12）.

[297] 金生鈜. 教育正义：教育制度建构的奠基性价值 [J]. 陕西师范大学学报（哲学社会科学版），2011（2）.

[298] 康永久. 教育制度：最重要的教育资源 [J]. 教育与经济，2001（3）.

[299] 康永久. 教育制度的生成与变革 [D]. 武汉：华中师范大学，2001.

[300] KL. 乡村颓败了，到乡间去 [N]. 上海民国日报，1930-01-12.

[301] 柯政. 学校变革困难的新制度主义解释 [J]. 北京大学教育评论，2007（1）.

[302] 李海云. 新教育中国化运动及其对当今教育改革的启示 [J]. 湖南师范大学教育科学学报，2008（3）.

[303] 李海云. 全球化背景下的教育中国化——古楳新教育中国化理论的启示 [J]. 齐鲁学刊，2008（4）.

[304] 李霞，符淼. 改革开放以来我国农村教师政策变迁与特征分析 [J]. 教学与管理，2012（2）.

[305] 李英超. 四十年来中国师范教育之演变与分析 [J]. 政治季刊，1938（2，3）.

[306] 李璜. 本国化的教育与外国化的教育 [J]. 中华教育界，1925（7）.

[307] 李剑萍．中国近代师范教育的中国化历程 ［J］．高等师范教育研究，
1998（2）．

[308] 李江源．教育制度——概念的厘定 ［J］．河北师范大学学报（教育科
学版），2003（1）．

[309] 李江源．论教育制度的变革 ［J］．清华大学教育研究，2011（4）．

[310] 李江源．贺继明．论教育制度变革的观念前提 ［J］．湖南师范大学教
育科学学报，2009（4）．

[311] 李静澄．全国教育的新动向 ［J］．民众教育季刊（第 1 卷），1932（2）．

[312] 李驹光．党化教育原理 ［J］．大夏周刊，1927（47）．

[313] 李华兴．论民国教育史的分期 ［J］．上海师范大学学报，1997（1）．

[314] 李尚卫，袁桂林．我国农村教师教育制度反思 ［J］．教师教育研究，
2009（3）．

[315] 李楚材．乡村师范课程编制的尝试 ［J］．教育杂志，1929（1）．

[316] 李淑敏．中国师范教育之危机及其改革刍议 ［J］．国闻周报（第 10
卷），1933（10）．

[317] 李重阳．我国近 30 年农村教师政策研究的反思与展望 ［J］．当代教
育理论与实践，2011（6）．

[318] 雷伯豪．中国本位的文化建设的基础何在 ［J］．开封教育平话（第 1
卷），1935（5）．

[319] 廖明岚，贺武华．从新制度经济学视角审视高等教育制度变迁体系 ［J］．
太原师范学院学报（社会科学版），2005（12）．

[320] 谬序宾．乡村小学之缺点及其病原之补救法 ［J］．中华教育界，
1924（4）．

[321] 林乐知．中国教育之前途 ［J］．万国公报．1906（205）．

[322] 林晓庄．中国教育发展的趋势与其改革的原则 ［J］．北平周报，1934
（85）．

[323] 林良夫．二十世纪前叶新教育中国化道路的回顾与反思 ［J］．社会科
学战线，2005（5）．

[324] 刘海峰．科举百年祭 ［J］．北京大学教育评论，2005（4）．

[325] 刘克祥．1927－1937 年农业生产与收成、产量研究 ［J］．近代史研
究，2001（5）．

[326] 刘兢兢．黄质夫与乡村师范教育 ［J］．档案与建设，2004（3）．

[327] 娄立志，张济洲．乡村教师疏远乡村的历史社会学解释 ［J］．当代教

育科学，2009（21）.

[328] 罗志田. 科举制废除在乡村中的社会后果 [J]. 中国社会科学，2006
（1）.

[329] 罗廷光. 什么是中国教育目前最需要的 [J]. 时代公论，1932（8）.

[330] 罗吉华. 文化变迁中的文化再制与教育选择——云南勐罕镇中学傣族
和尚生的个案研究 [D]. 北京：中央民族大学，2009.

[331] 缪进鸿. 长江三角洲与其他地区人才的比较研究 [J]. 教育研究，
1991（1）.

[332] 陆道坤. 我国师范教育的历史省思——20 世纪前半叶中国师范教育
发展研究 [J]. 教育理论与实践，2008（4）.

[333] 陆道坤. 制度的输入与体制的构建——20 世纪中国高等师范教育体
制的演变 [D]. 上海：华东师范大学，2009.

[334] 孟真. 教育崩溃之原因 [J]. 独立评论，1932（9）.

[335] 牟秀丽. 南京国民政府时期乡村师范教育述论 [J]. 潍坊教育学院学
报，2007（3）.

[336] 苗春德. 论 20 世纪上半叶"乡村教育"运动的基本特点 [J]. 河南
大学学报（社会科学版），2003（1）.

[337] 马耀鹏. 制度与路径依赖——社会主义经济制度变迁的历史与现实
[D]. 武汉：华中师范大学，2009.

[338] 欧元怀. 中国高等教育之过去与现在 [J]. 上海教育，1930（16）.

[339] 欧阳日辉，徐光东. 新制度经济学：发展历程、方法论和研究纲领 [J].
南开经济研究，2004（6）.

[340] 戚谢美. 金海观的乡村师范教育思想和实践 [J]. 杭州大学学报，
1989（2）.

[341] 曲铁华. 余家菊的乡村教育思想探析 [J]. 东北师大学学报（哲学社
会科学版），2013（6）.

[342] 曲铁华，袁媛. 近代中国乡村教育实验理论标本价值探析 [J]. 教育
科学，2010（6）.

[343] 曲铁华，樊涛. 历史视角下"农村教育"含义辨析 [J]. 四川师范大
学学报（社会科学版），2014（3）.

[344] 曲铁华，朱永坤. 城乡一体化：农村义务教育发展困境的突破口 [J].
教育理论与实践，2014（9）.

[345] 渠桂萍. 跨越时代的"三农"对话——评王先明的"20 世纪以来中

国乡村发展论争的历史追索"[J]．史学月刊，2014（4）．

[346] 秦俊巧．教育家办学的实现条件分析 [J]．教育学术月刊，2012（12）．

[347] 全德．陶行知的乡村师范教育思想 [J]．广州教育，1991（10）．

[348] 全国专家对于读经问题的意见 [J]．教育杂志（第 25 卷），1935（5）．

[349] 齐超．制度变迁动力理论研究 [D]．长春：吉林大学，2009．

[350] 容中逮．百年中国乡村教育变迁的动因及其展现形式 [J]．2016（2）．

[351] 孙孔懿．试论"教育家办学"及其历史启示 [J]．江苏教育，2011（11）．

[352] 孙邦华．中国教育现代化运动中的中国化与美国化、欧洲化之争 [J]．教育研究，2013（7）．

[353] 沈玉顺．培养造就大批教育家，促进教育家办学局面的形成 [J]．教育发展研究，2010（6）．

[354] 沈子善．农村师范之特殊职能及课程 [J]．中华教育界，1925（6）．

[355] 释太虚．怎样建设现代中国的文化 [J]．文化建设（第 1 卷），1935（9）．

[356] 叔永．教育改革声中的师范教育问题 [J]．独立评论，1932（9）．

[357] 孙冶方．为什么要批判乡村改良主义工作 [J]．中国农村（第 2 卷），1936（5）．

[358] 山长理．清末民初乡村教育冲突的分析与启示 [J]．南方职业教育学刊，2012（3）．

[359] 史晖．转型与重构——中国近代课程制度变迁研究 [D]．南京：南京师范大学，2011．

[360] 石长林．中国教师政策研究——基于教育政策内容的视角 [D]．武汉：华中师范大学，2005．

[361] 司宏昌．嵌入村庄的学校——仁村教育的历史人类学研究 [D]．武汉：华东师范大学，2006．

[362] 石静．清末民初教师的任用与待遇 [J]．南通大学学报（社会科学版），2009（6）．

[363] 唐季平．论民国时期江苏私塾教育 [J]．历史学研究，2000（10）．

[364] 陶行知．答朱瑞琰之问 [J]．乡教丛刊（第 3 卷），1929（1）．

[365] 陶行知．地方教育与乡村改造 [J]．地方教育，1929（1）．

[366] 陶行知．师范教育下乡运动 [J]．新教育评论，1926（6）．

[367] 陶行知．师范教育之新趋势 [N]．时事新报，1921－10－22．

[368] 陶行知．中华教育改进社发行全国乡村教育宣言 [J]．新教育评论，1926（3）．

[369] 陶行知. 第二年的晓庄（第 3 卷）[J]. 乡教丛讯，1929（3）.

[370] 陶行知. 试验主义与新教育 [J]. 新教育（第 1 卷），1919（1）.

[371] 陶行知. 中国乡村教育之根本改造 [J]. 中国教育改造，1928（4）.

[372] 陶行知. 从野人生活出发 [J]. 乡教丛讯（第 1 卷），1927（13）.

[373] 陶行知. 地方教育行政为一种专门事业 [J]. 教育汇刊（第 2 卷），1921（1）.

[374] 陶行知. 关于师范教育的意见 [J]. 新教育（第 4 卷），1922（4）.

[375] 陶行知. 教学做合一 [J]. 乡教丛讯（第 2 卷），1928（1）.

[376] 陶行知. 师范教育之彻底改革——答石民佣等的信 [J]. 知行书信，1929（7）.

[377] 陶行知. 试验乡村师范学校答客问 [J]. 中国教育改造，1928（4）.

[378] 陶行知. 天将明之师范学校——江宁县立师范学校半日生活记 [J]. 新教育评论（第 2 卷），1926（21）.

[379] 陶行知. 我们对于新学制草案应持之态度 [J]. 新教育（第 4 卷），1922（2）.

[380] 陶行知. 乡村教育之根本改造 [J]. 中华教育界（第 16 卷），1927（10）.

[381] 陶行知. 晓庄三岁敬告同志书 [J]. 乡村教师，1930（7）.

[382] 陶行知. 晓庄试验乡村师范学校创校旨趣 [J]. 乡教丛讯（第 1 卷），1927（17）.

[383] 陶行知. 新学制与师范教育 [J]. 新教育（第 4 卷），1922（3）.

[384] 陶行知. 在劳力上劳心 [J]. 乡教丛讯（第 2 卷），1928（2）.

[385] 陶行知. 中国教育政策之商榷 [J]. 新教育（第 11 卷），1925（2）.

[386] 陶行知. 中国乡村教育之一班 [J]. 教育季刊（第 3 卷），1927（3）.

[387] 陶希圣. 对于《中国本位文化建设宣言》的补充说明 [J]. 教育短波，1935（27）.

[388] 陶圣琴. 我国改革开放以来的农村教师工资制度：回顾与反思 [J]. 现代教育管理，2010（8）.

[389] 天贶. 文化论战中的广州 [J]. 华年（第 3 卷），1934（12）.

[390] 田正平. 李江源. 教育制度变迁与中国教育现代化进程 [J]. 华东师范大学学报（教育科学版），2002（2）.

[391] 田正平. 清末毁学风潮与乡村教育早期现代化的受挫 [J]. 教育研究，2007（5）.

[392] 田正平，陈胜. 清末及民国时期乡村教育的困境及其调适 [J]. 华中

师范大学学报（人文社会科学版），2008（5）.

[393] 田静. 教育与乡村建设——云南一个贫困民族乡的发展人类学探究 [D].
武汉：华中师范大学，2011.

[394] 汪懋祖. 文化建设与尊孔 [J]. 福建文化半月刊（第2卷），1935（3）.

[395] 王朝阳. 试办省立农村师范讲习科计划书 [J]. 义务教育，1922，4（6）.

[396] 王如才. 我国乡村师范学校的历史发展及其特点 [J]. 江西教育科
研，1992（3）.

[397] 王先明. 中国近现代乡村史研究及展望 [J]. 近代史研究，2002（2）.

[398] 王先明. 辛亥革命后中共乡村控制体制的演变 [J]. 社会科学研究，
2003（6）.

[399] 王新命，等. 建设中国本位文化宣言 [J]. 文化建设（第1卷），
1935（4）.

[400] 王玉明. 论政府制度创新——从新制度经济学的视角分析 [J]. 国家
行政学院学报，2000（6）.

[401] 王玉国. 百年乡村教育价值取向对未来的启示 [J]. 教育学术月刊，
2009（6）.

[402] 王泽德，赵上帛. 当前我国农村教师队伍建设中存在的问题及对策研
究 [J]. 教育探索，2011（8）.

[403] 王圣诵. 近代乡村自治研究 [D]. 北京：中国政法大学，2005.

[404] 魏静. 试论中国古代的农本思想 [J]. 开发研究，2010（5）.

[405] 韦森. 再评诺斯的制度变迁理论 [J]. 经济学（季刊），2009（2）.

[406] 吴冬梅，俞启定，于述胜. 20世纪二三十年代"新教育中国化"运动
研究 [J]. 河北师范大学学报（教育科学版），2005（7）.

[407] 吴冬梅，俞启定，于述胜. 何谓"新教育中国化" [J]. 华东师范大
学学报（教育科学版），2005（2）.

[408] 吴晓朋，蒋超群. 民国时期的乡村师范教育——以江苏省为中心的考
察 [J]. 南京晓庄学院学报，2010（5）.

[409] 吴康宁. 社会变迁对教育变迁的影响：一种社会学分析 [J]. 华东师
范大学学报（教育科学版）. 1997（2）.

[410] 吴彦芳. 近代新式学堂教育与农村问题 [J]. 西北民族大学学报（哲
学社会科学版），2010（3）.

[411] 吴洪成. 20世纪二三十年代中国的乡村教育实验 [J]. 四川师范大学
学报（社会科学版），2002（5）.

［412］谢文庆．论本土化的教育家办学管理——以雷沛鸿和卢作孚办学为例［J］．基础教育，2013（5）．

［413］徐红．文化哲学视野中的教育本土化刍论［J］．现代中小学教育，2007（1）．

［414］徐蕾．教育家办学的现实困境呼唤制度创新［J］．教育理论与实践，2014（20）．

［415］徐中玉．中国的师范教育［J］．文化建设月刊（第3卷）．1937（8）．

［416］许涤新．论当前的中国经济危机（第11卷）［J］．群众，1946（7）．

［417］许宝宏．乡村教育是救国政策么［J］．苏省乡师月刊，1931（3）．

［418］许庆如．中国近代乡村教育研究的回顾与展望［J］．河北师范大学学报（教育科学版），2012（9）．

［419］许和隆．冲突与互动——转型社会政治发展中的制度与文化［D］．苏州：苏州大学，2006．

［420］肖第郁，谢泽源．农村中小学教师生存状态的调查与思考［J］．教育学术月刊，2009（5）．

［421］杨开道．我国农村生活衰落的原因和解救的方法［J］．东方杂志（第24卷），1927（16）．

［422］杨莲．陶行知与中华教育改进社［J］．南京晓庄学院学报，2008（1）．

［423］杨效春．普及农村教育的困难和我们的做法［J］．教育杂志，1937（1）．

［424］杨秀芹．教育资源利用效率与教育制度安排——一种新制度经济学分析的视角［D］．武汉：华中师范大学，2006．

［425］杨卫安．我国城乡关系制度的变迁研究［D］．长春：东北师范大学，2010．

［426］杨文海．壬戌学制研究［D］．南京：南京大学，2011．

［427］于述胜．民国时期社会教育问题论纲——以制度变迁为中心的多维分析［J］．北京大学教育评论，2005（3）．

［428］于述胜．论民国时期教育制度的评价尺度及其发展逻辑［J］．华东师范大学学报（教育科学版），1999（3）．

［429］夏曾佑．论中国必革政始能维新［J］．东方杂志，1904（1）．

［430］佚名．日本国粹主义与欧化主义之消长［J］．译书汇编，1902（5）．

［431］佚名．乡村教育之困难及其救济［J］．村治月刊（第1卷），1929（8）．

［432］佚名．各县农村离村调查［J］．农情报告，1936（7）．

［433］佚名．乡村教育之改见［J］．村治月刊（第1卷），1929（9）．

[434] 佚名. 论祀孔大典 [J]. 北平周报, 1934 (84).

[435] 佚名. 论我国学校不发达之原因 [N]. 申报, 1909—05—24.

[436] 佚名. 1/4 和 3/4 的教育 [J]. 儿童教育（第 6 卷），1935 (1).

[437] 余家菊. 乡村教育的危机 [J]. 中华教育界（第 10 卷），1920 (1).

[438] 余家菊. 乡村教育的实际问题 [J]. 少年中国, 1921 (6).

[439] 余子侠. 综析余家菊在中国近代教育思想史上的贡献 [J]. 华中师范大学学报（人文社会科学版），2007 (5).

[440] 余子峡. 陶行知与近代中国教会教育（续）[J]. 河北师范大学学报（教育科学版），2002 (6).

[441] 袁庆明. 制度含义刍议 [J]. 南京社会科学, 2000 (11).

[442] 姚云, 董晓薇. 全国师范生免费教育政策实施认同度调查 [J]. 教育研究与实验, 2009 (1).

[443] 游海华、刘建华. 民国九江乡村师范学校农村改进实验区考察 [J]. 农业考古, 2012 (3).

[444] 增天山, 丁杰. 强国时代制度化推进教育家办学 [J]. 中国教育学刊, 2011 (2).

[445] 周宇清. 1922 年"壬戌学制"仿效美国学制的原因论析——兼论晚清民国时期中国学制的演变 [J]. 苏州大学学报, 2014 (2).

[446] 张建雷. 现代教育制度视角下"教育家办学"实现条件分析 [J]. 河北师范大学学报（哲学社会科学版），2011 (8).

[447] 张太原. "没有了中国"：20 世纪 30 年代中国思想界的反思 [J]. 近代史研究, 2011 (3).

[448] 张太原. 20 世纪 30 年代的文实之争 [J]. 近代史研究, 2006 (5).

[449] 张世禄. 建设文化之根本问题 [N]. 北平晨报, 1935—04—09.

[450] 张富生. 我国通识教育与专业教育的制度变迁——基于新制度经济学的视角 [J]. 东北大学学报（社会科学版），2011 (4).

[451] 张文和. 中国教育制度变迁——一种历史制度分析的新视角 [J]. 南京农业大学学报（社会科学版），2009 (3).

[452] 张乐天. 我国农村教育政策 30 年的演进与变迁 [J]. 南京师大学报（社会科学版），2008 (6).

[453] 张立程. 清末新式学堂教师群体的出现及其影响 [J]. 教育与职业, 2009 (21).

[454] 张宗麟. 学园制的乡村师范 [J]. 中华教育界, 1935 (11).

［455］张宗麟．怎样办理乡村师范的行政 ［J］．光华大学半月刊，1937（10）．

［456］张济洲．文化视野中的村落——学校与国家 ［D］．上海：华东师范大学，2007．

［457］赵晓林．乡村教育运动的主体性价值观及其现实意义 ［J］．教育研究，2006（3）．

［458］赵廷为．我国教育之改造与师资问题 ［J］．中华教育界（第 2 卷），1934（7）．

［459］周洪宇．一流教育家的四个标准 ［J］．师道，2004（10）．

［460］周志毅．传统思想与现实的变奏 ［J］．杭州师范学院学报，1990（3）．

［461］周军．当代中国乡村文化变迁的因素分析及路径选择 ［J］．中央民族大学学报（哲学社会科学版），2011（2）．

［462］周洪宇．政府、学校、社会和个人该做什么——从二十世纪上半叶中国高等教育的发展谈起 ［N］．光明日报，2003－12－18．

［463］周守军，袁小鹏．农村教师的社会资本及其社会地位 ［J］．教育发展研究，2010（23）．

［464］周邦道．一个异军突起的乡村师范 ［J］．教育杂志，1936（8）．

［465］卓越．新制度经济学的新发展：历史比较制度分析 ［J］．经济学家，2006（6）．

［466］庄心在．中国本位的文化建设宣言的回响 ［N］．南京中央日报，1935－01－17．

［467］朱汉国，姜朝晖．略论民国时期乡村教育中的文化冲突 ［J］．历史教学问题，2012（4）．

［468］郑起东．近代华北乡村教育的变迁 ［J］．中国农史，2003（28）．

［469］章太炎．论读经有利而无弊 ［N］．天津大公报，1935－06－15．

附　录　民国乡村师范教育制度沿革简史

1.1866 年，晚清官员刘椿在其著作《职方外记》中首次提到了欧洲大学四科之一的教科，提倡"主守教法"。

2.1879 年，学者黄遵宪在《日本杂事诗广注》中将日本专门设置的专门培养师资的名为"师范学校"的机构首次介绍到中国。

3.1882 年，王之春在其所著《蠢测危言》中首次对欧美师范教育进行了介绍。

4.1892 年，郑观应在《盛世危言》中，也对欧美师范教育作了介绍。

5.1896 年（光绪二十二年），梁启超撰写《论师范》一文，对当时聘请外国人担任教师的做法进行了批判，主张自办师范教育。

6.1895 年，面对空前的民族危机，清政府被迫实行"新政"，我国由此开始了以教育制度为核心的早期现代化的历程，对外国教育制度的引进进入实质性阶段。

7.1897 年，盛宣怀于上海南洋公学创办师范院，首开中国师范教育实践之始。

8.1898 年，张之洞派姚锡光等一行赴日本考察，随后，在张之洞的影响下，张百熙派京师大学堂总教习吴汝纶赴日本考察。

9.1901 年 5 月，由罗振玉发起，王国维主编的《教育世界》于上海创刊，该刊在 1903 年 12 月《癸卯学制》颁布之前，刊发了大量译介日本教育法规、学校章程的文章。《教育世界》对近代以来日本教育制度进行了全面、系统的介绍，为中国第一个近代学制的制定提供了借鉴。

10.1902 年，日本东京高师校长嘉纳治五郎专门为中国学生创设了一个弘文学院，特设师范科，修业年限为半年至三年，一时间中国学生入此速成师范者，趋之若鹜。

11.1902 年 5 月，张之洞在湖北武昌创办湖北师范学堂。同年 8 月，袁世凯奏设直隶保定师范学堂。同年，湖南创设师范讲习所，并分中路师范学堂于长沙，西路师范学堂于常德，南路师范学堂于衡阳；同年，陈宝琛在福州创办全闽师范学堂。

12. 1903 年，张謇创办通州（今江苏南通）师范学堂。

13. 1904 年，张百熙、荣庆、张之洞等人依照日本学制，制定了中国近代史上第一个系统的学制，即《癸卯学制》，首次以法律的形式确定了近代师范教育体系。在《癸卯学制》中，造就小学师资的机关有初级师范学堂。初级师范学堂以州立为原则，各省城设一所，分为完全师范和简易师范两科。除此之外，还有一个师资速成的机关，这就是师范传习所。这种教育机构，虽然没有被明确定位为乡村师范教育，但因为其所招学生中的大部分是乡村市镇的塾师，因而在实际上也担负着培养乡村师资的使命。

14. 1904 年 7 月，张之洞在武昌创办两湖师范学堂。

15. 1911 年初，晚清学部举行了中央教育会议，通过召集各省学务人员集会，共同商议议决实施 4 年义务教育。

16. 1912 年，南京临时政府颁定《壬子——癸丑学制》，该学制基本沿用清末学制，只是将清末的优质师范学堂改为高等师范学校。

17. 1912 年 9 月，教育部颁布了《师范教育令》，12 月又颁布了《师范教育规程》。

18. 1913 年 2 月，民初政府教育部颁布了《高等师范学校规程》，对师范教育进行改革，在名称上将清末初级师范学堂改为师范学校。

19. 1913 年 3 月 27 日，民初政府教育部颁布《师范学校课程标准》，规定了师范学校、高等师范学校的修业年限、学科目及程度、编制及设备、入学资格及毕业后的服务。

20. 1915 年，高举"科学"和"民主"两面大旗的新文化运动爆发，一些有识之士开始对取法日本的师范教育制度的做法予以质疑，"中国教育必须取法西洋"的呼声日益高涨。同时，杜威、孟禄等美国教育家相继来华讲学，在国内掀起了一阵学习美国的热潮。

21. 1915 年，北洋政府教育部颁布了《义务教育实行程序》，重申了实行 4 年义务教育的计划。同年，江苏省组织义务教育期成会，出版《义务教育》，遂在全省推广义务教育。为了能尽快普及义务教育，很多人发文呼吁设立乡村师范学校。

22. 1916 年 1 月 8 日，北洋政府教育部颁布《修正师范学校规程》，其中对讲习科进行了详细规定。

23. 1919 年，五四运动爆发，教育救国的呼声日益高涨。随着美国、丹麦和墨西哥等国家乡村教育思想和实践方面的成功经验迅速传播到中国，教育界人士开始认识到一味模仿和照搬外国教育制度的中国教育走错了路。黄炎培、袁希涛等人开始注意到普及义务教育的关键在乡村，其中，乡村师资培养为急务。

24.1919 年，阎锡山在山西太原创办国民师范学校，明确提出了培养乡村小学师资的任务，首创乡村师范学校的历史。同年，余家菊发表《乡村教育之危机》一文，呼吁发展和重视乡村师范教育，并提倡师范教育要做下乡运动。

25.1920 年，北洋政府教育部制定《八年推进义务教育办法》，又规定了用 8 年时间普及 4 年义务教育的任务，并提出培养能够深入乡村并适应乡村生活环境的教师的任务。

26.1921 年，余家菊发表《乡村教育运动的含义和方向》一文，提出"师范教育下乡"的具体措施。同年，陶行知作了题为《师范教育之新趋势》的演讲，发表题为《关于师范教育的意见》的文章，提出师范学校应该设在乡村。

27.1921 年，由黄炎培等人发起组织了"江苏义务教育期成会"，创办了《义务教育》杂志，为了能尽快普及义务教育，很多人发文呼吁设立乡村师范学校。

28.1922 年，以美国学制为蓝本制定的《壬戌学制》颁布。

29.1922 年 11 月 1 日，北洋政府颁布《学校系统改革令》，规定"为补充初级小学教员不足，得酌设相当年限之师范学校或师范讲习科"。

30.1922 年，受山西国民师范学校的影响，马鹤天在开封创办了类似的国民师范学校，以造就乡村师资，为推行义务教育做预备。

31.1922 年，袁希涛在《义务教育》上发表《省立师范学校添设乡村分校》一文，提出：为了普及义务教育的需要，应该从速办理乡村师范学校。

32.1922 年之后，受山西国民师范学校的影响，催生出了另外一种造就乡村师资的机关。江苏省便在此时期普遍设立县立师范学校，并逐步乡村化。

33.1923 年，江苏省义务教育期成会的袁观澜、顾述之二人受美国农业教育专家白斐德的影响，发起每个师范学校在乡间设立一所分校的教育活动，以专门培养乡村教师。这催生了江苏省五所省立师范学校分别于吴江、黄渡、洛社、栖霞山、界首设立了分校。

34.1923 年，乡村教育家过探先在《义务教育》上发表《办理农村教师的商榷》一文，强调了乡村师范改造乡村教育和乡村社会的责任。

35.1926 年，江苏省义务教育期成会召开年会，议决县立师范学校应注重农事科目。

36.1926 年，陶行知针对江苏省五所省立师范学校设农村分校一事发表《师范教育下乡运动》一文。

37.1926 年，中华教育改进社于山西举办年会，在乡村教育方面，主张乡村学校，应成为社会的中心；乡村学校的教师，应能做乡村社会的灵魂。1927 年，改进社特约的五个乡村学校的教师发表了《我们的信条》十八条，改进社又发表了它的《改造全国乡村教育宣言书》，其中对乡村教育和乡村师范应走的路，对于师范教育现状持怀疑态度者，均欣然鼓舞，新式乡村师范的试验由此拉开序幕。

38.1928 年，江苏省教育厅开始计划"遇必要时，得设法令县立师范学校改为乡村师范"，自此，江苏省县立师范学校已无异于培养乡村师资的正式机关了。原来设于城市的县立师范学校纷纷迁至乡村。

39.1928 年，国民政府召开第一次全国教育会议，通过《整饬师范教育制度案》，明确地将乡村师范学校列入师范教育制度中，乡村师范学校由此获得了在师范教育制度中的合法地位。

40.1928 年，在《整饬师范教育制度案》的基础上，国民政府于同年通过了《整饬中华民国学校系统案》（戊辰学制），其中规定，"为了补充乡村小学教育之不足，得酌设乡村师范学校……"，一举奠定了乡村师范学校在学制中的地位。

41.1928 年 3 月 15 日，第一个试验乡村师范学校——南京晓庄乡村师范学校成立，陶行知就任校长。

42.1928 年，受晓庄乡村师范学校的影响，先后成立了江苏省立灌云乡村师范学校、浙江省立湘湖乡村师范学校、江西省立南昌乡村师范学校。

43.1928 年 8 月，国民政府大学院草订《训政时期施政大纲》，其中拟定了以三年时间促进乡村师范教育的计划。

44.1929 年 3 月，国民政府召开第三次全国代表大会，在其中关于教育的议决案中，规定"师范教育，于可能范围内，使其独立设置，并尽量发展乡村师范教育"。

45.1929 年 4 月，南京国民政府公布《中华民国教育宗旨及其实施方针》，提出"尽力发展乡村师范"。

46.1929 年，先后成立安徽省立贵池第一乡村师范学校、广东省立番禺乡村师范学校。至此，乡村师范学校的数量出现了骤增。

47. 1929 年，受晓庄学校的影响，除了设立省立乡村师范学校之外，各地方政府积极鼓励各县设立乡村师范学校。如广东省于该年先后成立了

26 个县立乡村师范学校，浙江省先后设立昆青嘉三县立乡村师范学校、太仓县立乡村师范学校、吴县县立乡村师范学校、沐阳县立乡村师范学校等。

48.1929 年，赵叔愚创办无锡民众教育学院（后改为江苏教育学院），由于其设在乡村，又受晓庄学校的重要影响，且涵盖都市与乡村两种民教事业服务人员的培养，在很大程度上也属于乡村师范学校的范畴。之后，又出现了一些民众教育师资培养机构，如浙江民众实验学校（设有民众教育师范科）、河北民众教育人员养成所、河南省立民众教育师范学校（后改为河南省立乡村师范学校）。

49.1930 年 8 月，国民政府大学院公布了全国教育会议议决的乡村师范学校制度及其办法，规定了各级乡村师范学校的课程、年限与分类。

50.1931 年 4 月，国民政府召开第二次全国教育会议，在会议议决案"全国教育方案"第三章"各级师资训练机关"内，将乡村师范列为三类：小学毕业六年之乡师，大学前二年之乡村师范专修科，大学后二年之乡村师范学院。同年同月，国民政府教育部通令各省市教育厅局，规定各县立中学改组为职业学校或乡村师范学校。

51. 1931 年 1 月，湖南百泉成立村治学院，其中的农村师范部与乡村师范的性质相同。

52. 1931 年 4 月 7 日，南京晓庄乡村师范学校停办。

53.1931 年 7 月，国民政府教育部中小学课程起草委员会讨论乡村师范必修科目。

54.1931 年 8 月，乡村师范的另一田园——立达学园成立。

55.1931 年 9 月 3 日，国民党中央第三届执行委员会第十七次常务会议通过了《三民主义教育实践细则》，其中规定了乡村师范学校的宗旨及其实践原则，提出"乡村师范教育应注重改善乡村生活，并适应其需要，以养成切实从事乡村教育或社会教育的人才"，规定"乡村师范课程应注重农业生产及农村改良教材"。

56.1932 年，办理百泉村治学院的诸位先生离开百泉后，于山东邹平开办了乡村建设研究院，其在乡村师范的办理上，也有极大的贡献。

57. 1932 年，广西壮族自治区办理了一所师范专修学校，专门培养乡村师范的师资，其办法与邹平乡村建设研究院有颇多相似之处。

58.1932 年 2 月，国民政府教育部令蒙藏各旗选送优秀毕业生，就学内地或边疆各省乡村师范学校，以培养相当师资，回籍服务。

59.1932 年 4 月，国民政府教育部通令各省市教育厅局，自该年起各县立中学应逐渐改组为职业学校或乡村师范学校。

60.1932年12月17日，南京国民政府颁布了《师范学校规程》，其中规定了乡村师范学校和简易乡村师范学校的劳动实习课程。

61.1935年，南京国民政府教育部颁布了《乡村师范学校课程标准》。

62.1936年，国民政府教育部颁布了《简易乡村师范学校课程标准》，详细规定了小学毕业四年制简易乡村师范的课程及学分。

63.1937年7月17日，爆发了震惊中外的"卢沟桥事变"，日本发动全面侵华战争。国民政府对此迅速做出反应，在教育领域进行了适当的调整。

64.1938年3月，国民政府于武汉召开了全国代表大会，制定了《抗战建国纲领》，同时也建立了相应的《战时各级教育实践方案纲要》，从战时的实际需要出发，对之前的一系列教育法令、法规做出了必要的补充和完善。在师范教育方面，形成了包括普通师范学校、乡村师范学校、特别师范科、简易师范学校、简易乡村师范学校、简易师范科、各种专业师范科及师范学校、边疆师范学校等八类师范学校共存的局面。

65.1938年12月，首都南京沦陷，军事上的节节失利，促使国民政府意识到抗日战争的持久性。鉴于中国基础教育薄弱的现实，为抗战建国大业计，教育界人士主张"战时须作平时看"的方针。

66. 从1938年开始，国民政府设立国立师范学校，并使其成为中等师范教育的重要组成部分。

67.1939年，国民政府召开第三次全国教育工作会议，"战时须作平时看"成为国民政府在抗战时期的既定方针和政策。在《战时各级各类教育实施方案纲要》中，对于师范教育的规定体现了原则性的特点，提出了"对师资之训练，应特别重视，而亟谋实施"。

68.1940年，国民政府教育部颁布《特别师范科、简易师范科暂行办法》，以培养急需的师范人才。

69.1941年，国民政府教育部通令全国各省市加强师资培养。同年，教育部也进行了师范学校与乡村师范学校课程的调整，新修订的课程与科目规定了普通师范与乡村师范课程通用，但也兼顾了乡村师范的特点。

70. 抗战胜利之后，全国各级各类教育在经历战火的摧残之后，进入了战后恢复期，在乡村师范教育领域，最为重要的改革就是重新修订了之前颁布的《师范学校规程》。1947年4月9日，南京国民政府教育部第19251号部令公布《修正师范学校规程》，详细规定了乡村师范学校的设置及管理、经费、课程等内容。